SDGs時代における学問の挑戦

――環境・社会・経済から持続可能性を考察する――

白砂伸夫
浅野貴彦 [編著]
辻　正次

ミネルヴァ書房

はしがき

　SDGs 時代において，学問は従来のアカデミックなアプローチとは異なり，環境的，社会的な視点を組み込み，より包括的で地球環境の重要性を再認識することにより，持続可能な世界の創造に向けて積極的な役割を果たすことが求められる。本書では，学際的，実践的なアプローチ，さらに社会との連携を推進し，ESD（持続可能な発展をするための教育）を普及させることにより，豊かな未来を実現するための具体的な行動を促すことも狙いの一つである。

　SDGs（Sustainable Development Goals）は，2015年 9 月の国連サミットにおいて，加盟国の全会一致で採択され「持続可能な開発のための2030アジェンダ」に記載された2030年までに持続可能な世界を目指す国際目標であり，17のゴールと169のターゲットから構成され，地球上の「誰一人取り残さない（Leave no one behind）」ことを誓っている。SDGs に先立つ MDGs（Millennium Development Goals）は途上国の発展に関する課題解決が中心であったが，SDGs は環境，社会，経済とグローバルな視点に立ち先進国にも共通する課題を解決へと導こうとするものである。

　人口の増加，急速な経済活動の成長，そして環境負荷の増大といった要因が，社会に急激な変化「グレート・アクセラレーション」を引き起こし，このグレート・アクセラレーションは，さらに社会の不安定性と不確実性を高めている。このような将来の予想が困難な現代社会を VUCA（Volatility：変動性，Uncertainty：不確実性，Complexity：複雑性，Ambiguity：曖昧性）の時代と表現し，近年の新型コロナウイルスの蔓延やロシアのウクライナ侵攻，それに続くガザ侵攻などの出来事は VUCA の時代そのものを象徴している。このような不確実性が世界を支配する時代にあって，SDGs は唯一の世界の共通言語として，各国が協力して取り組むことのできるプラットフォームとして機能する。

　しかし，プラットフォームというべき SDGs において，「SDGs ウォッシュ」

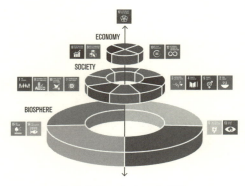

Contributions to Agenda 2030
出所：Stockholm Resilience Centre（https://www.stockholmresilience.org/research/research-news/2017-02-28-contributions-to-agenda-2030.html）（2023年9月30日閲覧）．

と呼ばれる行為が国家，行政機関，企業体，個人などのあらゆるレベルで横行し，SDGsが単なる形式的，表面的な取り組みにとどまり，本質的な変革や実行が伴わず，名目だけの存在と化してしまっている。このような状況が結果的にSDGsの目標の達成を困難にしていると言わざるをえない。

また，日本ではSDGsのSustainable Developmentが「持続可能な開発」と訳されているが，Developmentを「開発」と訳すことが適切かどうかについては議論があり，「開発」と訳すことで，自然破壊を容認している一面もないわけではない。Developmentは自らの内に持つものを伸ばしていくことを指し，「展開」もしくは「発展」すると訳すべきだという指摘がある。同様に，Evolutionも「進化」と訳されているが，本来の意味は「展開」であり，「進歩」と混同され自然に関する本質的な理解を妨げている。

SDGsには17の目標がパラレルに羅列されているが，明らかに相反する目標もあり，その矛盾の解決も求められる。矛盾を解決し17の目標を実践するためには，17のそれぞれの目標の階層構造を明らかにしておく必要があり，本書ではSDGsの階層構造をストックホルムのレジリエンス研究所のヨハン・ロックストローム博士が提案したウェディングケーキモデルに従って論を進めていく。ウェディングケーキモデルは，ウェディングケーキのように3層になった

SDGsを構想していて，基盤となるのがBiosphere「生物圏」であり，その上にSociety「社会圏」，さらにその上にEconomy「経済圏」があり，それらの３つの階層を貫くのが目標17の「パートナーシップで目標を達成しよう」である。生物圏がすべての目標の基盤となり，その階層構造を支え，社会圏や経済圏は生物圏が許容する範囲内でのみ発展が可能であり，更に経済圏は社会圏を超越して拡大することは許容されていない。

　本書は，基盤層である「生物圏」をより広い意味で捉えるため「環境」として位置づけ，全体の階層構成を「環境」「社会」「経済」の３つの部により構成した。SDGs時代における学問の挑戦を「環境」「社会」「経済」の３つの領域で研究，実践している専門家からご寄稿いただき，それらの貴重な知見を結集し，学問の新たな地平を提示するものである。

神戸国際大学　白砂伸夫

SDGs 時代における学問の挑戦

——環境・社会・経済から持続可能性を考察する——

目　　次

はしがき………………………………………………………白砂伸夫…i

第Ⅰ部　環　境

第1章　日本文化に学ぶSDGsの精神………………………白砂伸夫…3

 1 持続可能な未来を築く「小さく成長する世界」………………………4

 2 「小さく成長する世界」を目指す利休の茶………………………9

 3 千利休の精神が照らすSDGsへの道程………………………20

第2章　環境教育とSDGs………………………………山本克典…25

 1 戦後復興と公害教育………………………25

 2 環境教育の始まり………………………28

 3 環境教育の普及………………………30

 4 環境教育からESDへ………………………32

 5 SDGsの登場………………………35

 6 学校教育とSDGs………………………38

第3章　環境政策とSDGs………………………………峯岸律子…43
    ──環境保全を考える──

 1 環境政策の歩み………………………43

 2 環境保全とは何か………………………44

 3 環境保全とWell-being………………………53

 4 環境政策の未来と普遍的な概念とは何か………………………58

第4章　生物多様性とSDGs………………………………湯本貴和…61

 1 生物多様性とは何か………………………61

目　次

2 生物多様性はなぜ重要なのか……………………………………………63

3 生物多様性の喪失……………………………………………………………67

4 生態系サービスとわたしたちの生活……………………………………69

5 SDGs の「不都合な真実」………………………………………………73

特別寄稿

第**5**章　「エコライフガーデン」は楽園づくり……………森　孝之…79

1 「エコライフガーデン」への道のり……………………………………79

2 「エコライフガーデン」づくりの実践と成果…………………………85

3 幼児期の感受性が誘った楽園づくり……………………………………92

第Ⅱ部　社　　会

第**6**章　包摂的連帯と SDGs …………………………………浅野貴彦…99

1 包摂と連帯……………………………………………………………………99

2 グローバルなリスクが生み出す連帯…………………………………101

3 包摂とは何か………………………………………………………………105

4 人間の安全保障と持続可能な発展……………………………………109

5 日本における人間の安全保障……………………………………………114

第**7**章　「人間の安全保障」と SDGs……………………遠藤雅己…119
　　　　——世界の持続可能な成長と国連の知的貢献——

1 人類の知的成長の場としての国連……………………………………119

2 国連にとっての SDGs…………………………………………………120

3 国連における環境問題の知的受容……………………………………123

4 SDGs と「人間の安全保障」…………………………………………126

vii

第**8**章　観光における共創価値の創造とSDGs……………**桑田政美**…131

 1　観光の価値…………………………………………………131

 2　マスツーリズムから持続可能な観光へ…………………137

 3　観光マネジメントのあり方と課題………………………143

第**9**章　巡礼の現場でSDGsを考える…………………………**張　政遠**…155

 1　レトリックと現実…………………………………………155

 2　「恋人の聖地」………………………………………………158

 3　もう一つの「恋人の聖地」………………………………162

 4　アンダーコントロールの現場……………………………165

 5　亀岡巡礼……………………………………………………168

 6　幸福になるために…………………………………………170

第**10**章　SDGs未来都市かめおかのチャレンジ…………**桂川孝裕**…173

 1　将来ビジョン………………………………………………173

 2　自治体SDGsの推進に資する取組み……………………181

 3　推進体制──各種計画への反映…………………………185

第**11**章　EV普及はユーザーも含めた協働のSDGs……**姉川尚史**…189

 1　誰のための電気自動車（EV）普及なのか………………189

 2　2000年頃のEV事情………………………………………189

 3　急速充電に求められる要件………………………………192

 4　東電の社用車の開発………………………………………196

 5　急速充電器の世界展開……………………………………205

 6　CHAdeMO展開への妨害…………………………………208

 7　CHAdeMOの進化…………………………………………212

目　次

  8　EV の経済性を上げるために………………………………………215

特別寄稿

第12章　SDGs の外にある社会課題とは何か……………**藻谷浩介**…219
  ——少子化を題材に——

  1　SDGs の内包と外延…………………………………………………219

  2　全世界の国々の合意から漏れたもの………………………………220

  3　少子化とは何か——基礎的な確認…………………………………222

  4　少子化は持続可能性の脅威か………………………………………225

  5　世界中で減り始めた乳幼児数………………………………………227

  6　少子化の本当の脅威——十数〜数十年後の若者の減少…………230

  7　持続可能性への脅威としての少子化………………………………232

  8　人権問題としての少子化……………………………………………234

第Ⅲ部　経　　済

第13章　ICT で健康をどう守るのか……………………………**辻　正次**…239

  1　医療問題の現状と解決の方向性……………………………………240

  2　スマート健康ポイント制度…………………………………………243

  3　生活習慣病に対する在宅健康管理システム………………………246

  4　AI，ビッグデータと医療，健康……………………………………256

  5　「すべての人に健康と福祉を」実現する ICT の進展………………258

第14章　環境配慮行動を促進する諸要因の検討…………**滋野英憲**…261
  ——2008年と2023年の環境配慮行動調査データの分析結果を中心に——

  1　SDGs 目標12の「つくる責任つかう責任」に着目して………………261
  ——環境配慮行動の観点から

ix

2 環境配慮行動を促進する社会規範……………………………264

3 環境配慮行動を促進する経済的要因…………………………265

4 消費者の環境配慮行動を促進する要因とその関係性………267

5 環境配慮行動を促進する諸要因の効果的活用………………276

第15章　中小企業と学生の協働による
　　　　　CSV アプローチ………………………………上田恵美子…281
　　　　　──青果卸売事業者のチャネル開拓の事例より──

1 中小企業が SDGs に取り組むに当たって……………………281

2 SDGs の広がりと課題…………………………………………283

3 事例の分析視点…………………………………………………285

4 学生と企業による協働の事例…………………………………287

5 中小企業の今後の取組みに向けて……………………………293

第16章　SDGs に取り組むエシカルファッション
　　　　　のあり方………………………………………山本ひとみ…297

1 ファッションビジネスと環境破壊の変遷……………………297

2 エシカルファッションの推進…………………………………305

3 ネクストエシカルファッション………………………………309

あとがき………………………………………………………浅野貴彦…313

人名索引……315

事項索引……317

第Ⅰ部

環　　境

第1章
日本文化に学ぶSDGsの精神

白砂伸夫

　本章はSDGsの「誰一人取り残さない（leave no one behind）」という理念の実現を，その歴史のほとんどを自然と共生してきた日本文化に，時代を超越した視点から捉えようとするものである。2050年には人口が100億人に達すると予測されるが，すでに地球環境のキャパシティは限界を超えつつあり，現在はVUCAの時代と呼ばれるように，今後，地球環境，社会環境はどのように変化していくのか予想の範疇を超え，経済成長による人間中心の無限の開発は幻想であったことも明らかになりつつある。欲望のままに突き進めば，自滅への道をたどることになりはしないだろうか，という漠然とした不安はわれわれの心の片隅でいつも疼いている。核戦争への警鐘を鳴らすために1947年に「残り7分」で始まった人類の滅亡までの時間を示す「終末時計」は，2023年に90秒になった。人類が地球上で永続的に平穏に暮らし続けるためには，本来の人間存在の原点に立ち返り，生存の基盤である母なる自然，大地を慈しみ，自然と共生し，地球環境のキャパシティ内で営める社会をめざすことが求められる。

　その社会の実現には，数千年に及ぶ自然と共生し，自然を核とした文化を築き上げてきた日本の歴史から多くのことを学ぶことができる。ここでは，SDGsの基本的な精神を理解するために，日本文化を通してその根本に迫ろうと試みる。その中でも，中世において諸芸術を統一して独自の世界観を構築した千利休に焦点をあてる。第1節の「持続的な未来を築く『小さく成長する世界』」では，地球の限界が明らかになる中で，持続可能な未来の創造のためには「小さな成長」の中にその可能性を見いだす。第2節の「『小さく成長する世界』を目指す利休の茶」では，拡大化を目指す社会に属しつつも，千利休はそれと対峙する「侘び茶」により「小さく成長する世界」を創造した。第3節

第Ⅰ部　環　境

の「千利休の精神が照らす SDGs への道程」では，SDGs を実現するために不可欠な「小さく成長する世界」を利休の精神から学ぶ。

1　持続可能な未来を築く「小さく成長する世界」

未来を照らす一筋の光

人類は常に輝かしい未来を描き，幸福を希求し，科学技術を進展させ，経済を基軸としてよりよい世界を構築しようとしてきた。「未来を見，そして創造する」という能力は，人類を他の生物と区別する最も大きな特徴ではないだろうか。動物は本来，本能に従って行動するが，人間はその本能の領域を超え自己の意志で行動し，未来を自ら手で創造しようとする。そうして自ら獲得した能力によって，地球上で最も栄えた生物として君臨してきた。

その結果，われわれの未来を見通す能力は万能であると信じ，常に豊な未来がその向こうにあると思い込んできた。蓄積された知見と科学技術をもってすれば，未来はどのようにでもつくり上げることができ，いまだに経済は右肩上がりに成長するものだと確信している。確かに現代社会を見れば，金字塔として輝く世界は人類の叡智の勝利のようにも見える。しかし現実に目を向けると，輝かしいと思い込んでいる世界には問題が山積し，直近ではコロナウイルスの蔓延やロシアのウクライナ侵攻，解決の糸口を見いだせないパレスチナ問題など理想と現実のギャップに直面する。このような不可避的な歪みはますます顕在化し，社会を不安定化させ，科学技術もまた万能ではないことも明らかになってきた。恩恵をもたらすはずの経済の進展や科学技術の進歩は，社会的に貧困，差別，格差，戦争を引き起こす要因ともなり，環境的には気候危機と呼ばれるまでになってきた気候変動も科学技術の発展の一つの結果である。そしてその対策は喫緊の課題であるにもかかわらず，遅々として進んでおらず，環境問題は今後ますます巨大化し，人類を圧迫しようとしている。

このような状況の中で選択できる未来は，社会的，経済的，あるいは環境的視点によっても異なるが，人口は2022年に80億人に達し，2050年代には100億人を超えると予想されており，地球の限界に達しつつある現在，選べる選択肢

は限られており，未来へと至る道筋をいかに見いだし，誰一人として取り残さない持続可能な世界に向かっていかに歩んでいくのかが問われている。

　現在の地平に立ってみると，未来に向けて多方面に発せられるベクトルの中からわれわれが歩むべき道を選択することは，目先の利益などの利害関係が複雑に絡み合い矛盾する中でははなはだ困難であるが，われわれは数千年先の未来を決定する岐路に立たされていることだけは確かである。未来へのベクトルを決定づけることができるのは，過去から伸びる一筋の光であり，その光だけが私たちの未来を照らしだす。未来は，過去，現在そして未来へとシームレスに連続する時空軸上にあり，時空を遡り過去を学ぶことなしに未来を創造することは難しい。

地球の限界

　社会を構築してきた現代文明は，不可逆的な地球環境の変化をもたらし，約1万年以上続いた完新世を終わらせ，新たな地質時代である「人新世（Anthropocene）」へと突入させようとしているが，われわれの幸福や生活，経済は依然として完新世の地球に依存している。人新世は現在の地球環境とは異なる未知の領域であり，この未知の人新世を生きる私たちの子どもたちや孫の世代が，現在と同じように健やかに生きることのできる道筋をどのように描けばいいのだろうか。

　人類が地球上で生存できる活動領域の限界を科学的に定義するプラネタリー・バウンダリー（Planetary boundaries）（ロックストローム・クルム 2018：33）によると，地球システムを構成する9つのプロセスのうち，気候変動，生物多様性の喪失，生物地球化学的循環の一部がすでに限界値を超えたと予想しており，生物多様性の喪失は年間に4万種の生物が絶滅し，800万種いるとされる動植物のうち100万種がすでに絶滅の危機に直面していて，[1]その影響を最も顕著に受けるのは生態系の頂点に位置する人類である。この先，現代のような経済を優先し，自然破壊を続ける社会が継続していけば，地球は人類の生存しうる領域をはるかに超える可能性がある。地球の環境容量を示すエコロジカル・フットプリント（Ecological Footprint）は，人類の活動が自然環境に与える負荷

第 I 部　環　境

を表すバロメーターであり，地球1個分を超えるということは，エコロジカル・フットプリントが地球の生物生産力（バイオキャパシティ）を超えていることを意味する。地球上の全人類が現在の日本と同じレベルの生活を維持しようとすると地球が2.9個，アメリカと同じレベルの生活を維持しようとすると地球が5.1個必要になるという[2]。

　人新世，プラネタリー・バウンダリー，エコロジカル・フットプリントというマクロな視点から見えてくるものは人類存続の危機である。人間の生活や経済は地球というトータルシステムの中の一つのサブシステムでしかなく，サブシステム内では有効に働く技術が，しばしばトータルシステムの中では弊害をもたらし（立花 1990：47），人類が地球システムのうちで存続できる持続可能な社会へとパラダイムを転換する必要がある。SDGsのめざす「誰一人取り残さない」ためには，社会システムの根本的な改革が必要であり，技術だけはなく，文明そのものの再構築や人々の精神にまで立ち入った改革，すなわち世界のありようそのものを変革する原理が求められる。

　現代文明の基盤である西洋文明は，自然を人間が自在に操り改変できる物質とみなすデカルトにより創始された「機械論的自然観」，あるは自然の上に人間の王国をつくり上げるベーコンの「自然支配の理念」（梅原 1996：19）のもとで，自然を搾取し破壊することで文明を築き上げてきたが，地球の限界が明らかになる中で，自然をものとして扱い，支配し，破壊してきた現代文明からの脱却を迫られている。

　ハイデッガー（1889〜1976）は「人間を占領せんと欲し，人間を緊縛し，引きずり去り，圧迫しているところの諸々の勢力，これらの勢力はすでにずっと以前から，人間の意志や決断力を乗り越えて，増大してしまっている。中略，私供は，知らず知らずのうちに，諸々の技術的な対象物に極めて固くつなぎつけられ，それらの奴隷の地位に成り下がっている」（ハイデッガー 1963：25）。と，『放下』の中で指摘し，本来，道具であったはずの技術がわれわれを奴隷にし，苦しめると，現代社会が発展する途上の1960年代にすでに指摘していた。

第1章　日本文化に学ぶSDGsの精神

「小さく成長する」ことの可能性

　持続可能な社会の実現には，エコロジカル・フットプリント的観点から大雑把にいえば，日本の環境負荷を約1/3に，アメリカでは約1/5にしていく必要があり，「小さく成長する」こと無しに未来を築き上げることはできず，「小さく成長する」ことが持続可能な社会の新たな目標となるだろう。ここでは小さく成長する一つのモデルとして，アベコベガエルを例にとってみたい。

　アベコベガエル（*Pseudis paradoxa*）は南米に生息するカエルの一番で，オタマジャクシの時の体長は25cmと非常に大きいが，成体になると大きさは5～7cmと子どもの時の4分の1程度になり，成長の仕方が逆なのでアベコベガエルと名付けられた。生物の基本的なシステムである成長とは，大きく発達することだと一般常識的に考えられているが，アベコベガエルは「小さく成長する」ことも可能だということを示唆している。

　「経済成長」という言葉が示すように，経済は右上がりに増大していくことが前提となり，経済成長は社会基盤として各国は経済成長を競うかたちで発展してきた。アベコベガエルは，生物でさえ常識に反して小さく成長することも可能であるということを示していて，このアベコベガエルから学べることは，成長とは拡大成長することだけとは限らず，また「小さく成長する」ことにも意味があるということである。そのアベコベガエルがオタマジャクシから成体へと変化（変態）する時には，体内では凄まじい変化が起こっているはずであり，その内的変化なくしては「小さく成長する」ことはかなわない。

　近年，日本は人口オーナスが著しく，いかに人口を増やし，経済を大きく発展させていくかが課題だとされているが，将来的にも人口の大きな増加は見込めず，また経済の急成長も期待できず，計らずも「小さく成長する」ことの最前線に立たされている。このデメリットをメリットに変換するモデルを構築し，内的変革をなしとげることができれば，日本は世界創造の大きなモデルになるに違いない。

　経済学においても，大量生産と大量消費による物質至上主義を鋭く批判したエルンスト・フリードリヒ・シューマッハー（1911～1977）は地球環境に配慮した持続可能な社会を，仏教思想に基づく最小資源で最大幸福を実現する

7

第Ⅰ部　環　　境

「Small is beautiful」をテーマとした仏教経済学を提唱した。利己から他利へ，自然環境価値の再認識，環境の重要性が経済の指針となることを示した。

　また近代建築の創設者の一人であるミース・ファン・デル・ローエ（1886～1969）は「Less is more」，少ないことはより豊であるという信念を貫き，無駄を取り払い，少なさの中により豊な価値があることを建築として表現した。「Small is beautiful」「Less is more」といった「小さく成長する」ことへの可能性は，すでにグローバリゼーションの初期段階から予言され，現在「脱成長」が再び注目を集めるのは，経済成長の恩恵よりも，犠牲の方が大きくなっていると感じることも多々ある（カリス・ポールソン他 2021：192）からである。

日本文化における生成の原理

　経済学者であるシューマッハーが仏教に注目したように，「地球環境破壊の問題は，近代西洋文明の問題である。とすれば，この問題に対する解決の道は東洋文明すなわち東アジア文明の中に求められるのであろうか」と梅原猛は問いかけている。

　近代文明は自然を物質とみなし，征服し，支配することで容赦なく自然を改変，破壊することで人間主体の世界を構築してきたが，その文明もすでに制度疲労を起こし，人類の未来を危機にさらしている。その危機を脱出するためには，行き過ぎた人間中心主義ではなく，人間と自然が共生する文明の創造を目指す必要があるのではないだろうか。梅原猛が指摘するように，東アジア文明にその可能性があるとすれば，とりわけ数千年以上連綿と続く歴史，豊な自然とその自然を巧みに組み込んだ生活や芸術など，独自の世界観を築いてきた日本文化に学ぶところは大きく，「小さく成長する」世界創造のための文脈を日本文化から読み解くことが可能である。

　ところが現代の日本社会は，明治維新以降，日本文化を切り捨て西洋化することに邁進し，社会を形成してきたために，連綿と続いてきた伝統的な文化の全体的な姿は失われつつある。しかし西洋一辺倒になったように見える現代の日本社会にも，祭や催事，芸能や芸術，日常の所作や習慣，集落や寺社仏閣などの歴史的な空間に断片的に日本文化の輝きは残されていて，それらを再発見

し，学び直すことにより豊かな未来の創造へとつなげていくことができるにちがいない。未来を創造する道筋は，近代文明の盲目的な継承にあるのではなく，過去からの一筋の光，ことに日本文化が持っていた輝きの中に見いだすことができるだろう。

「小さく成長する」社会の実現は社会システムや生活，経済構造の変革を伴い容易ではないが，そこにチャレンジする以外，未来を構築する方途がないとすれば，わずかな光を求めて一歩踏みだす必要がある。

日本の起源を書き起こした『古事記』の冒頭には，天地を創造する十七神が列挙され，はじめの天之御中主神に続く高御産巣日神と神産巣日神の二神のムスヒという言葉は，「苔ムス，草ムス」などと言われる場合の「ムス」と原理を意味する「ヒ」とが結びついたものであり，生成の原理を意味する（木田2018：72）。この生成の原理に基づけば，世界は人間がかたちづくるものでもなく，西洋文明のように自然を対象化し，ものとして扱うことでもなく，世界は自然の意志に従って自ら立ち現れるものである。

ムス，すなわち生りいでて成るという自然する世界の生成の原理は，日本文化を大きく貫いていて，例えば橘俊綱の『作庭記』には「石の乞わんにしたがひ（石を）立てる」とあり，世阿弥の『風姿花伝』では能の奥義を自らのうちに開花する「花」という言葉で表現し，松尾芭蕉は「松のことは松に習へ，竹のことは竹に習へ」と述べ，生成の原理が核となって芸術，文化を成り立たせていた。すべての生命は平等であり，あるいは山や川といった自然大地にすら生命があるとみなす日本の宗教的，伝統的思想は，行き詰まった現代社会のパラダイムを転換し，未来へと歩みだすための新たなビジョンを与えてくれるに違いない。中世の諸芸術の中でも建築，工芸，絵画，書，生花，庭園，食，所作といったすべてを総合芸術として時代を画した利休の侘び茶もまた，生成の原理である自然する世界をかたちにしたものである。

2　「小さく成長する世界」を目指す利休の茶

ここでは，利休の侘び茶から，自然し「小さく成長する」ことの意義と可能

第 I 部 環　境

性を読み解くことで，SDGs に向かう精神を学ぼうとする。千利休は織田信長，豊臣秀吉に仕え，日本を統一し大きな世界の構築を目指した時代の中にあって，秀吉の側近として仕えながら，自刃を命ぜられても毅然とした態度で秀吉の意志と対立する侘び茶を追求した。拡大化の対極にある侘び茶の小さな世界に向かうことで，多様な価値を統合し，単に茶を飲むという日常的な行為を壮大な芸術的な領域にまで昇華させた。利休の強靱な精神を学ぶことは，小さな社会へと転換を迫られる現代社会を考えるうえでも大きな価値があるに違いない。また秀吉と利休が対立する構図は，生活や環境を犠牲にしてでも経済発展を追求しようとする現代社会と，地球の限界の範囲内で持続可能な世界を目指さなければならない SDGs ともオーバーラップさせてみることができる。

茶の歴史と変遷

　利休の大成した侘び茶について考える前に，そもそも茶とはどのようなものであったかを見ておきたい。チャ（*Camellia sinensis*）はツバキ科の常緑高木で，中国の雲南省周辺が原産であると考えられ，古いものは樹齢1500年，樹高が23m の茶樹があったという。中国の唐代の 8 世紀ごろ陸羽が著した『茶経』は，茶に関する書物の中で世界最古のものであり，上中下の 3 巻10章からなり茶樹や器具，製茶に関する方法，飲茶器具の説明，茶の点て方，飲み方が仔細に記されている。また茶と人間のあり方を問うなど，茶の普遍性を追求しているところに『茶経』が中国文化の古典とされる所以である。

　茶は奈良時代に遣唐使や留学僧が持ち帰ったとされ，平安時代初期に大僧都永忠が嵯峨天皇に茶を奉ったと『日本後紀』（815年）にある。その後，茶を普及させたのが鎌倉時代初期に臨済宗を伝えた栄西（1141〜1215）であり，栄西は仏教を学ぶために宗に渡り，天台山万年寺で禅を学び茶の種子を持ち帰った。栄西の著した『喫茶養生記』（1211年）は，「茶は養生の仙薬なり　延齢の妙術なり」と茶の薬効を説き茶の普及に貢献し，武士や庶民層にまで飲茶の習慣を広めるきっかけをつくった。栄西の広めた茶の製法は茶葉を摘んで蒸し焙煎する緑茶であったが，当時の中国の茶の正統は龍鳳団といわれる団茶やウーロン茶のような発酵茶であり（熊倉 1990：42），栄西が団茶やウーロン茶の製法を

持ち帰っていれば，日本の茶は今とはまったく違ったものになっていたと考えられる。栄西は京都西北の栂尾の高山寺を中興した明恵上人に茶の種を送り，栂尾では茶の栽培が盛んになり，栂尾の茶を本茶と呼び，それ以外の茶は非茶と呼び区別した。

　鎌倉時代後期になると，日本各地で茶は栽培されるようになり，連歌会や賭博なども開催される茶寄合や茶種や茶の産地を当てて競う闘茶が庶民や武家層にまで広がり，茶は大衆化していった。バサラ大名として後世にまで知られた佐々木道誉は，「異国本朝の重宝を集め，百座の粧をして，（中略）此の茶事過て後，又賭博をして遊びけるに」（熊倉 1990：62）と南北朝時代を舞台にした『太平記』にあり，当時，茶は遊戯の一つとして楽しまれていた。

　室町時代の第2代征夷大将軍，足利義詮が御所近くの室町に花の御所を構え，公家との交流が武家文化にも影響を与え，公家故実と融合した武家故実が武士の規範となった。武家の住宅は接客，儀礼の場としての書院を主室とした書院造りへと変化し，儀礼の一つとして茶の湯が行われるようになった。公家文化と武家文化が融合する中で，さらに禅宗の影響を受けて北山，東山文化が成立し，現在に至る日本文化の祖型の多くはこの時代に形成された。

　武家最高のもてなしである将軍を迎える御成の武家故実のなかに，饗応の一段階として本膳以下の料理のあとに茶が献じられ（熊倉 1990：93）このスタイルが後世の書院台子の茶の原型ではないかと熊倉功夫は指摘している。書院台子の茶とは，大勢が広い書院の中でおこなう茶会で，台子には茶道具として唐物などの名物が飾られそれを鑑賞する。やがて書院台子の茶は名物所持を自慢し，競い合うことが目的化していく。一方で茶は庶民にも広く普及し，室町時代の洛中洛外図屏風には露店での一服一銭の茶売り人が描かれている。

　茶碗や掛け軸などの名物を競い合う書院台子の茶が流行するなかで，本来の茶の精神へと回帰がはじまり，侘び茶へと収斂していく。侘び茶の「わび」という言葉は，古くは『万葉集』にも詠まれ，百人一首では元良親王が「わびぬれば　今はた同じ　難波なる　みをつくしても　逢はむとぞ思う」と詠んだように，わびは心情を吐露する言葉であった。南北朝時代の歌人，遁世者であった吉田兼好の『徒然草』には「世は定めなきこそいみじけれ」とあり，その無

第 I 部　環　　境

常感はわびの世界観と共鳴する。さらに「わび」は，室町時代後期に村田珠光
のもとで禅と茶の湯が結びつき，侘び茶がかたちづくられ，武野紹鷗，千利休
へと受け継がれ茶の湯の本道となっていった。

　村田珠光（生年不明〜1502）は『南方録』によれば，大徳寺で一休宗純に参禅
したとあるが，その真偽のほどは定かではなく，珠光の来歴についてはよくわ
かっていないが，禅が珠光の侘び茶の形成に大きな影響を与えたことは確かで
ある。珠光は茶の湯について「か（枯）るるということは，よき道具を持ち，
その味わいをよく知りて，心の下地によりて，たけくらみて，後まて冷え痩せ
てこそ面白くあるべきなり」，枯れるということは，良い道具を持ち，その味
わいを知り，心の成長に合わせ，冷え痩せた境地にいたってはじめておもしろ
さがわかるとした。

　武野紹鷗（1502〜1555）は珠光の直弟子ではないが，珠光の侘び茶を引き継ぎ
和歌，連歌によって侘び茶を洗練させていった。紹鷗は大和国吉野郡に生まれ，
30歳の時に大徳寺の古嶽宗旦のもとで出家し，紹鷗の法名を受けた。紹鷗は貿
易都市である堺で得た財力をもとに，京都での人脈を築き三條西実隆から和歌，
連歌を学び，藤原定家の「詠哥大概」を伝授されている。「詠哥大概」には
「歌のこころは今までにない趣向や見方といった新しさを大切にし，用いる言
葉は古い雅やかな言葉でなければならない」（熊倉 1990：130）とあり，侘び茶
に雅やかな和歌の心を吹き込んだ。連歌は単に歌を詠みつなぐだけではなく，
二条良基の連歌論である『連理秘抄』には座を開く時期，場所などの風情，座
に臨む態度や雰囲気について述べられていて，連歌は侘び茶のありように大き
な影響を与えた。『山上宗二記』には，紹鷗の弟子，辻玄哉は紹鷗の言葉を
「連歌之仕様ハ枯かしけ寒かれと云，此語ヲ紹鷗，茶ノ湯ノ果ハ如此有度物を
な」と伝えていて，連歌の境地である「枯かしけ寒かれ」が茶の湯の真髄であ
るとした。

利休の茶

　千利休（1522〜1591）は大永 2（1522）年に堺の今市町で生まれ，本名は田中
与四郎，号は宗易である。利休の父，与兵衛は田中の苗字を改め，祖父である

12

千阿弥の名の千をとり苗字にした。与兵衛は堺の納屋衆の一つである魚を扱うととやを営み，当時の堺を代表的する裕福な商人であった。『南方録』には，宗易は17歳で北向道陳に弟子入りし，19歳の時に当時の第一人者であった紹鷗に入門して茶を学んだとある。

永禄12（1569）年に利休は，堺の豪商茶人であった今井宗久，津田宗及とともに信長に茶頭として召し抱えられた。当時，武家故実に茶の湯が取り込まれることで，武家社会のステータスとして茶は定着し，将軍の御成に備えて大名はこぞって唐物を中心とした名物茶道具を収集し，室礼で用いられる名物道具が大名の格を表すものとなり，名物を競い合う大名茶が広まっていった。特に室町将軍家に縁のあるものを東山御物と称して珍重し，信長も朱印状を出してまで各大名の持っている名物を収集した。信長は家臣への褒賞に一国一城に値するものとして名物茶道具を与え，あるいは「ゆるし茶湯」として信長の許しを得たものだけが茶会を催すことができるなど茶の湯を政治的に利用し，それを御茶湯御政道といい，秀吉もまた御茶湯御政道を継承した。

天正10（1582）年の本能寺の変の後，関白になった秀吉にとって，茶の湯は天下人の権威を輝かすために，なくてはならない文化であった（熊倉 1990：192）。利休のネームバリューと当時の茶の持つ政治的価値を最大限に利用することで，秀吉は政治的権力を確かなものにしようとしたのである。天正13（1585）年の10月7日に，秀吉は小御所において正親町天皇と皇族を招いて禁裏茶会を催し，利休が茶頭を勤め，このとき正親町天皇から「利休」という居士号が勅賜され，利休は名実ともに「天下一の茶匠」になった。当時の慣例からすると，秀吉が天皇に内奏し，正親町天皇から利休に勅賜されたものであり，利休にとって秀吉は最大の理解者，保護者でもあった。

この頃の秀吉と利休の関係を物語るのが，天正14（1586）年に大友宗麟が秀吉に救援依頼のために上洛した時に，豊臣秀長が宗麟にかけた言葉である。「内々の儀は宗易に，公儀のことは宰相（秀長）存じ候」（芳賀 1985：185），さらに「宗易ならでは関白様へ一言も申上ぐる人これ無しと見及び候」（芳賀 1985：186）と，この秀長の言葉からすると，利休は秀吉にとって何ものにも代えがたい唯一無二の存在であり，秀吉をも動かす絶大な政治的影響力を持ち，

第 I 部　環　境

図 1-1　黄金の茶室
出所：佐賀県立名護屋城博物館提供。

他の追随を許さない権勢を振るった。

秀吉と利休はともに，新しい世界を創造するという理想を抱き，それを実践し成し遂げていくという相通じる理念があり，その意味では秀吉と利休は同志であり，秀吉は利休の侘び茶の世界をつくりあげるという強い意志に日本の統一を目指す自分を重ね合わせ，利休もまた日本の統一に邁進する秀吉を頼もしく見ていたに違いない。

秀吉は，利休が利休号を勅賜されたその年に黄金の茶室をつくっている（図1-1）。黄金の茶室は持ち運びできる三畳の小間で，すべてに金箔が貼られ，畳表は猩々緋，障子は紋紗という金蘭豪華なつくりであった。この黄金の茶室の制作に直接，利休がかかわったという資料は残っていないが，小間の茶室そのものが利休の侘び茶の基本的な考え方であり，この時期の秀吉と利休の関係からすると，黄金の茶室の造形にも利休が関与しないはずはなく，さらに想像の域を出ないが，黄金の茶室に侘びそのものを見だそうという気概が利休にもあったのではないだろうか。

秀吉も，権力を披露する広間での台子の茶とは異なった秀吉の権力と趣味を否定するような草庵で嬉々として茶を味わい，利休が秀吉好みの茶碗を排し，利久好みの黒楽茶碗を愛用し，政治に介入しても違和感を感じなかったはずである。また「内々の儀は宗易に」という理解を周囲の人々に与えても，秀吉は利休を頼もしい側近として重用し続けた。

このように二人が世界創造という目的に向かって突き進んでいく時は，諸事些細なことは問題にはならなかったに違いないが，しかし秀吉は天下人となり，利休は侘び茶を大成した後は，二人の共同幻想は消え，そこに残ったものは対立する二つの世界であった。秀吉は利休のつくりあげた精神世界に土足で入り込み，かたや利休は秀吉の心を見抜いたかのように何食わぬ顔で秀吉を無視し

続ける。その結果，些細なことがお互いを傷つける刀剣となって作用した。

　『茶話指月集』にある朝顔の茶会は，いつのことかはわからないが，秀吉は利休の屋敷に朝顔が美しく咲き誇っていると聞き，利休に朝顔の茶の湯を所望した。当日，秀吉が利休の屋敷を訪れてみるとすべての花は摘み取られていて，怪訝に思いながらも茶室に入ると，ただ一輪の朝顔が床の間に生けてあった。一輪の朝顔に託した利休の美的表現に秀吉は大いに感心したとある。確かに利休は侘び茶の心を一輪の朝顔に託して表現したのだが，満開の豪華な花を好む秀吉に対し，お前は本当に一輪の朝顔の美がわかるのか，という利休の挑発的な意図も読み取れなくもなく，秀吉も敏感にその挑発心を感じとっていたかもしれない。秀吉にとって，茶室での利休は絶対的な存在であり，茶の世界においては，天下人の秀吉であってさえ利休の弟子であり，利休に従うほかなすすべはなく，その意味では常に秀吉は利休から刃を突きつけられていたともいえよう。

　利休が自刃する半年前の天正18（1590）年，小田原城開城の後，利休は神谷宗湛と大徳寺の首座を屋敷に招いて茶会を催した。このとき利休は黒茶碗で茶を点てたのち，勝手から別の瀬戸茶碗をとり出し台子に置き，黒茶碗を片付けていうには，「黒キニ茶タテ候事，上様御キライ候ホドニ，此分ニ仕候」と，ことさらに口外する（村井 1977：232）ほどに，利休と秀吉の美意識の違いが露わになっていった。

　このような不幸な対立はあるとき一挙に爆発し，天正19（1591）年 2 月13日，利休に堺に蟄居せよとの命令が下され，『千利休由緒書』には前田利家から大政所，北政所を頼って詫び状を入れてはどうかという助言もあったが，利休はそれを拒否した。25日には大徳寺の金毛閣にあった利休の木像が磔になり，利休は京都の聚楽屋敷に呼び戻され28日に自刃，利休の首は木像に踏ませるという姿で一条戻橋に曝された。

利休の茶の精神

　侘び茶の大成者であり天下一の茶匠として評価され，茶の湯を政治的に利用した御茶湯御政道の立役者として政治の一翼を担い，あるいは安土桃山文化形

第Ⅰ部 環　境

図1-2　妙喜庵の「待庵」
出所：妙喜庵提供。

成に影響を与えた利休の茶に向かう精神とはいったいどのようなものだったのだろうか。桃山文化をつらぬく基本的，支配的な動向は，水墨画の枯淡から濃絵への絢爛へ，能の幽玄の美から阿国歌舞伎の官能美へというものであり（芳賀 1985：315），同時にそれは信長，秀吉のつくりあげた世界でもあった。それに対して利休の侘び茶は，広いものから狭いものへ，複雑から簡素へ，感覚的なものから精神的なものへ，真から草へ，享楽的なものから修道的なものへ，唐様から和様へと（芳賀 1985：313）当時の潮流とは逆方向に侘びの美学を追求した。

『南方録』には「カヘスガエス茶ノ湯ノ深味ハ草庵ニアリ」，あるいは「小座敷の茶の湯は，第一仏法を以て修行得道する事也」（久松 1987：78）とあるように利休にとって茶室は，すでに広間での台子の茶のように単に茶を点てる行事の場ではなくなり，小さく狭いがゆえに雑念をはらい茶の湯の本質へと近づき，仏法を修行得道する求道の空間となっていた。したがって茶室の間取りも三畳台目，二畳台目，一畳台目と，より小さな空間へと向かい，設えも人がようやく通れるぐらいの小さな躙口，最小限の光を室内に入れる連子窓や下地窓，壁は下地のままの粗壁，床柱は皮のついた天然木，垂木が露出したままの天井と草庵としての意匠が考案された（図1-2）。さらに掛物，花器，釜，茶碗，茶入れ，茶杓，水指なども草庵の茶にふさわしい道具がつくられ，亭主や客の作法もこの時に確立された。

利休が完成させた侘び茶は，草庵の茶室ともう一つの道具立てが露地である。露地は茶室にいたる簡素な庭であるが，母家の一角に画する草庵であっても，必ず露地を通って躙口から茶室に入らなければならず，侘び茶は露地という自然があってはじめて成立する。

露地のつくり方について利休が紹鷗に尋ねたところ，紹鷗は「心とめて　見ねはこそあれ　秋の野の　芝生にまじる　花のいろいろ」と答えた。それに対

第1章　日本文化に学ぶSDGsの精神

して露地のつくり方を利休は，弟子の一人に「樫の葉の　紅葉ぬからに　散る
つもる　奥山寺の　道のさびしさ」という西行の歌をもって答えた（久松
1987：76）。露地は市中の山居であり，深山幽谷の大自然を表現し，精神世界を
包みこみ侘び茶を俗世界から隔絶する壮大なバリアーでもあった。

　露地に植えられた木々，飛石の表情，打たれた水の清々しさ，そよふく風と
いった自然は自然する侘び茶の存立そのものに深くかかわっている。茶室にお
いて露地の自然は，床の間にいけられる一輪の花によって象徴され，このよう
な空間の中で茶を喫することにより人は自然と融合し，一体化することで草庵
そのものが呼吸する生きた空間となる。

　また『露地清茶規約』七ヵ条には「庵内，庵外において，世事の雑話，古来
之を禁ず」「露地の樹石，天然の趣，其こころを得ざる輩は，これより速に帰
去れ」（久松 1987：71）と，自然の趣やその心を理解しないものは，速に去れ
とある。

　侘び茶の流れは，珠光からはじまり，紹鷗，利休へと受け継がれていくので
あるが，珠光の侘び茶については，『山上宗二記』に「藁屋に名馬を繋ぎたる
がよしと也」とあり，「藁屋」と「名馬」というアンビバレントな対比の中に
侘び茶の美があるとした。紹鷗の侘び茶は，藤原定家の「見渡せば　花ももみ
ぢも　なかりけり　浦の苫屋の　秋の夕暮」が侘びの表現であるとし，やはり
「花ももみぢも」と「浦の苫屋」を対比させ，珠光も紹鷗も名物との対比によ
って生じる不足の美に侘び茶の精神があるとした。

　それに対して利休の侘び茶の精神は，藤原家隆の「花をのみ　待つらん人に
山ざとの　雪間の草の　春を見せばや」にあると『南方録』は記している。利
休は，誰しもが桜だけが春を象徴するものであり，その桜を待ちわびている
人々に，いやいやそんなことはない，山里の雪の間にはすでに草々が芽吹き，
そこにはすでに春は現前していて，そんな雪間の草が芽吹いている景色の中に
ある春を見せたいものだと言っている。これは対比を前提とする不足の美では
なく，雪間から顔をのぞかせる草々の生命そのものが侘びの心であり，そこに
は利休の生命への賛美が感じられ，自然する生命そのものが利休における侘び
茶の精神であったといえる。

17

第Ⅰ部　環　境

図1-3　黒楽茶碗　銘「俊寛」長次郎作
出所：三井記念美術館所蔵。

ここで「花」に喩えられているのは，世間が素晴らしいと思っている唐物や名物の茶器である。当時，利休は日本一の宗匠として，茶の権威を代表する存在であったにもかかわらず，大名茶が流行し，武勲に対して名物道具が褒賞として与えられるなど，秀吉も含めて当時の社会では名物に価値が置かれていて，そのことに対して利休は静かに異を唱えたのである。また名物との対比により侘びの茶の世界が開かれるのでもなく，「雪間の草」すなわち日本の名も無い陶工や職人によってつくられた道具の中にも，名物にまさる美と生命があることを示そうとした。

実際に利休が茶道具として陶工の長次郎につくらせた黒楽茶碗は，唐物の丹精な趣を真似たものではなく，人為を廃し土の生命が茶碗として生起し，重くずっしりとした重厚さと存在感があり，それまでの名物茶器の美を否定し，新たな美の概念を打ち立てた（図1-3）。できあがったばかりの茶碗の瑞々しい黒の輝きの中に生命感あふれる「春」があり，その茶碗で茶を点て，茶をいただくことは生命と共感する儀式そのものであった。利休は宗湛に「一，内赤ノ盆，赤ハ雑ナルココロ也，黒ハ古キココロ也」と語ったことからも，黒は利休の美意識を，そして生命を象徴する色であった。

利休が自ら製作した竹の花入も，竹藪から竹を切ってきて花入にしたものであるが，竹の姿や表情を読み解き，竹が花入として自然するかたちへと整えられ，凛とした空間を生み出しているにもかかわらず，そこには何の作意も感じさせない。また利休が所持した鉈鞘籠花入にいたっては，鉈の鞘を花入に見立てただけのものであるが，ひとたび利休に見いだされると，その道具は名物以上の光彩を放って茶室を荘厳する。利休はこのように変哲もないように見えるものの中に美を見いだし，価値を創造していった。

18

第 1 章　日本文化に学ぶ SDGs の精神

　新しい価値を創造し続ける利休を，弟子の山上宗二は「宗易ハ名人ナレハ，山ヲ谷，西ヲ東ト，茶湯ノ法ヲ破リ，自由セラレテモ，面白シ，平人ソレヲ其儘似セタラハ，茶湯ニテハ在ルマシキゾ」（『山上宗二記』）と評した。宗易（利休）は名人なので，山を谷，西を東と言うように茶の湯の法を破り，自在に茶を点ててもおもしろい。しかし普通の人間がそれを真似しても茶の湯にはならない。宗二は自由自在に自然する茶を創造していくのが利休の茶の本質であることを鋭く見抜いていた。

　しかし一方で利休は，「茶の湯とはただ湯をわかし茶を点てて飲むばかりなるものとするべし」と言う。「茶の湯とはただ湯をわかし茶を点てて飲むばかりなる」とあるが，もちろんそれは，ただ逆に湯をわかし，茶を点てて飲むことではなく，いかに湯をわかし，いかに茶を点て，いかに飲むのかという茶の本質に関わる問いが発せられていて，そこに利休の侘び茶の本質，利休が求めた侘び茶のすべてが語られていると解すべきである。

　また四規七則（利休七則）には，「茶は服の良き様に点て，炭は湯の沸く様に置き，冬は暖かに夏は涼しく，花は野の花の様に生け，刻限は早めに，降らずとも雨の用意，相客に心せよ」とあり，このことも同様に，茶とは当たり前のことを，当たり前に行う中に茶の本道があるとした。哲学者の久松真一は，利休の侘び茶について次のように述べている。「茶の湯の第一義は，『本』もと（根源）を知ること，（中略）真実の本質，いわば生きた本質は，自然に用き，自在に創造するものである」（久松 1987：109）。

　利休は大徳寺の古渓宗陳のもとに長年参禅しており，「小座敷の茶の湯は，第一，仏法をもって修行得道する事なり」侘び茶は仏法を修行してはじめてその道を得ることができるとし，続けて「家居の結構，食事の珍味を薬とするは俗世の事なり。家は漏らぬほど，食事は飢えぬ程にて足る事なり。是れ仏の教え，茶の本意なり。水を運び薪をとり，湯を沸かし茶をたてて，仏に供え，人にも施し我も飲み，花をたて香をたき，皆々仏祖の行ひのあとを学ぶなり」と，利休の言葉として『南方録』は伝えている。

19

第Ⅰ部　環　境

3　千利休の精神が照らす SDGs への道程

吾唯足知

　それでは利休の追求した禅の精神とはいったいどのようなものであったのだろうか。不立文字である禅を言葉で表現することは容易ではないが，利休の追求した禅のヒントになるのが石庭で有名な龍安寺にある「吾唯足知」と刻まれた蹲である。蹲の上部には中央の水を溜めるところが口偏になっていて，四方に五，隹，矢，疋と刻まれ，これを上から見て「吾，唯，足を知る」と読み，「知足のものは貧しといえども富めり，不知足のものは富めりといえども貧し」という禅の精神を表しているという（図1-4）。この禅の精神に照らし合わせると，侘び茶を極めるなかで利休は「知足のもの」たらんとし，秀吉は富と最大の権力を手中に収めたが「不知足のものは富めりといえども貧し」かったのではないだろうか。

　はたして，現代のわれわれはどうであろうか。秀吉のように，貧しさを怖れ，常に富を求め，その欲望に向かって前進することを是としてきたわれわれはやはり，「富めりといえども貧し」と言わざるを得ないのではないだろうか。

　現代文明は衰えることなく発展し続け，経済は常に上昇するものだと規定し，科学技術は人類の欲望を叶える魔法の杖のように作用し，永遠に進歩できると思い込み，ものの豊さのみに価値があると信じ，心の豊さの価値を忘却していたところに「貧し」さの根源的な原因があるのではないだろうか。その結果，地球のサブシステムでしかない現代文明は，環境破壊を引き起こし人新世に突入し，

図1-4　龍安寺の「知足の蹲踞」
出所：龍安寺提供。

第1章　日本文化に学ぶSDGsの精神

今や地球の限界を越えつつある。その解決には，経済発展を至上主義として仰ぎ，ものの豊かさのみを追求し，利便性を優先させる生活から脱却し，「知足」の精神を養うことからはじめるのが本道であろう。

利休が現代のわれわれに教えてくれるものは，「足を知る」ことの価値と小さく成長することの可能性である。「足を知る」ことに軸足を移すと，われわれを引きずり込んできた所有欲や管理された時間の呪縛から解放され，心の平穏と精神の豊さとともに生きる喜びを見いだすことができるに違いない。小さく成長することの鍵は，利休が長次郎の茶碗や農具に新たな価値を見いだしたように，身近にあるものの価値を再発見し行動変容を促すことにある。また利休が「雪間の草」に春を見たように，日本の自然風土に目を向けると，風土から自然する様々な可能性が見えてくる。具体的には地域の文化や自然に根ざした産業の育成や，地域で生み出し地域で消費する循環型社会の形成もその一つである。

人類の生存と自然のホメオスタシスを脅威に晒している気候危機の根本はエネルギー問題にあり，そのエネルギーの大半を化石燃料に依存し，化石燃料はCO_2を排出し地球温暖化を招く最大の要因である。しかし変化に富む自然風土に恵まれた日本は，水力，太陽光，太陽熱，風力，潮力，波力，地熱などの地域自然に由来する多様な再生可能エネルギーが存在し，再生可能エネルギーの発電量ポテンシャルは近年の年間消費電力の4倍，熱利用ポテンシャルは太陽熱と地熱だけでも最近の需要の7倍である（和田 2016：75）。特に地熱は変動が少なく安定供給が可能なベース電源として機能し，日本は世界第3位の保有国であるにもかかわらず，ほとんど利用されていないのが現状である。

自然の無限のエネルギーを利用する再生可能エネルギーへの転換は，持続可能な世界の実現に直結し，SDGsの掲げる目標の実践でもあり，またそれを実現するだけの高い技術力も日本は保持している。このような日本の持つ可能性を生かして，未来を創造するヴィジョンを描き，それを実践する勇気と決断力が一筋の光となってわれわれの未来を照らしだす。

地球という多様な生物の生息する生態的空間の中で，地球の限界の範囲内で，いかにわれわれは持続的な輝かしい未来を創造しうるのか。すでに地球の限界

第Ⅰ部　環　境

を超えつつある中で，その根本原因である経済成長中心の社会から脱却し，
「小さく成長する」世界へと向かうパラダイムの変革なしには輝かしい未来の
創造はありえないだろう。

　「小さく成長する」にはポスト資本主義（ヒッケル 2023：244）への転換が不
可欠であり，社会的な影響と雇用，貧困問題，経済の安定性と社会的サービス，
価値観と文化的な変化など様々な視点からの検証が必要であるにせよ，気候危
機は全世界的な問題であると同時に，ポイント・オブ・ノーリターン（回帰不
能点）に達しカタストロフィーを引き起こしてからでは事態を収拾することは
不可能である。カタストロフィーを回避するための実現可能な方法論として
「小さく成長する」ことの意義と心構えを，ここでは原点に立ち返り，侘び茶
という新たな世界を創造した利休の強靱な精神に学ぼうとした。未来に向かう
一人ひとりの決意が人類全体の運命を決定する。

　最後に利休の決意表明ともいえる遺偈を示す。

じんせいしちじゅう
人生七 十
りきいきとつ
力囲希咄
わがこのほうけん
吾這寶劍
そぶつともにころす
祖佛共 殺
ひっさぐわがえぐそくひとたち
　堤 る我得具足の一太刀
いまこのときてんなげうつ
今此時ぞ天に 抛

　この遺偈は様々に解釈されるが，遺偈の力強い語彙からは，利休の境地と人
生のすべてを賭して侘び茶を貫徹する並々ならぬ覚悟が読み取れ，利休と秀吉
との対立は利休の死をもって終焉するが，「今此時ぞ天に抛」と遺偈にあるよ
うに，利休の信念は寶劍とともに天に抛たれ，天下人の秀吉の力をもってして
も及ばない永遠の存在になった。

第 1 章　日本文化に学ぶ SDGs の精神

注

(1) 『朝日新聞』1 月10日付社説，2023年。

(2) 「How many earths? How many countries?」（https://www.overshootday.org/
how-many-earths-or-countries-do-we-need/）（2023年 9 月13日閲覧）.

参考文献

梅原猛（1996）「文明と環境」（第15巻）『新たな文明の創造』朝倉書店，19頁。

カリス，ヨルゴン・ポールソン，スーザン・ダリサ，ジャコモ・デマリア，フェデリ
コ／上原裕美子・保科京子訳，斎藤幸平解説（2021）「資本主義に亀裂を入れる
ために」『なぜ，脱成長なのか——分断・格差・気候変動を乗り越える』NHK
出版，192頁。

木田元（2018）『反哲学史』講談社学術文庫，72頁。

熊倉功夫（1990）『茶の湯の歴史』朝日選書，42頁・62頁・93頁・130頁・192頁。

立花隆（1990）『エコロジー的思考の進め』中公文庫，47頁。

ハイデッガー，マルティン／辻村公一訳（1963）『放下』理想社，25頁。

芳賀幸四郎（1985）『千利休』吉川弘文館，185頁・186頁・313頁・315頁。

久松真一（1987）『茶道の哲学』講談社学術文庫，71頁・76頁・78頁・109頁。

ヒッケル，ジェイソン／野中香方子訳（2023）『資本主義の次に来る世界——LESS
IS MORE』東洋経済新報社，244頁。

村井康彦（1977）『千利休』NHK ブックス，232頁。

ロックストローム，J.・クルム，M.／武内和彦・石井菜穂子監修，谷淳也・森秀行他
訳（2018）『小さな地球の大きな世界』丸善出版，33頁。

和田武（2016）『再生可能エネルギー100％時代の到来——市民パワーで CO_2 も原発も
ゼロに！』あけび書房，75頁。

第2章
環境教育と SDGs

山本克典

1 戦後復興と公害教育

アメリカの自然保護教育

　南北戦争（1861〜65年）を経て統一されたアメリカでは，1869年に大陸横断鉄道が完成し，西部開拓時代が始まった。鉄道・道路網は拡大し，放牧や大規模農業のために豊かな自然が破壊されていった。その反動として始まったのが，自然保護運動や自然教育である。1800年代末には，多くのナチュラリストや自然保護団体が生まれ，自然学習運動も始まった。また，1872年には世界最初の国立公園として，イエローストーン国立公園が設置され，1920年には公園内の自然や歴史，文化についての解説活動が始まっている。このように，アメリカでは自然教育や自然保護教育が，すでに1900年代には実施されていた。

　このようなアメリカの自然保護教育を背景として，UNESCO の後押しを受け，1948年に国際自然保護連合（International Union for the Conservation of Nature and Natural Resources：IUCN）が設立された。IUCN は，世界的な協力関係のもと設立された国際的な自然保護ネットワークで，設立当初のメンバーは23の政府，134の NGO と国際機関であった。[1]設立の目的は，自然保護分野において政府と NGO が共通のビジョンのもとで協力し，国際協力を促進して自然保護に役立つ科学的知見やツールを提供することとされた。この設立総会で，トマス・プリチャード（T. Pritchard）が "Environmental Education" という用語を使ったのが最初とされている。[2]

第Ⅰ部 環　境

日本の公害教育

　日本においては，第二次世界大戦で敗北した後，占領期の困難を経て，朝鮮戦争による特需景気を契機として，高度経済成長が始まった。1955年頃には生産性向上を目的して，都市部周辺の海岸に工場や石油コンビナートが建設された。また，港湾，高速道路，新幹線，空港などのインフラが整備され，特定地域に人口が極度に集中するようになった。この頃から，工場等の周辺住民が有害物質にさらされるようになり，四日市ぜんそくや水俣病などの公害に対する危機感が高まっていった。日本各地で住民運動が起こり，一部の熱心な教員たちによって子どもたちを公害から守り，公害問題についての認識を高めようという教育実践が行われるようになった。

　1962年に，レイチェル・カーソンの『沈黙の春』が発表されると，先進諸国では様々な公害に対して各種の環境法が制定され，規制が行われるようになった。日本政府も1967（昭和42）年に「公害対策基本法」を制定し，ようやく公害対策に本腰を入れることになった。この法律の制定により，公害に関する知識の普及や公害問題への対応を考えさせることが，学校教育等にも要請されることにつながっていくのである。

　1967年の「公害対策基本法」が制定される前から，文部省（当時）は公害教育の検討を開始している。そして1968年に，初めて「公害」という学習課題が取り入れられた学習指導要領が告示された。この学習指導要領は，1971（昭和46）年4月から施行される予定であった。しかし，1970年11月から12月に臨時国会が開催され，「公害対策基本法」が以下のように修正された。[3]

　　第一条　この法律は，国民の健康で文化的な生活を確保するうえにおいて
　　　　　　公害の防止がきわめて重要であることにかんがみ，事業者，国及び
　　　　　　地方公共団体の公害の防止に関する責務を明らかにし，並びに公害
　　　　　　の防止に関する施策の基本となる事項を定めることにより，公害対
　　　　　　策の総合的推進を図り，もつて国民の健康を保護するとともに，生
　　　　　　活環境を保全することを目的とする。

下線部が追加された部分（下線は筆者が付与）で，当初は第2項として「生活環境の保全については経済発展との調和を図る」があったが，削除された。経済との調和を図るより，国民の健康で文化的な生活を重視した結果と言えよう。

この修正を受け，実施される直前であった学習指導要領の一部が，1971年1月に再び修正されることになった。例えば，学習指導要領小学校第5学年社会科，内容(5)アは，以下のようになった。[4]

(5)　産業の発展，国土の開発とともに，日本の社会にはみんなの協力や計画的な方法で解決しなければならない問題も生じていることを考えさせ，政治のはたらきや国民全体の福祉に対する関心を深めさせる。
ア　産業などによる各種の公害から国民の健康や生活環境を守ることがきわめてたいせつであることを具体的事例によって理解するとともに，地域開発と自然や文化財の保護に関連した問題なども取り上げ，これらの問題の計画的な解決が重要であることを考えること。

ここにおいて，政府主導で公害教育が開始された。しかし，公害がなかなか改善されないことに対して，政府に対する批判が強まってきた。その世論の高まりが，1972年の環境庁の設置へとつながっていった。

一方で，第二次世界大戦後の国土の開発に伴う豊かな自然の破壊に抗議する活動が，自然愛好家を中心に広がっていった。それによって自然環境を守ろうとする気運が日本各地で高まっていき，IUCNの設立とも相まって，1951（昭和26）年の「自然保護協会」の創設につながっていく。折しも，1950年の「文化財保護法」の制定，1957年の「自然公園法」の制定など，戦後の環境保護行政を側面から援護する形となった。そして，1972年の「自然環境保全法」には，「自然環境の適正な保全を総合的に推進することにより，広く国民が自然環境の恵沢を享受するとともに，将来の国民にこれを継承できるようにし，もつて現在及び将来の国民の健康的で文化的な生活の確保」を目指すとしている。

第Ⅰ部　環　　境

2　環境教育の始まり

公害教育と環境教育

　わが国において，環境教育という言葉が初めて使われたのは，1970年9月14日付の『日本経済新聞』のコラムにおいてとされている。[5]このコラムは，同年8月にニクソンアメリカ大統領が議会に提出した『環境報告』等の概略的紹介である。その報告にある "Environmental Education" の訳語として，環境教育が用いられている。しかし，コラムの本文では環境教育を用いているが，むすびでは公害教育としている。このことから，コラムの著者が，環境教育と公害教育を同じ意味でとらえていたものと推測される。

　当時は，公害・環境問題に対する危機感，公害教育への関心の高まりを背景に，当初はアメリカを参考としつつ「環境教育」という言葉が用いられ始めた。しかしながら，当時はまだ共通理解を得た意味は付与されておらず，環境教育論の萌芽は読みとれるものの，その形成に至る段階ではなかったと言える。

環境教育の展開

　国際的に環境教育の必要性が唱えられたのは，1972年に世界114カ国が参加して開催された，国連の「人間環境会議」（ストックホルム会議）である。この会議では，「かけがえのない地球（ONLY ONE EARTH）」をスローガンとして，人間環境の保全と向上をテーマとして議論が行われた。その結果，世界の人民を鼓舞し指導する共通の展望と共通の原則として，「人間環境宣言」が採択された。

　人間環境宣言の第19項に，環境教育について記されている。[6]

　⒆　環境問題についての若い世代と成人に対する教育は―恵まれない人々
　　　に十分に配慮して行うものとし―個人，企業及び地域社会が環境を保護
　　　向上するよう，その考え方を啓発し，責任ある行動を取るための基盤を
　　　拡げるのに必須のものである。

第2章　環境教育とSDGs

　　マスメディアは，環境悪化に力を貸してはならず，すべての面で，人
　がその資質を伸ばすことができるよう，環境を保護改善する必要性に関
　し，教育的な情報を広く提供することが必要である。

　ここからわかるように，環境問題についての教育は，個人や企業，地域社会
が環境の保護向上に向けた行動をとるために必要不可欠なものとしている。
　「人間環境宣言」を受け，ユネスコと国連環境計画との共同プロジェクトと
して，1975年より国際環境教育プロジェクトが開始された。当初は，「環境教
育の必要性についての認識を高めること，加盟国の要望と優先事項を明らかに
すること」を中心に，活動が行われた。そして，1975年の「国際環境教育ワー
クショップ」（ベオグラード会議）で取りまとめられた「ベオグラード憲章」に
おいて，「環境とそれにかかわる問題に気づき，関心を持つとともに，当面す
る問題の解決や新しい問題の発生を未然に防止するための知識，技能，態度，
意欲，遂行力を身に付けた人々を育てること[7]」の重要性とそのための環境教育
の内容，在り方等のフレームワークが示された。これらの成果は，その後の環
境教育に関する理論的な規範となっている。
　また，1977年に「環境教育政府間会議」（トビリシ会議）が開催され，環境教
育の目的や目標，カリキュラム指針等の理念に関わる議論，国際的な推進方策
に関わる議論を実施し，「トビリシ勧告」を採択した。その勧告には，「ベオグ
ラード憲章」の環境教育の目標を整理・具体化し[8]，

　　ａ）都市と農山漁村の経済的，社会的，政治的，生態学的相互依存につい
　　　て，明確な認識を育てること。
　　ｂ）環境の保護と改善に必要な知識，価値観，態度，関与，技術を獲得す
　　　る機会をあらゆる人々に与えること。
　　ｃ）環境のために，個人，集団および社会が全体として，新しい行動パ
　　　ターンを創りだすこと

とした。また環境教育の目的カテゴリーも，認識（Awareness）・知識

29

第Ⅰ部 環　境

(Knowledge)・態度（Attitudes）・技能（Skills）・参加（Participation）と整理し直した。これは，国際的な環境教育の枠組みとして，現在の環境教育の中にも位置づけられている。

公害教育から環境教育へ

　ストックホルム会議の成果が広がる中で，当初は公害教育と同義だったわが国の環境教育は，人間環境や環境の質に関する学習，人間と環境の関わりの学習，という意味へ展開していった。さらに，「ベオグラード憲章」の環境教育の目的・目標に基づいて，環境教育が語られるようになる。環境教育への関心の高まりを背景に，1977（昭和52）年の小・中学校学習指導要領において，理科・社会科を中心に環境教育の観点が盛り込まれることとなった。例えば，小学校理科の目標は，「観察，実験などを通して，自然を調べる能力と態度を育てるとともに自然の事物・現象についての理解を図り，自然を愛する豊かな心情を培う」としている。中学校社会の公民的分野の内容で，「国民生活の向上や福祉の増大のためには，雇用と労働条件の改善，消費者の保護，社会資本の整備，公害の防止など環境の保全，資源やエネルギーの開発とその有効な利用，社会保障制度の充実などが必要であることを理解させる」ことを規定している。公害教育と自然保護活動の2つの流れは，ストックホルム会議を契機として国際的動向に呼応し，日本の環境教育の礎になっていくのである。

3　環境教育の普及

環境教育の停滞

　1973（昭和48）年10月に，イスラエルとアラブ諸国の間で第4次中東戦争が勃発した。この戦争で，OPEC（石油輸出国機構）のメンバーであるサウジアラビア，イランなどペルシャ湾岸6カ国が原油公示価格を70％引き上げた。それに加え，中東戦争の敵国イスラエルとその支持国に対する石油供給抑制を狙いとして，石油採掘の削減と同国を支援するアメリカやオランダに対して石油の禁輸を決定した。これにより，原油価格は3カ月で約4倍に高騰した。これに

より，のちに「狂乱物価」といわれるようなインフレが先進国の間で発生することとなり，これを第1次オイルショックと呼んでいる。特に，石油資源の大半を輸入に頼り，かつその多くを中東地域に依存していた日本経済にとって大きな打撃となった。

その後，1970年代末から1980年代初頭に，原油価格は再び高騰した。1978年にOPECが段階的に原油価格の大幅値上げを実施したことに加え，1979年2月のイラン革命や1980年9月に勃発したイラン・イラク戦争の影響が重なり，国際原油価格は約3年間で約2.7倍にも跳ね上がった。これが第2次オイルショックで，この時もインフレが起こり，世界経済が減速することになった。

中東戦争がもたらした石油危機とそれに続く世界的な経済不況は，せっかくストックホルム会議が世界に定着させたと思われた環境教育の思想を吹きとばしてしまった。一方環境庁（当時）は，『環境白書（昭和55年版）』において「1970年代に入り公害対策が急速に進展し，環境汚染はその深刻な状況を脱するとともに，経済が高度成長から安定成長へと移行する中で省資源・省エネルギーも進み，環境汚染は全般に改善傾向を示すこととなった[11]」と記した。翌1981（昭和56）年版では，「環境汚染は一時の危機的状況を脱するとともに，経済が安定成長へ移行する中で省資源・省エネルギーも進み，環境汚染は全般的には改善傾向を示すこととなった[12]」と，「一時の危機的状況を脱する」との言葉が用いられた。この部分は，表現は若干異なるものの，1981～84（昭和56～59）年の4年間，継続して記述された。このことが環境問題の終息宣言と受け止められ，「公害・環境問題は終わった」ととらえられたのである。そして，「公害・環境問題は終わった」という見方が，環境教育への関心を薄れさせていった。

環境教育の復活

こうしたなか，1988（昭和63）年に環境庁が『「みんなで築くよりよい環境」を求めて――環境教育懇談会報告』を発行した。日本の政府機関が「環境教育」を冠した文章を発行したのはこれが最初である。環境教育に対する日本政府の動きは遅く，1970（昭和45）年に環境教育が登場してから20年弱の時を過ごしてしまったが，この報告書が低迷から普及へのきっかけとなった。その後文部省

第Ⅰ部 環　境

（当時）が，1991（平成3）年に中学校・高等学校編，1992（平成4）年に小学校編，1995（平成7）年に事例編の3つの『環境教育指導資料』を発行した。また，1990（平成2）年には日本環境教育学会が発足した。環境庁，文部省の文書が発行されたことによって行政の環境教育事業が活発化し，専門の学会が発足したことなどによって学校現場や民間団体などの環境教育活動も活発化し，環境教育は急速に普及し，ブームと呼べるような展開をみせることとなった。

　また，日本で環境教育がブームとなったのには，もう一つの側面がある。学歴偏重社会の是正のために，知識の習得を重視した従来の学力観から，「生きる力」を重視した新しい学力観に基づいた教育への転換が図られるようになったのである。そして1998（平成10）年，完全学校週5日制実施とともに学習内容や授業時間を削減する，「ゆとり教育」をスローガンとする学習指導要領が成立した。この学習指導要領の特徴として，総授業時間数の削減とともに，「総合的な学習の時間」が導入された。

　総合的な学習の時間では，社会の変化をふまえ，子どもの自ら学び自ら考える力などの全人的な生きる力の育成をめざし，教科などの枠を越えた横断的・総合的な学習を行う時間とされている。特徴として，体験学習や問題解決学習の重視，学校・家庭・地域の連携を掲げている。内容は児童・生徒の興味・関心に基づくことならば自由とされたが，国際理解，情報，環境，福祉・健康などが例示された。このようなことから，総合的な学習の時間に環境を取り上げる学校が増え，結果的に環境教育の実践も増えていくのである。

4　環境教育から ESD へ

持続可能な開発

　上述のように環境教育は1990年代に一気に普及したのであるが，1990年代の終わりごろになると，環境教育の概念的・内容的枠組みの拡大が生じてくる。その背景には「持続可能な開発」を基にした「持続可能な社会」への志向がある。「持続可能な開発」について見てみよう。

　ストックホルム会議では，先進国が環境保全を唱えて開発途上国の工業発達，

経済成長を妨げようとしているとの途上国側の疑念があり，開発と環境（保全）がシーソーゲームのようにとらえられていた。これに対して，両者は対立するものではなく，相互補完の関係にあることを示すものとして「持続可能な開発」概念が提唱された。

「持続可能な開発」概念を最初に提起したのは，1980年の『世界環境保全戦略』である。その後，「環境と開発に関する世界委員会」で検討され，1987年の報告書『我ら共有の未来（Our Common Future）』において，持続可能な開発は「将来の世代の欲求を満たしつつ，現在の世代の欲求も満足させる開発」と整理された。こうしてシーソーゲームととらえられていた開発と環境（保全）の関係を解く考え方として，世代間公正，南北間公正という環境倫理を背景とした「持続可能な開発」概念が明確化され，この概念を基調として，1992年に「環境と開発に関する国連会議（地球サミット）」が開催された。地球サミットで合意された原則として「環境と開発に関するリオ宣言」が採択され，その行動計画として「アジェンダ21」が合意された。「アジェンダ21」では，環境教育の重要性が次のように確認された。

ESD の登場

地球サミット以後は「持続可能な開発」概念が一般的となり，やがて社会全体の変革を求める考え方から「持続可能な社会」の構築をめざす方向へと展開する。環境教育における国際的な転機は1997年の「環境と社会——持続可能性に向けた教育とパブリック・アウェネス」国際会議（テサロニキ会議）である。同会議の主要な成果である「テサロニキ宣言」の11項では，次のように述べられている。[13]

環境教育は今日までトビリシ環境教育政府間会議の勧告の枠内で発展し，進化して，アジェンダ21や他の主要な国連会議で議論されるようなグローバルな問題を幅広く取り上げてきており，持続可能性のための教育としても扱われ続けてきた。このことから環境教育を「環境と持続可能性のための教育」と表現してもかまわないといえる。

第Ⅰ部 環　　境

　これを受けて，日本でも環境教育の見直しが進められた。1999（平成11）年の中央環境審議会答申「これからの環境教育・環境学習——持続可能な社会を目指して」では「環境教育・環境学習は，人間と環境との関わりについての正しい認識にたち，自らの責任ある行動をもって，持続可能な社会の創造に主体的に参画できる人の育成を目指すもの」と明記されている。そしてその基礎として「人間と自然に関するものと人間と人間のかかわりに関するもの」があるとしている。

　人間と自然に関するもの　人間と人間以外の生物あるいは無生物とのかかわりを学ぶことを通じて，人間と環境とのかかわりを理解することである。また，環境が，大気，水，土壌及び生物等の間を物質が循環し，生態系が微妙なバランスを保つことによって成り立っていることや，環境が本来持つ回復能力には限度があり，事業活動や日常の消費など人間活動による，環境の回復能力を超えた資源採取や不用物の排出などは，確実に資源の減少や環境汚染などの問題を生みだすことなどに関するもの。

　人間と人間のかかわりに関するもの　将来世代の生活とのかかわり（世代間公正）や，公正な資源分配など国内外における他地域の人々とのかかわり（世代内公正）に関するものであり，また，環境負荷を生み出している現在の社会システムの構造的要因への理解や，持続可能な社会システムの在り方に関する洞察，さらには，社会づくりに必要なコミュニケーションの問題，多様な社会や文化，多様な価値観への理解などに関するものも含む。

　地球サミットで採択された「アジェンダ21」の実施状況を点検し，今後の取り組みについて検討するため，2002年に「持続可能な開発に関する世界首脳会議」（ヨハネスブルグサミット）がヨハネスブルグで開催された。日本政府およびNGOがこの会議で「持続可能な開発のための教育（Education for Sustainable Development：ESD）」を提唱し採択された。2003年の国連総会に提案されて決議され，2005年から2014年にかけて国連が各国政府にESDの取り組みを推進するよう働きかけることになった。なお，従来の環境教育とESDの違いにつ

第2章　環境教育とSDGs

表2-1　従来の環境教育とESDの違い[15]

	従来の環境教育	ESD
対　象	個人の態度の変容 認　識 知　識 理　解 技　能	社会経済構造とライフスタイルの転換 倫理観 未来型思考 参　画 批判的な振り返り 行動する力
方　法	トップダウン 結果重視 量的価値 教え込み 管　理	ボトムアップ プロセス重視 質的価値 学　び 育　成

出所：筆者作成。

いてまとめたものが表2-1である。

5　SDGsの登場

MDGsの登場

　2000年9月にニューヨークで開催された国連ミレニアム・サミットにおいて，国連ミレニアム宣言が採択された。この宣言では，以下の7つのテーマ

（1）平和，安全及び軍縮

（2）開発及び貧困撲滅

（3）共有の環境の保護

（4）人権，民主主義及び良い統治

（5）弱者の保護

（6）アフリカの特別なニーズへの対応

（7）国連の強化

に関して，国際社会が連携・協調して取り組むことを合意した。そして，1990年代に開催された主要な国際会議やサミットで採択された国際開発目標を統合し，2015年までに達成すべきとされていた世界的目標を，ミレニアム開発目標（Millennium Development Goals：MDGs）と呼んでいる。

35

第Ⅰ部 環　境

MDGs から SDGs へ

　MDGs が2015年に終了することに伴い，2015年の国連総会で，『我々の世界を変革する：持続可能な開発のための2030アジェンダ（Transforming our world: the 2030 Agenda for Sustainable Development）』が採択された。これが，持続可能な開発のために必要不可欠な，向こう15年間の新たな行動計画である。その中で，2030年までに達成するべき持続可能な開発目標（SDGs）として17の世界的目標と169の達成基準が示された。17の世界的目標は以下の通り。[16]

　　目標1　（貧困）　あらゆる場所，あらゆる形態の貧困を終わらせる。
　　目標2　（飢餓）　飢餓を終わらせ，食料安全保障及び栄養の改善を実現し，
　　　　　　　持続可能な農業を促進する。
　　目標3　（保健）　あらゆる年齢，のすべての人々の健康的な生活を確保し，
　　　　　　　福祉を促進する。
　　目標4　（教育）　すべての人に包摂的かつ公正な質の高い教育を確保し，
　　　　　　　生涯学習の機会を促進する。
　　目標5　（ジェンダー）　ジェンダー平等を達成し，すべての女性及び女児
　　　　　　　のエンパワーメントを行う。
　　目標6　（水・衛生）　すべての人々の水と衛生の利用可能性と持続可能な
　　　　　　　管理を確保する。
　　目標7　（エネルギー）　すべての人々の，安価かつ信頼できる持続可能な
　　　　　　　近代的なエネルギーへのアクセスを確保する。
　　目標8　（経済成長と雇用）　包摂的かつ持続可能な経済成長及びすべての
　　　　　　　人々の完全かつ生産的な雇用と働きがいのある人間らしい雇用
　　　　　　　（ディーセント・ワーク）を促進する。
　　目標9　（インフラ，産業化，イノベーション）　強靭（レジリエント）な
　　　　　　　インフラ構築，包摂的かつ持続可能な産業化の促進及びイノベー
　　　　　　　ションの推進を図る。
　　目標10　（不平等）　国内及び各国家間の不平等を是正する。
　　目標11　（持続可能な都市）　包摂的で安全かつ強靭（レジリエント）で持

続可能な都市及び人間居住を実現する。

目標12 （持続可能な消費と生産）　持続可能な消費生産形態を確保する。

目標13 （気候変動）　気候変動及びその影響を軽減するための緊急対策を講じる。

目標14 （海洋資源）　持続可能な開発のために，海・海洋資源を保全し，持続可能な形で利用する。

目標15 （陸上資源）　陸域生態系の保護，回復，持続可能な利用の推進，持続可能な森林の経営，砂漠化への対処ならびに土地の劣化の阻止・回復及び生物多様性の損失を阻止する。

目標16 （平和）　持続可能な開発のための平和で包摂的な社会を促進し，すべての人々に司法へのアクセスを提供し，あらゆるレベルにおいて効果的で説明責任のある包摂的な制度を構築する。

目標17 （実施手段）　持続可能な開発のための実施手段を強化し，グローバル・パートナーシップを活性化する。

　このSDGsの「17の目標」を3つの層に分類したのが図2-1の「ウェディングケーキモデル」である。目標6，13～15は生物圏（Biosphere），目標1～5，7，11，16は社会圏（Society），目標8～10，12を経済圏（Economy）とし，

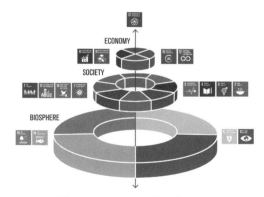

図2-1　ウェディングケーキモデル
出所：ストックホルム・レジリエンスセンター。

第Ⅰ部　環　　境

一番上にあるのが目標17の持続可能な開発のための実施手段である。これによって，持続開発可能な社会や持続可能な社会を具体的にイメージしやすくなった。

6　学校教育と SDGs

日本における SDGs の普及

　2019年頃から，カラフルな SDGs の目標一覧は，日本のマスメディアでも頻繁に取り上げられるようになった。それとともに，SDGs に取り組む企業も増えてきた。その結果，SDGs に関する人々の関心も徐々に高まっていった。学校教育においては，SDGs が登場する前から ESD を推進していくことになっていた。

　SDGs が登場してからは，SDGs 達成に貢献するため，持続可能な社会づくりの担い手を育成することが重要として，文部科学省は ESD を各学校で一層推進していくことを決定した。具体的には，2017（平成29）年改訂の小学校学習指導要領の前文に，「一人一人の児童が，自分のよさや可能性を認識するとともに，あらゆる他者を価値のある存在として尊重し，多様な人々と協働しながら様々な社会的変化を乗り越え，豊かな人生を切り拓き，持続可能な社会の創り手となることができるようにすることが求められる[18]」として，ESD の推進を求めた。

SDGs と学校教育

　また，2018（平成30）年に閣議決定された第3回教育振興基本計画には，初等中等教育において「我が国が ESD の推進拠点として位置付けているユネスコスクール[19]の活動の充実を図り，好事例を全国的に広く発信・共有する。（中略）ESD の実践・普及や学校間の交流を促進するとともに，ESD の深化を図る。これらの取組を通して，持続可能な社会づくりの担い手を育む[20]」とあり，ユネスコスクールを拠点として ESD を推進していくことを決めた。また，各学校の SDGs 達成に資する好事例集を公開し[21]，各学校での実施を求めた。この

38

ように，ESD によって「他人の尊重・多様性の尊重・環境の尊重」など様々な価値観を理解し，子どもたちの思考力や分析力の向上をめざすこととなる。SDGs はそのシンボリックな目標として，社会や子どもたちにわかりやすく示されたものである。学校教育の中で SDGs を取り上げることは，子どもの興味・関心を喚起するために効果的だと考えられる。

　しかし近年，学校教育を担う教員の負担は増すばかりとなっている。社会の変化は急速であり，授業に ICT を取り入れたり，小学校で英語教育を導入したり，特別な支援を必要とする子どもの数も増加している。クラブ・部活動の指導などにより，休日勤務や就業時間後の拘束時間も増え，教師の多忙化が問題になっている ESD の取り組みは重要であるが，教員の新たな負担とならないよう留意して進めるべきである。

注

(1)　環境庁は1978（昭和53）年 9 月に政府機関会員として加盟，日本政府は1995（平成 7 ）年 6 月に国家会員として加盟した。

(2)　もっと前から使われていたとする研究もあるが，いずれにせよ1940年代後半からのようである。

(3)　衆議院 HP（https://www.shugiin.go.jp/internet/itdb_housei.nsf/html/houritsu/06419701225132.htm）（2023年 9 月 8 日閲覧）。

(4)　国立教育政策研究所・教育研究情報データベース（https://erid.nier.go.jp/guideline.html）（2024年 1 月 7 日閲覧）。

(5)　市川智史（2015）「用語『環境教育』の初期の使用と意味内容」環境教育，Vol. 25-3，108頁。

(6)　『環境白書（昭和48年版）』環境省 HP（https://www.env.go.jp/policy/hakusyo/s48/index.html）（2024年 1 月 7 日閲覧）。

(7)　『環境白書（平成 9 年版）』環境省 HP（https://www.env.go.jp/policy/hakusyo/h09/index.html）（2024年 1 月 7 日閲覧）。

(8)　一般財団法人　環境イノベーション情報機構「環境用語集」HP（https://www.eic.or.jp/ecoterm/?act=view&serial=1976）（2024年 1 月 7 日閲覧）。

(9)　国立教育政策研究所 HP　学習指導要領の一覧（https://erid.nier.go.jp/files/COFS/s52e/chap2-4.htm）（2024年 1 月 7 日閲覧）。

(10)　国立教育政策研究所 HP　学習指導要領の一覧（https://erid.nier.go.jp/files/COFS/s52j/chap2-2.htm）（2024年 1 月 7 日閲覧）。

第Ⅰ部 環　　境

⑾　『環境白書（昭和55年度版）』環境省 HP（https://www.env.go.jp/policy/hakusyo/
　　s55/index.html）（2024年1月7日閲覧）。

⑿　『環境白書（昭和56年度版）』環境省 HP（https://www.env.go.jp/policy/hakusyo/
　　s56/index.html）（2024年1月7日閲覧）。

⒀　阿部治他（1999）「"環境と社会に関する国際会議――持続可能性のための教育と
　　パブリック・アウェアネス"におけるテサロニキ宣言」環境教育 Vol. 8-2，日本環
　　境教育学会，1999年，73頁。

⒁　中央環境審議会答申（1999）「これからの環境教育・環境学習――持続可能な社
　　会を目指して」（https://www.env.go.jp/press/files/jp/1331.html）（2024年1月7
　　日閲覧）。

⒂　IUCN（2000）を基に阿部氏が加工（https://www.env.go.jp/council/25kyouiku/
　　y250-03/mat02-1.pdf）（2024年1月7日閲覧）。環境の保全のための意欲の増進及
　　び環境教育の推進に関する基本方針の作成に向けた懇談会（第3回）提出資料。

⒃　内閣府地方創生推進室（2021）「地方創生に向けた SDGs の推進について」
　　（https://future-city.go.jp/data/pdf/sdgs/01_sassi.pdf）（2024年1月7日閲覧）。

⒄　ストックホルム・レリジエンスセンター（https://www.stockholmresilience.
　　org/research/research-news/2016-06-21-looking-back-at-2016-eat-stockholm-food-
　　forum.html）（2024年1月7日閲覧）。

⒅　国立教育政策研究所・教育研究情報データベース（https://erid.nier.go.jp/guideline.
　　html）（2024年1月7日閲覧）。

⒆　ユネスコ憲章に示されたユネスコの理想を実現するため，平和や国際的な連携を
　　実践する学校であり，ユネスコが加盟承認する。日本国内の加盟校数は1,090校
　　（2023年12月現在）。

⒇　文部科学省 HP（https://www.mext.go.jp/content/1406127_002.pdf）（2024年1
　　月7日閲覧）。

㉑　文部科学省 HP（https://www.mext.go.jp/unesco/sdgs_koujireisyu_education/
　　1418147.htm）（2024年1月7日閲覧）。

参考文献

市川智史（2016）『日本環境教育小史』ミネルヴァ書房。

北村友人他編著（2019）『SDGs 時代の教育』学文社。

佐藤真久他編著（2017）『SDGs と学校教育』学文社。

椋山正弘他編著（1992）『地球環境と教育』ミネルヴァ書房。

田中治彦他編著（2019）『SDGs カリキュラムの創造』学文社。

沼田眞監修（1982）『環境教育論』東海大学出版会。

沼田眞監修（1987）『環境教育のすすめ』東海大学出版会。

第2章　環境教育と SDGs

沼田眞監修（1992）『環境問題と環境教育』国土社。

第3章
環境政策とSDGs[(1)]
――環境保全を考える――

峯岸律子

1　環境政策の歩み

　環境政策とは，環境保全に関する政府の方針や政策として定義されおり，その考え方は，地球環境の保護と持続可能な開発を実現するための具体的なアプローチや指針を指すものである。行政分野における環境政策の位置づけは，社会経済活動と表裏一体で生じる環境問題に対応して様々な変遷を経てきた。

　日本における環境行政の中心的役割を担ってきたのが環境省であり，1971年の発足以来50年，環境問題の変遷と対応領域の拡大に応じて，環境政策も自然科学と社会科学の幅広い分野と関わりを持ちつつ変遷してきた経緯がある。

　環境省設置法（平成十一年法律第百一号）によると，環境省の任務は「地球環境保全，公害の防止，自然環境の保護及び整備その他の環境の保全（良好な環境の創出を含む）並びに原子力の研究，開発及び利用における安全の確保を図ること」とされている。

　また，日本の環境行政のビジョンを示すものが1993年に制定された「環境基本法」であり，日本の環境政策は，環境基本法を中心に，持続可能な社会の実現や環境保全を目指しており，地球環境の保護や気候変動対策，廃棄物管理，自然保護，再生可能エネルギーの導入など，様々な分野において具体的な政策が進められている。また，国内の環境問題に対処するだけでなく，国際的な枠組みでの協力も重視しつつ，地球規模での環境問題への取り組みを推進している。

　日本の中長期的な環境政策の指針となる計画は，環境基本法に基づいて策定

43

第Ⅰ部 環　境

される環境基本計画であり，国や地域の環境政策を統合し，環境保全や持続可能な社会の構築に向けた方向性や具体的な施策を示し，1994年に策定された第一次環境基本計画から概ね5年毎に見直しされており，2023年現在，第六次環境基本計画の策定に向けて検討が進められている。

　一方，SDGsは，2015年9月に国連加盟国が採択した17項目のゴール（目標）と169項目のターゲット（達成基準）で構成され，2030年までに持続可能な世界の実現を目指すグローバルな枠組みである。具体的には，先進国・途上国をはじめすべての国を対象とし，経済・社会・環境の3つの側面のバランスの取れた社会の実現を目指す世界共通の目標として，貧困や飢餓，水や保健，教育，医療，言論の自由やジェンダーの平等，気候変動への対応など広範な領域を対象とし，その達成に向けた国際協力が重要な要素となっている。

　17項目のゴールのうち，少なくとも13項目が直接的に環境に関連するものであり，残り4項目も間接的ではあるものの環境に関連しており，すべてのSDGsは大なり小なり環境に関連している。環境省では，アジェンダの実施に向け，気候変動，持続可能な消費と生産（循環型社会形成の取組等）等の分野において国内外における施策を積極的に展開してきた。2018年4月に閣議決定された第五次環境基本計画では，SDGの考え方も活用し，環境・経済・社会の統合的向上を具体化すると明記されておりSDGsのうち，特に環境に関連する目標（例：SDG13 気候変動に対処する，SDG14 海洋保護の促進，SDG15 陸地の生態系保全と回復）と整合性を持たせることで，国内での環境政策の方向性を示し，SDGsの達成に寄与する役割を果たしている（環境省 2018）。

2　環境保全とは何か[(2)]

　環境政策とSDGsは密接に関係し，環境保全はいずれの目標達成に向けた根幹となる概念となる。そもそも環境保全とはどのような概念なのだろうか。

　環境保全とは，地球上の自然環境や生態系を保護し，その持続可能な利用を促進する取組のことを指す。これは，地球上の豊かな自然資源や生物多様性，清浄な空気や水，健全な生態系を守り，維持することを目的としており，環境

第3章　環境政策とSDGs

保全は人間の活動による環境への負荷を軽減し，地球環境を未来の世代に受け継ぐための重要な概念でもある。

　一方，環境保全という概念の理解には，人類が自然の価値をどのように捉えてきたのか，また，どのように向き合ってきたのか，その変遷を見ていく必要がある。

自然の価値と自然観の変遷

　自然には，どのような価値があるのか。この問いは，人類がこれまでどのように自然と関わり，利用してきたか，その関係の中で常に見られるものである。その一方で，自然そのものは言葉を発することがないため，その答えは，人の自然への「思い」や「価値観」にゆだねられている。応用倫理学の碩学である加藤尚武は，「自然の価値」について，オシドリを例に，以下のように説明している（加藤　2007：63）。

　オシドリという美しい鳥がいる。ある人は「この鳥は美しいから保護をする」と言い，また，ある人は「この鳥は将来利用のために用途が開発されるかもしれないから保護する」という2つの主張があったとする。どちらも，「保護」するという点では一致しているが，その理由が違っているだけで，どちらが正しいかという判定はできない。この2つの主張は，「自然を中心に考える」か，あるいは「人間を中心に考える」かという「自然と人間」の関係をどのように捉えるかによって生じるものである。これらは，「自然の価値」に対する考え方の違いで，「クジラやイルカの保護」や，「熱帯雨林の生物多様性の保護」といった「利用か保護か」という論争にも見られる（表3-1）。

　あらゆる生物は，他の生物を利用して生きている。「食う⇔食われる」関係のもとで，自然界は食物連鎖システムを成立させている。人類もかつては，食物連鎖の一員に過ぎなかった。しかし，野生動物の家畜化，農業技術の発展，化石燃料の利用など，他の生物を圧倒する高度な社会システムを獲得していくなかで，自然と人間の関係を模索するようになったと考えらえる。

　人類史のはじまりとともに，自然や事物にも霊や精神などが宿るというアニミズムの思想は，コミュニティの自然観として，世界各地の宗教や文化の中に

45

第Ⅰ部　環　境

表3-1　自然の価値

自然の価値	主　張
内在的な価値	■自然中心主義 　自然の存在そのものに価値がある。美しい景観，生物，種，生態系の存在そのものに価値がある。 　・オシドリは美しい。 　・クジラやイルカは知能が高等である。 　・熱帯雨林の生態系は貴重である。
手段的な価値	■人間中心主義 　自然は，人間によって利用される存在としての価値がある。 　・オシドリは，科学技術の発展した将来，役にたつかもしれない。 　・熱帯雨林の多様な生態系は，新薬の開発や資源として将来利用できる。

出所：加藤（2007：67）を基に筆者作成。

表3-2　自然観の変遷

時　代	自　然　観	価値	主張
古代～ アミニズム 多神教・自然崇拝	■自然への脅威と尊厳 ・自然や事物にも霊や精神などが宿る。 ・人間の生存のための伐採や狩猟などを容認する。	内在的な価値 ⇕	自然中心主義 ⇕
前20世紀～ 古代ユダヤ教 ～ キリスト教	■敬意ある自然の支配 ・人類とその子孫の繁栄や人類の自然に対する支配を説く。自然を征服して自分たちの安全や幸福を得ようという考え方。 ■信託管理　stewardship ・人類の自然に対する支配だけではなく責任ある管理を説く。		
近代～ 機械的自然観 デカルト （1596～1650）	■人間と自然の分離 ・自然を単なる機械・事物（もの）とみなすこと。 ■自然の搾取 ・自然は人間の欲望を満たすための手段とみなされ，徹底的に収奪され，破壊されることになった。	手段的な価値	人間中心主義

出所：羽野（2010：50，106，274）を基に筆者作成。

受け継がれてきた。伝統的な日本文化においても八百万の神をはじめ自然は信仰の対象であり，自然は脅威であるとともに，その恩恵を享受するもであった。これは，自然の存在そのものに価値をおく「自然の内在的価値」の例として考えることができる。

　一方，紀元前20世紀頃に芽生えた古代ユダヤ教では，自然は神から人類に与えられたものと位置づけ，人類とその子孫の繁栄のため，自然に対して敬意ある支配と責任ある管理を説いている。この考え方は，その後のキリスト教にも受け継がれ，自然は人間のために利用される存在として「自然の手段的価値」

を認め，中世以降の近代科学の発展や18〜19世紀の産業革命，社会システムの近代化とともに，西洋から全世界に広がる自然観となっていったものと考えられる（表3-2）（羽野 2010：50，106，274）。

このように，「自然の価値」は，民族や文化，時代などによって，また，その自然に関わる利害関係者の立場によって，それぞれ異なるものとなっていったのではないか。

価値観の対立

「環境保全」の必要性は，人類が自然との関係を意識し始めた時代から存在したが，近代的な環境保全の考え方が本格的に展開されるのは19世紀後半から20世紀初頭からとなる。18世紀イギリスに端を発する産業革命は，19世紀にかけて近代社会の工業化と都市化を促進し，経済の発展をもたらしたが，同時に環境への負荷も増加させ，大気汚染や水質汚染，森林の伐採などの環境問題が顕在化し，環境保全の必要性が浮き彫りとなったのもこの頃である。

1908年当時，慢性的な水不足に悩むサンフランシスコ市は，ヨセミテ国立公園内に位置するヘッチヘッチ峡谷を飲料水の確保や水力発電施設を整備するためにダムの建設を計画した。このダム建設の是非をめぐり，「保全」か「保存」か，という論争が起きた（表3-3）。この問題を複雑にしたのは，自然をはじめ「環境の価値」をどのように考えるかという価値観の違いによるものであった。この論争にはジョン・ミューアとギフォード・ピンショーという19世紀当時のアメリカの自然保護に貢献した二人の人物が登場する。

ジョン・ミューア（John Muir）は19世紀末に活躍した自然保護主義者であり，自然を保護し人間の開発から守る保存」を提唱した。彼は環境保護団体シエラクラブの創始者として国立公園制度の創設に尽力し，ヨセミテ国立公園の設立などに貢献した。一方，ギフォード・ピンショー（Gifford Pinchot）は，同じ時期に林業技術の専門家として活躍し，資源の持続的な利用と管理「保全」を重視した。彼はアメリカ森林局（U.S. Forest Service）の初代長官となり，森林資源の保護と持続的な利用を推進した。

ミューアもピンショーも，いずれも自然は保護（conservastion）すべきもの

第Ⅰ部　環　　境

表3-3　「保全」か「保存」かの論争

人物	自然の価値の捉え方	ヘッチヘッチ渓谷をめぐる論争の主張
ピンショー (Gifford Pinchot) [1865-1946]	・アメリカ合衆国初代森林長官。 ・1907年，「自然保護（conservation）という言葉を使い始めた。 ・「自然保護は天然資源を賢明にかつ，効率的に利用すること」と主張。	・短期的な少数のための利益ではなく，多数のための利益を目的に開発を行う ・人間の利益を確保した上で自然を「保全」するという人間中心主義側の主張 ・サンフランシスコの子どもたちを［水不足から］救う方が先だ
ミューア (John Muir) [1838-1914]	・原生自然の価値を明確にし，国立公園構想を庇護する政治活動を展開，ヨセミテ国立公園の設立に寄与した。 ・環境保護団体シエラクラブの創始者。	・自然観を重視してあるがままの状態での「保存」という自然中心主義側の主張を掲げた。 ・人間にはパン［水］と同じように美が必要だ

出所：ナッシュ（1990）を基に筆者作成。

との主張であったが，この二人の主張が対立へと発展した背景には，自然の価値の捉え方の違いがあった。ピンショーの主張する「保全」は，人間に利益を供する道具であることに自然の価値を置くもの（人間中心主義的）であったのに対し，ミューアの主張する「保存」は，自然そのものに価値が置くもの（自然中心主義的）であった。当時の政治権力のもとダム建設の容認で決着したが，この「保全」に傾向した自然保護思想は，現在に至るまで「人々の生活を前提とした環境保全」という視点で継承されおり環境政策の根幹をなす概念となった（鬼頭・福永　2009：63）。

　「環境問題」というテーマを議論するとき，私たちは「自然保護」と「人々の生活」について，どちらを優先すべきかを天秤にかけて考えている。例えば，自然破壊を伴う開発が計画されれば「保護」か「開発」かなど，環境問題の多くは「自然 vs. 人間」という二項対立の構図で論じられ，どちらかを追求すると，もう一方を犠牲にせざるを得ないようなジレンマに行き着き，その解決を困難なものとしてきた。ここで，注意すべきことは，対立しているのは，「自然」と「人間」ではなく，その自然に関わる利害関係者間の「価値観の対立」ということであり，自然そのものは，言葉を発することはない（鬼頭・福永2009：63）。

第3章　環境政策とSDGs

環境保全と利害関係

　環境問題の多くは，有限の自然資源を，我々人類が過度に利用し，影響を与えてきたことに起因し，「利益を得る側」と「影響を受ける側」という利害の関係により，人間同士の対立を生み出した。利害関係が明瞭であれば，「誰のための何のための環境保全か」という問いの中に「自然の価値」を見いだすことができた。かつて公害問題が深刻化したわが国で，人々の健康被害を防止するため，官民一体となった公害対策が実施され，きれいな空や川の存在など「自然の価値」が社会に受け入れられた。

　一方，現在の地球環境問題は，高度な経済活動を行っている先進工業国と，貧困や人口増加にある開発途上国との関係や，人類の繁栄に伴う長期的な影響など，メカニズムが複雑で，規模も大きく，直接的な利害関係も明瞭ではない。気候変動への対応では，大きく，先進国，開発途上国，産油国，島嶼国という国や立場の違いによる複雑な利害関係が見られる。このため，例えば，温室効果ガスの削減に向けた具体策に対して，それぞれ異なる主張によって，持続可能な社会の実現に向けた合意形成を難しいものとしてきた経緯がある。

　例えば環境保護団体や環境活動家などは，より厳格な規制や保護策を求め，環境政策が環境の健全性を保護すること，言い換えれば経済成長を止めてでも「手付かずの自然を残す（保存）」を最優先とするような高い目標設定を求める。一方で，産業界や企業は，環境政策の厳格化による経済事業活動への影響を懸念し，経済成長や競争力の維持と環境保全とのバランスを求める。

　環境保全の実現には，環境政策が重要な役割を果たし，政府や国際機関が環境問題に対処するため条約などの国際的な枠組み，その確実な実行のための国内法の整備，規制，経済的な仕組みを設けることで，環境保全の取組を推進してきた。しかし，その一方で，環境保全の重要性を認識しながらも，経済成長や雇用創出など他の政策目標とのバランスを取る必要があり，環境政策の立案には，環境保全と社会・経済の利益の両立を目指すことが求められる。

環境保全の国際的な議論

　環境保全の国際的議論を振り返ると，環境保護と経済成長・開発は相反する

第Ⅰ部　環　　境

表3-4　地球環境問題に関する国際的議論

～1970年代 （環境問題の顕在化）	1980年代 （持続可能な開発への認識）	1990年代 （国際枠組の確立）	2000年代 （外交の表舞台へ）	2010年代 （ビジネスでも主流化）	2020年代 （「勝負の10年」）
1962 レイチェル・カーソン「沈黙の春」	1980 IUCN「世界自然保護戦略」	1992 環境と開発に関する国連会議（リオ地球サミット）	2000 ミレニアム開発目標（MDGs）採択	2010 名古屋議定書採択	2020 米、パリ協定復帰 米主催気候サミット
1972 ローマクラブ「成長の限界」	1987 環境と開発に関する世界委員会（WCED）報告書「Our Common Future」	- リオ宣言 - 気候変動枠組条約署名開始	2001 米、京都議定書脱退	2012 国連持続可能な開発会議（リオ＋20）	2021 ダスグプタ・レビュー（生物多様性の経済学）
1972 国連人間環境会議（ストックホルム会議） - テーマ：Only One Earth（かけがえのない地球） -「人間環境宣言」採択 - 国連環境計画（UNEP）発足	-「持続可能な開発」の概念の確立 1988 IPCC設立	- 生物多様性条約署名開始 - 砂漠化対処条約交渉開始 - アジェンダ21採択 1997 京都議定書採択	2002 持続可能な開発に関する世界首脳会議（ヨハネスブルクサミット） 2006 英スターンレビュー（早期対応のメリットは、対応しなかった場合の経済的費用をはるかに上回る） 2007 国連安保理で気候変動を議論 IPCCノーベル平和賞 中国の排出量が米を抜く 2008 G8北海道洞爺湖サミット（GHG2050年までに半減）京都議定書第一約束期間開始	2013 水俣条約採択 2014 気候変動に係る米中合意 2015 パリ協定採択 持続可能な開発のための2030アジェンダ、持続可能な開発目標（SDGs）採択 2016 米でパリ協定離脱を公約に掲げるトランプ政権が成立（正式離脱通知は2019年）、一方でAmerica's Pledge, We Are Still In等の動き 2018 IPCC1.5℃特別報告書 CDP, PRI, TCFD, SBT, RE100等が主流化	2021 グラスゴー気候合意（critical decade）（岸田総理スピーチ「この10年が勝負です」）、パリ協定実施細則合意 2022 プラスチック汚染対策条約に係る政府間交渉委員会（INC）設置

出所：環境省（2023a）。

要素として捉えられ，経済成長や開発には多くの資源の消費や環境への負荷が伴い，これが環境問題を引き起こしていた。そのため，環境保護と経済成長・開発は対立するとみなされ，数多くの政策的対立を生み出してきた。

　1972年のローマクラブ「成長の限界」の公表と，同年の国連人間環境会議（ストックホルム会議）の開催を契機に，環境問題は国際的な重要課題となった。1987年に公表された環境と開発に関する世界委員会（WCED）の報告書「Our Common Future」において「持続可能な開発」の概念が確立された。

　さらに1992年のリオ地球サミットにおいて地球環境問題は，首脳間の外交課題となり，対策に向けた国際的な枠組みが確立し，2000年代に入り，地球環境問題は首脳級のサミットの主要議題の一つとなり，外交の表舞台で地球環境問題が扱われるようになった（表3-4）。

　このように，人類は産業革命以来「環境保全」の在り方を模索してきたが，地球環境問題はさらに深刻となり，生物多様性の損失が加速する中，2010年名古屋で開催された生物多様性条約第10回締約国会議（COP10）で生物多様性に

関する国際的な目標「愛知ターゲット（生態系保全目標）」が採択された。この議論を機に，これまで社会貢献的な位置づけにあった「自然をまもる」という「行為」が，「生物多様性の保全」という枠組みに改められ，社会経済活動の中で具体化することが求められるようになった。

その後，2022年カナダ・モントリオールで開催された生物多様性条約第15回締約国会議（COP15）で，愛知目標の後継として「昆明・モントリオール生物多様性枠組」（以下「新枠組」）が採択された。新枠組には2030年ミッションとして「ネイチャーポジティブ」（自然再興）の考え方が取り入れられ，いわゆる自然保護だけを行うものではなく，社会・経済全体を生物多様性の保全に貢献するよう変革させていくという強い決意が込められた。

このように，環境保全に関する国際的議論において，「環境」と「経済」「開発」は，環境保全の歴史の中で対立する立場であったが，統合的に実現を目指すものへと変遷をとげた。

環境基本法に見る環境保全の概念

環境問題と利害関係の変遷に応えるように，日本の環境関係の基本法もその姿を変えてきた。環境庁設立4年前となる1967年施行の公害対策基本法は，まさに当時の公害問題を対応するため，公害防止に関する事業者や国，地方公共団体の責務や施策について定めたものとなる。その後を追うように，1972年には，公害問題や開発によって荒廃した自然環境を保全するため，「自然環境の適正な保全を総合的に推進する自然環境保全法」が施行された。

しかし1990年代以降に，廃棄物や化学物質，大気汚染など都市型・生活型の環境問題，地球温暖化など国境を越える国際的な環境問題を背景に，事業者への排出規制や地域的な自然保護など規制を主眼とする法律では対応することができなくなっていた。1992年6月地球サミットの成果を踏まえ，環境問題の変化に対応して，公害対策基本法を継承しつつ「地球環境保全」という視点を盛り込み1993年に環境基本法が制定された（表3-5）。

環境基本法は，これまでの環境行政の反省に立ち，それを包摂しつつ乗り越えるという理念のもとで作られている。公害対策基本法が，人命に関わるよう

第Ⅰ部　環　　境

表3-5　公害対策基本法と環境基本法

	公害対策基本法 1967年	環境基本法 1993年	意　義
目　的	・**公害対策**の総合的推進をはかり，もって国民の**健康を保護**するとともに，・**生活環境**を保全することを目的とする	・**環境の保全**に関する施策を総合的かつ計画的に推進し，・もって**現在及び将来**の国民の**健康で文化的な生活の確保**に寄与するとともに・**人類の福祉**に貢献する	・「環境の保全」に拡張 ・「将来世代」の「健康で文化的な生活の確保」を含める ・地球規模への貢献を明確化
定　義	・「生活環境」には，人の生活に密接な関係のある財産並びに人の生活に密接な関係のある動植物及びその生育環境を含むものとする	・「環境」の定義はない ・「**環境への負荷**」とは，人の活動により環境に加えられる影響であって，・**環境の保全上の支障**の原因となるおそれのあるもの	・「環境」は時代の価値観に依る ・「環境への負荷」の概念を新設 ・「環境保全」と「環境保全上の支障の防止」を区別
基本理念	・「**経済調和条項**」（生活環境の保全については，経済の健全な発展との調和が図られるようにするものとする。）※目的（第1条）等に規定 （1970年の改正で削除）	・**人類の存続の基盤**である限りある環境 ・環境への負荷の少ない健全な経済の発展を図りながら**持続的に発展することができる社会が構築**されることを旨とし，・**科学的知見の充実**の下に**環境の保全上の支障が未然に防がれる**ことを旨として ・地球環境保全は，我が国の能力を生かして，及び国際社会において我が国の占める地位に応じて，**国際的協調の下に積極的に推進**	・環境は人類の存続の基盤であると明記（本来的に環境と経済は対立するものではない） ・持続可能な社会の構築を目指すことを規定 ・科学的知見に基づく未然防止（予防的取組方法を含む。）を規定 ・地球環境保全の積極的な推進を明記

出所：環境省（2023a）。

な環境汚染問題への対応として規制的な手法が中心であったが，環境基本法は，地域的な公害対策にのみならず人類の生存基盤である地球を脅かす新たな環境問題には対応するため，規制的手法に留まらず経済的手法も位置づけ，これまで対立関係にある「環境と経済」の課題への対応も組み込んでいる。このため，環境基本法では，経済の発展と環境保全を調和させ，持続可能な社会の構築を目指すという考え方が重要な要素として示され，経済成長や社会の発展を追求しつつ，環境への影響を最小限に抑えることが強調されている（環境省五十年史編さんチーム　2023）。

　また，環境に対する負荷を軽減し，自然環境の保全を図るための具体的な取組の絵姿が示され，大気・水・土壌などの自然環境への汚染や破壊を防止し，生態系のバランスを守ること，環境に関する情報の公開と市民の参画を促進することも盛り込んでいる（図3-1）。

第3章　環境政策とSDGs

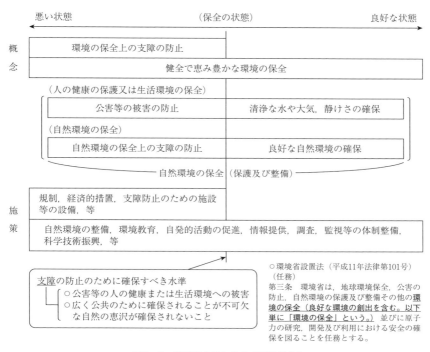

図 3-1　環境基本法に見る「環境保全」
出所：環境省（2023a）。

3　環境保全と Well-being

　環境基本法第1条には，「環境の保全に関する施策を総合的かつ計画的に推進し，もって現在及び将来の国民の健康で文化的な生活の確保に寄与するとともに人類の福祉に貢献することを目的とする」とある。したがって，環境政策の目指すところは，現在の文脈を踏まえれば「環境保全上の支障の防止」及び「良好な環境の創出」からなる環境保全と，それを通じた現在及び将来の国民一人ひとりの生活の質，幸福度，Well-being，経済厚生の向上であり，また，人類の福祉への貢献でもあると考えられる。
　言い換えれば，SDGs17項目のゴールの達成には，環境面の対策から経済

第 I 部　環　　境

面・社会面の課題解決に貢献することや，逆に経済面・社会面の対策から環境の課題解決にも貢献するよう政策をデザインしていくことが求められている（環境省　2023a）。

環境保全とビジネス

　近年では環境への負荷を軽減し，環境技術産業の発展を促進しながら経済成長を達成する経済モデルであるグリーン経済の概念が注目され，環境と経済の統合がより具体化される一方，新たな経済成長の源泉としての脱炭素技術や再生可能エネルギーの重要性も認識されるようになった。

　1990 年代以降，地球温暖化をはじめ環境問題への取組が企業に求められるようになり，「企業の社会的責任（Corporate Social Responsibility：CSR）」という

表 3-6　グリーン経済に向けた取組の広がり

イニシアティブ	活動内容
TCFD (Taskforce on Climate-related Financial Disclosures)	（気候関連財務情報開示タスクフォース） ・投資家等に適切な投資判断を促すために，気候関連財務情報開示を企業等へ促進することを目的とした民間主導のタスクフォース ・主要国の中央銀行，金融監督当局，財務省等の代表からなる金融安定理事会（FSB）の下に設置
SBT (Science Based Targets)	（科学的根拠に基づく目標） ・パリ協定の目標達成を目指した削減シナリオと整合した目標の設定，実行を求める国際的なイニシアティブ ・国際 NGO（CDP，WRI，Global Compact，WWF）が運営
RE100	（事業を100％再エネ電力で賄う） ・企業が自らの事業の使用電力を100％再エネで賄うことを目指す国際的なイニシアティブ ・国際 NGO（The Climate Group，CDP）が運営
TNFD (Taskforce on Nature-related Financial Disclosures)	（自然関連財務情報開示タスクフォース） ・企業活動に対する自然資本及び生物多様性に関するリスクや機会を適切に評価し，開示するための枠組を構築する国際的な組織 ・2024年に枠組を公表する予定。
SBTs for Nature (Science-Based Targets for Nature)	・バリューチェーン上の水・生物多様性・土地・海洋が相互に関連するシステムに関して，企業等が地球の限界内で，社会の持続可能性目標に沿って行動できるようにする，利用可能な最善の科学に基づく，測定可能で行動可能な期限付きの目標。 ・2023年にガイダンスを公表。

出所：環境省（2023c）を基に筆者作成。

用語が一般的になった。さらに企業経営を経済性・社会性・環境性の3つの視点から考えることが企業の持続可能性に必要であるとの認識されるようになり，投資においてそれらを重視する「ESG（Environment／環境・Social／社会・Governance／ガバナンス）投資」が広がった。

2010年代からは，SDGsやパリ協定の採択によって，持続可能な社会の実現に向けた企業の役割はさらに重みを増し，ESG投融資等への関心の高まりを背景に，グローバル企業を中心に，民間イニシアティブの活動が国際的に拡大した（表3-6）。気候変動に対応した財務情報の開示（TCFD）や脱炭素に向けた目標設定（SBT, RE100），SBTs for Nature（自然のための科学に基づく目標）やTNFD（自然関連財務情報開示タスクフォース）など，企業や投資機関などが気候変動や持続可能性，生物多様性の保全に対する取組を強化するために参加するもので，環境保全はビジネス・金融においても不可欠な要素として捉えられるようになった（環境省 2023a）。

トレードオフの回避

時代の変遷とともに，人々の「環境保全」の捉え方も「手付かずの自然を残す」から「持続的な利用」という共通の認識を得るようになった。また社会経済やビジネスにおいても環境保全との両立が重要なものと位置づけられた。気候変動に対応した経営戦略では，企業活動から排出される二酸化炭素の削減に向けて，石炭やガソリンなどの化石由来エネルギーから再生可能エネルギーへの転換が不可欠となった。

一方で，再生可能エネルギーの導入は，新たな対立を生み出している。例えば，再エネを目的とした地域におけるメガソーラーの開発により，地域の自然環境の悪化をもたらすような場合があり，また，洋上風力の推進は海洋環境への影響や漁業への影響など，相互にトレードオフを発生させる。さらに景観や土地への信仰など，日本の伝統的な自然観や文化への影響にも向き合う必要がある。

第Ⅰ部　環　境

洋上風力発電に見るトレードオフ

　島国である日本の特性から，各地で洋上風力発電施設の開発計画が進められている。とりわけ着床式洋上風力発電施設は，2030年までに1,000万kW，2040年までに浮体式も含む3,000万〜4,500万kWの案件を形成するという政府目標に基づき，現在開発が進められている。

　洋上風力発電の開発では，環境アセスメントによる海洋生態系への影響や，船舶の航行，魚業をはじめとした沿岸の生業への影響，海水浴などのレジャーや観光，景観との調和など，様々な課題をクリアする必要がある。数多くの規制をクリアしても，開発地域の人々との合意形成に向けた長い道のりを経て，ようやく着工となる。

　現在，国内外で主流となっている洋上風力発電施設はモノパイル式で，ブレードの長さが約80m，高さ100mの巨大な直径8.9〜9.5mの杭を海底深く打ち込んで支える構造となっており，今後はさらに大型化する傾向にある（環境省 2021）。風車の設計寿命は約20年とされており，遠くない将来，老朽化した発電施設の事業終了や新しい施設への更新による廃棄または撤去という場面を迎えることになり，カーボンニュートラル達成の先に，環境行政は新たな課題に直面することとなる。

　一方で，廃棄物等の海洋への廃棄は，海洋環境の保全を目的とした「1972年の廃棄物その他の物の投棄による海洋汚染の防止に関する条約（通称「ロンドン条約」）」及びその内容をさらに強化した「1972年の廃棄物その他の物の投棄による海洋汚染の防止に関する条約の1996年の議定書（通称「ロンドン条約1996年議定書」）」により国際的に規制されており，わが国でも海洋汚染等防止法等により所要の措置を設けている。具体的には，廃棄物等を原則海洋に捨ててはならないとし，例外的に，環境大臣の許可を受けた上で，海洋に捨てることが可能であるとしている（条文3-1）。

　この法律に従うならば，原則として洋上風力発電施設の事業終了や新たな設備に更新する際に，使わなくなった施設を海上に置いておくことは「廃棄」となるため，ブレードのみならず，海底に打ち込んだ巨大な杭もすべて撤去する必要がある。ここで問題となるのが，巨大な杭の撤去による海底環境への影響

56

第3章　環境政策とSDGs

【海洋汚染等及び海上災害の防止に関する法律　第四十三条の三】
環境大臣は，前条第1項の許可の申請が次の各号のいずれにも適合していると認めるときでなければ，同項の許可をしてはならない。

一　廃棄海域及び廃棄方法が，環境省令で定める基準に適合するものであり，かつ，当該廃棄海域の海洋環境の保全に著しい障害を及ぼすおそれがないものであること。
二　海洋に捨てる方法以外に適切な処分の方法がないものであること。

条文3-1　「海洋汚染等防止法」（第四十三条の三）で定める海洋施設の廃棄許可の基準
出所：e-Gov法令検索。

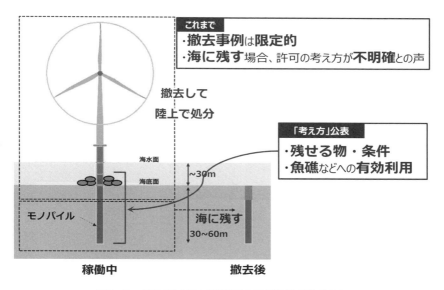

図3-2　着床式洋上風力発電施設の廃棄許可に係る考え方
出所：環境省（2021）を基に筆者作成。

である。海底に設置し20年以上を経過した構造物は，場合によっては，魚礁のような効果を発揮し，そこに新たな海洋生態系が形成されているかもしれない。あるいは，巨大な杭を引き抜くことで，水底土砂による混濁など水質への影響が生じるかもしれない。さらには水深30m以上に及ぶ海底での撤去工事が物理的に困難で，作業者を命の危機にさらすなどの安全面でのリスクも考えられる（図3-2）。20年，30年後の状況は，予測が困難であるものの，2050年の

57

第Ⅰ部 環　　境

カーボンニュートラルの実現に向けて洋上風力発電の導入が進む中，将来の施設廃棄を見据え，海洋汚染等防止法に照らして認められる海洋環境の保全に十分に配慮した具体的なあり方を，明示することも必要となった。これは，まさに海洋保全を目的とする環境政策と気候変動に対応する環境政策のトレードオフを生じた例であるが，これを回避するのも環境政策の役割である。

　国内外においても，着床式洋上風力発電施設の廃棄に係る事例は少なく，国際的にも最良の方法について検討の途上にあった。環境省では2021年に，有識者による「着床式洋上風力発電施設の残置に係る検討会」を設置し，国内で主流となっているモノパイル式の基礎構造を例に，有識者の助言を踏まえ，撤去方法等の考え方を議論した。例えば，海洋環境の保全に著しい障害を及ぼすおそれがない廃棄方法の考え方として，残置する場合の適切な範囲，撤去工事が海洋環境に与える影響等，また，海洋に捨てる方法以外の適切な処分の方法の考え方として，有効利用の可能性の検討，撤去すべきもの等について取りまとめ公表した（環境省 2021）。

　ただし，海洋施設を海洋へ廃棄するという選択肢は，あくまで海洋施設の撤去に伴う工事影響等が海洋環境の保全に著しい障害を及ぼすおそれがあるとみなせる場合に検討されるもので，今後，撤去に利用可能な最良の技術（Best Available Technology：BAT）の進展状況や社会情勢等の変化に対応する形で必要に応じて改定するものとしている。

　20年後，30年後の遠くない未来，例えばロボットによる撤去作業や，掘削技術も格段に向上しているかもしれない。現代の技術にみで判断することなく，将来への選択の余地を残し，順応的に対応することも必要である。

4　環境政策の未来と普遍的な概念とは何か

　19世紀初頭，人類の繁栄とともに増大した環境破壊に対して，人々は脅威や反省を通じて，限りある地球の中で人間のとるべき行動規範を模索し，環境保全という概念のもと，自然と人間の関係を模索し，時代の価値観にそって，その対応の見直しを図ってきた。「環境」と「経済」「開発」は，環境保全の歴史

第3章　環境政策とSDGs

表3-7　環境倫理の三原則

原　則	主　張
地球の有限性	地球の生態系という有限空間では，原則としてすべての行為は他者への危害の可能性をもつもの，倫理的統制のもとにおかれるべきである。
世代間倫理	未来の世代の生存条件を保証するという責任が現代の世代にある。
生物保護	資源，環境，生物種，生態系などの未来世代の利害に関係するものについては，人間は自己の現在の生活を犠牲にしても，保存の完全義務を負う。

出所：加藤編（1998）を参考に筆者作成。

の中で対立する立場であったが，21世紀に入り統合的に実現を目指すものへと変遷をとげ，SDGs17項目のゴールをはじめ環境政策が取り組むべき課題は多岐にわたる。社会経済活動はめまぐるしく変化し，その影響が新たな環境問題を生み出す。環境政策の未来に求められる環境保全の概念とは，はたしてどのようなものか。

　先述の加藤尚武は，空間・時間的に幅広い枠組みの中で「環境保全」の根拠となる普遍的な考え方を，環境倫理の3つの主張「地球の有限性，世代間倫理，生物保護」として整理している（加藤編 1998）。環境政策は，まさに空間・時間的に幅広い政策であり，その根幹となる環境保全の普遍的な概念は，この環境倫理の三原則（表3-7）の考え方と重なるものがある。この先の未来，答えの見えない予測不能な困難に直面しても，三原則を振り返りつつ最善の選択を見いだし，有限の地球環境，生態系の恩恵を持続可能なものとして次世代に継承する策を常に検討し推し進めていくものであると考える。

注

(1)　本章の意見，評価にわたる部分については，筆者の個人的な考えである。

(2)　本節は，筆者が執筆した「技術士2011年4月号（日本技術士会）」「生物多様性の保全と環境倫理」を基に新たな情報を加え再編した。

参考文献

e-Gov 法令検索「海洋汚染等及び海上災害の防止に関する法律」（https://elaws.e-gov.go.jp/document?lawid=345AC0000000136#Mp-At-_43-3）（2024年4月1日回覧）。

加藤尚武編（1998）『環境と倫理』有斐閣アルマ。

第Ⅰ部　環　　境

加藤尚武（2007）「新・環境倫理学のすすめ」丸善ライブラリー，63頁。

環境省（2018）「第五次環境基本計画」4月17日 閣議決定。

環境省（2021）「着床式洋上風力発電施設の廃棄許可に係る考え方」9月。

環境省（2023a）「第六次環境基本計画に向けた基本的事項に関する検討会取りまとめ」。

環境省（2023b）「令和5年版環境白書・循環型社会白書・生物多様性白書」。

環境省（2023c）「グリーンバリューチェーンプラットホーム」（https://www.env.go.jp/earth/ondanka/supply_chain/gvc/index.html）（2024年4月1日閲覧）。

環境省五十年史編さんチーム（2023）『環境省五十年史』。

鬼頭秀一・福永真弓（2009）『環境倫理学』東京大学出版会，1頁・25頁。

ナッシュ，ロデリック・F.／松野弘訳（1990）『自然の権利——環境倫理の文明史』ちくま学芸文庫，115-120頁・170頁。

羽野幸春（2010）「詳解倫理資料」実教出版，50頁・106頁・274頁。

第4章
生物多様性とSDGs

湯本貴和

1　生物多様性とは何か

地球環境問題としての生物多様性

　1992年にブラジルのリオデジャネイロで開催された「国連環境開発会議」，いわゆる地球サミットにおいて，生物多様性は「すべての生物（陸上生態系，海洋その他の水界生態系，これらが複合した生態系，その他生息または生育の場を問わず）の間の変異性を指し，種内の多様性，種間の多様性および生態系の多様性を含む」と定義されて，その危機に対して国際的な取組が必要であることが問題提起された。この会議では気候変動対策とともに生物多様性保全をめざす条約，すなわち「生物の多様性に関する条約（生物多様性条約）」の必要性が認められて，条約加盟のための署名が開始された。その結果，194の国と地域が署名し，1993年12月29日に生物多様性条約が発効した。

　この地球サミットでの定義にしたがえば，生物多様性は遺伝的多様性，種多様性，生態系多様性の3つの階層で構成される。遺伝的多様性とは，ある生物種のなかでの遺伝子の多様性であり，遺伝子の交流のある集団内（＝個体群）の遺伝的変異と，遺伝子の交流が限られている集団間（＝メタ個体群）の遺伝的変異の両方を含んでいる。種多様性とは，ある生態系を構成している生物種の多様性であり，単なる種数だけではなく，特定の生物種が優占する生態系は多様性が低く，多くの生物種が均等に共存する生態系は多様性が高いとされる。生態系多様性とは，環境に応じて様々な生態系が成立していることだ。この3つのなかで，容易に数量化できて地域間の違いや経年変化を比較するのにすぐ

61

第 I 部　環　　境

に使えそうなのは種多様性で，単に生物多様性といった場合には内容的に種多様性を指すことが圧倒的に多い。

生物多様性と生態系機能

　種多様性と，生物量や生産量などの生態系機能との関係を調べた研究は，自然の植物群集や人工管理下で様々に条件を変えて操作した実験系で数多くおこなわれている。とくに1990年代後半からアメリカ合衆国のディヴィッド・ティルマン（David Tilman）らが実験圃場でおこなってきた草本類の種多様性と生物量や生産量に関する一連の実験結果がよく知られている。ティルマンらの実験では，種多様性が低い状態だと圃場での生物量や生産量は十分に大きくならないが，種多様性をある程度まで段階的に高めると，それに応じて生物量や生産量が高くなる，しかし生物量や生産量の増加はやがて頭打ちになって，種多様性が増えても生物量や生産量はそれ以上高くならないという結果が得られている（Tilman *et al.* 2014）。種多様性が低い状態では，新規に生物種を加えるごとに群集に新しい役割あるいは機能が付け加わることになり，種数を増やすことで生物量や生産量が高くなる。しかし，ある程度まで種数が増えると，新しい生物種を加えても役割や機能が既存の生物種と重複し，機能の冗長性（redundancy）を増すだけになると解釈できる。

　しかしその後に，種多様性と生態系の効率性，あるいは安定性や抵抗性への影響を加味した研究では，重複した機能，すなわち冗長性にも大きな意味があると考えられるようになった（Gamfeldt *et al.* 2008）。すなわち，①重複する生物種間には競争が生じ，常に機能上昇への選択圧がかかるために全体として効率化が進む，②個々の生物種が果たす機能の隙間，つまり周辺領域での資源利用のとりこぼしを避けて，全体的に機能アップにつながる，さらに③変動する環境下では，ある生物種が環境変動によって消滅しても，それに置き換わる生物種がバックアップするために全体の機能は損なわれない，④それぞれの生物種は環境変動に異なった対応をするために，環境変動で特定の生物種が機能を低下させても，別の生物種が機能を向上させることで全体の機能を安定化させる，などが冗長性の意義に関する主な論点である。これらの議論から，種多様

第4章　生物多様性とSDGs

性は単に生態系機能を高めるだけではなく，その効率性や生態系の安定性や抵抗性，すなわちレジリエンス（resilience）に大きな関わりがあると考えられている。

　ただし，種多様性と生態系機能との関係は，ほぼ共通した資源利用をおこない，機能が似た生物種で構成されている植物群集での実験的な研究で示されたものがほとんどである。つまり環境条件を制御した実験圃場で，同じように光合成をおこない，同じような栄養要求性があり，同じような生活形をもつ草本類を複数種で栽培した実験下での結果が，もっとも明解なパタンを示している。実際の生態系では，種ごとに生活形や栄養要求が大きく違い，極めて異質性の高い生物種から構成されており，それぞれの生態系機能が相互に補完できないほど異なるため，種多様性と生態系機能との関係が必ずしも明解に実証されるわけではない。それでも大規模あるいは小規模の環境攪乱下で，種多様性と生態系のレジリエンスとの関係は少しずつ検証されつつある。地球規模の環境変動が問題になっている現代では，種多様性と生態系機能の直接的な関係よりも，むしろ生態系のレジリエンスとの関係が注目されるようになってきている（Oliver *et al.* 2015）。

2　生物多様性はなぜ重要なのか

「みかけの生物多様性」問題

　地球サミットで取り上げられ，それぞれの国際条約が締結されたことでもわかるように，気候変動問題と生物多様性喪失問題は地球環境問題の二大テーマである。しかし，気候変動に比べて生物多様性について市民の関心はいまいち低調である。それは一体なぜだろうか。これには2つの「みかけの生物多様性」問題が存在しているからだと考えている。

　1つは，生物多様性喪失問題がイリオモテヤマネコやトキのような希少生物の保護だと矮小化して意識されているからだ。実際，トキやコウノトリのように絶滅してしまった動物を多額の税金を投入して復活させたのに何の意味があるのか，あるいはクマタカやイヌワシがいるだけでダム建設や風力発電所建設

63

第Ⅰ部 環　境

などの「有益な」計画をなぜストップしなければならないのか，といった疑問をもつ人たちは，声高には発言しないけれども実は非常に多い。長らく「自然保護」は，経済成長や開発の敵として扱われてきた。

　もう1つは，人間生活，とくに農業と医療は，生物多様性を低下させることで営まれているからだ。農業は「雑草」と「害虫」，そして「害獣」との闘いであり，外来生物である「作物」という選ばれた生物種のみを残して，生物多様性を抑えることに日々努力を費やしている。医療の世界では，「病原体」となる生物を根絶させ，病原体を媒介する生物を撲滅することを最大の課題としてきた。今日のわたしたちの繁栄は，農業と医療の分野での劇的な成功に負っている。筆者は生物多様性の講演会をするたびに「人間に有害な生物まで守らなければならないのですか」と質問される。また，ある自治体の農林業基本政策の委員会で「生物多様性は農林業の敵ですよね」と発言した際には，多くの委員が真顔で大きく頷いた。環境政策関連の委員会では，せいぜい一笑に付される程度なのに。

　このように，筆者は生態学あるいは広く生物学分野では「自明」な生物多様性の重要性が，広く社会には素直には受け入れられないという経験を積み重ねて，生物多様性は非常に高度な抽象概念であることに思い至った。この「みかけの生物多様性」問題を超えた「真の生物多様性」問題，つまり「なぜ生物多様性が必要か」という問いに対する，人々に合点がいく解答はこれまで真剣には追求してこられなかったのである。ゴリラやパンダのような大型哺乳類の絶滅は，ある程度，人々の関心を引くことができる。しかし「熱帯の誰も知らない昆虫の百や二百が絶滅しても，人間生活の何が変わるというのか」という人を納得させるのは簡単ではない。生物多様性条約という国際条約で取組が義務化されているのにかかわらず，である。その結果，生物多様性問題は，より具体的でわかりやすい「自然保護」，さらには「動物愛護」に置き換えられやすい。生態系を構成するすべての生物種の増減をモニタリングしたり，そのすべての保全策を考えたりすることが実質上は不可能で，まったく雲をつかむような話である。そのため，いくつかの指標生物となる生物種を，保全上の政策的な目標として掲げることが常套手段として用いられてきたので，なおさら「自

第4章　生物多様性とSDGs

然保護」や「動物愛護」と紛らわしい。

生態系の指標となる生物多様性

　指標生物になる動物には，どのようなものがあるか見てみよう。まず，野外実験などによって除去すると生物群集が劇的に変化する生物種のことを，キーストーン種（要種）という。生態系において決して大きな数量を占めないけれども，その存在が生態系の状態に決定的に影響を与える生物種のことである。北太平洋・アリューシャン列島沿岸のラッコが，その一例として挙げられる。この海域には，ジャイアント・ケルプという長さ50〜60mにも及ぶ世界最大の褐藻であるコンブの仲間が森のように茂っており，魚類や甲殻類をはじめとした多様な生物たちのすみかとなっている。1900年代までに，この海域で毛皮貿易のための乱獲でラッコが絶滅寸前まで減少した。その後，禁猟によってのラッコの個体数は回復したが，ラッコが不在のままの海域ではラッコに捕食されていたウニが爆発的に増え，ジャイアント・ケルプを食べ尽くしてしまった。ジャイアント・ケルプがなくなると，そこで生活していた魚類や甲殻類はいなくなり，それらを捕食していたアザラシなどの動物までもが姿を消してしまった（Estes and Palmisano 1974）。生態系内の生物同士は複雑なネットワークをつくっているため，ひとつの変化が予想もつかないところまで影響を及ぼすこともあるのだ。

　似たような特別な地位にある生物種に，アンブレラ種（傘種）とフラッグ種（旗種）がある。食物連鎖の上位種で広い行動圏をもつ猛禽類や大形ネコ科動物のような捕食者はアンブレラ種とよばれ，その動物が生きていけるように餌生物が豊かな環境を保全することが，餌生物に連なる多くの生物種を保全することにつながる。またゴリラやトラ，アマミノクロウサギ，コウノトリ，トキなどのように，誰もが知っていて生態系の脆弱さや貴重さを象徴するような生物種であり，その地域の生息域保全のシンボルになるような生物種をフラッグ種という。このキーストーン種，アンブレラ種，フラッグ種の概念は互いに相反するものではなく，イヌワシやトラのように，キーストーン種であると同時にアンブレラ種やフラッグ種でもあるという生物種は存在する。

65

第I部 環　　境

「真の生物多様性」問題

　このような指標生物を全面に押し出して生物多様性保全の政策目標とすることがしばしば起こるため，生物多様性保全は「自然保護」と酷似するし，「動物愛護」とすら混同されがちである。さらに「動物の権利」や「ディープエコロジー」といった脱人間中心主義的な主張を伴う場合もある。しかし，国際条約で謳われている生物多様性保全は，徹頭徹尾，人間中心主義である。つまり，①人類および人間社会が存続していく上で基盤となる地球上の生態系が機能するために，生態系を駆動させる生物群集を適切に維持していくこと，②キーストーン種の存在でも示されるように生物種はとても複雑なネットワークでつながっているため，ひとつの生物種が絶滅すると全体にどのような影響が生じるかを予測することが難しいこと，③将来の環境変動などを考慮すると生態系を支える生物群集は，バックアップとして母集団である生物種の数が多いに越したことはないこと，以上の3点が「真の生物多様性」の要点である。

　先に述べたように生物多様性は，遺伝的多様性，種多様性，生態系多様性の3つすべての階層におけるシステムの安定性や抵抗性，すなわちレジリエンスに関連して考えられている。つまり，個体群では遺伝的多様性が高いほうが，生息環境の変化が起こっても，また新しい病原体に接しても生き残る個体がいて，個体群が維持される可能性が高い。群集では種多様性が高いほうが，生息環境の変化が起こっても生き残る生物種がいて，群集が維持される可能性が高い。その観点から，生物群集では単に種数が多いだけでなく，どの生物も均等に含まれているほうが環境変動に対して安定性や抵抗性が高く，それゆえ種多様性が高いとされる。地域全体では生態系多様性が高いほうが，生息環境の変化が起こっても，地域の生態系機能が維持される可能性が高い。環境変動は，生態系の攪乱と言い換えてもよい。攪乱というと何か日常ではなく，異常なことのように考えられがちである。しかし，生物を取り巻く環境は常に変動し続けており，火山活動や台風，土石流，津波などによる攪乱が存在する。攪乱はどんな形で襲ってくるかはわからないが，個体群，生態系を問わず，生物多様性が高ければその中に生き延びる性質を持つ個体や生物種が含まれている可能性が高い。

66

第4章　生物多様性とSDGs

　これまで生物多様性の重要さは，「飛行機の比喩」（リベット仮説）に喩えられてきた（Ehrlich and Ehrlich 1997）。飛行機をつくりあげているのは大きな部品やリベットのような小部品など様々だが，リベットひとつが欠けても飛び続けるうちに飛行機は墜ちてしまう。どんなに目立たない生物種でも絶滅すればそのうち生態系が崩壊してしまうというのが，この喩え話である。しかし，歴史上これまでも多くの生物種は絶滅してきた。そのたびごとに生態系が滅亡してきたなら，わたしたちは存続できなかったはずだ。

　筆者は「掘建て小屋の比喩」（柱仮説）をすることにしている。掘建て小屋は，大きな柱，小さな柱などたくさんの柱で支えられている。柱を1本2本取り去っても小屋がすぐに倒れることはないが，台風や地震には弱くなっているだろう。調子に乗って，次から次へと柱を取り去っていけば，やがて小屋は傾き，そのうち倒壊してしまう。生物種の絶滅は確実に生態系の安定性を損なっているが，その影響はすぐさま現れるわけではない。しかし，大きな攪乱，例えば気候変動が起きれば壊滅的な被害をこうむる危険性は高まるし，次々に生物種が絶滅していと，そのうちに生態系は崩壊してしまうかもしれない。生物多様性の重要性は，過剰な脅しでオオカミ少年になるのではなく，冷静で科学的根拠に基づいたサイエンス・コミュニケーションが求められている分野のひとつであると考えている。

3　生物多様性の喪失

生物多様性が失われている

　世界自然保護基金（WWF）は『生きている地球（Living Planet）レポート』を1998年から隔年ごとに発行している。ここで提唱されている「生きている地球指数（LPI）」は，脊椎動物3,700以上の個体群の増減動向に基づいて計算されている。『生きている地球レポート2016』では，1970年代から2012年までのLPIの減少を指摘しており，陸生脊椎動物では38％の減少，海洋性脊椎動物では36％の減少，淡水性脊椎動物では81％の減少があるとしている。また，コンサベーション・インターナショナル（Conservation International）は，その地域

67

第Ⅰ部　環　　境

にしか生息しない固有植物種が1,500種以上（世界合計の0.5%以上）存在し，か
つ原生の生態系が70%以上失われていることを基準として，地球規模での生物
多様性再評価を実施した結果，緊急かつ戦略的に保全すべき地域として世界36
カ所の「生物多様性ホットスポット」を見いだし，ホットスポットが地球の地
表面積のわずか2.4%でありながら，すべての維管束植物（裸子植物，被子植物，
シダ植物）の50%と陸上脊椎動物の42%がこれら36のホットスポットに集中し
て生息していることを明らかにした。すなわちホットスポットとは，地球規模
での生物多様性が高いにもかかわらず破壊の危機に瀕している陸域のことであ
り，日本列島地域は2004年に発表された生物多様性ホットスポットのひとつと
なっている。

　現在，地球上で種名がついている生物の総数は190万種あまりとされている。
このうち，昆虫が100万種，被子植物などの維管束植物が28万種を占めている。
これらの種の半分以上は全地表面積の3%を占めているにすぎない熱帯雨林に
分布しているとされている。例えば，被子植物27万種のうち，3分の2にあた
る17万種が熱帯に分布している。そのうち半分はメキシコ以南の中南米に，3
万5,000種が熱帯アフリカに，また4万種が熱帯アジアに分布するのである。

森林とサンゴ礁の危機

　国連食糧農業機関（FAO）の『グローバル森林資源アセスメント2020年版』
によると，現在，森林面積は40.6億haで，世界の陸地のおよそ3分の1を占
める。森林の存在は地理的に偏在しており，世界森林の半分以上が，ロシア連
邦，ブラジル，カナダ，アメリカ合衆国，中国の5カ国に集中している。世界
的に森林面積は減少傾向にあるが，減少率は鈍化しつつある。1990年以来の30
年間に世界は178万km^2，日本全土の4.7倍に相当する森林を失った。1990〜
2020年の間では，アジアを中心にいくつかの国々では森林破壊が減少傾向にあ
り，また造林や森林拡大に転じた国々もあることから，全体的には純減率は緩
やかになっている。しかしながら，2010〜2020年の10年間，年間森林面積減少
率がもっとも高かったのはアフリカで，次に南米が続き，この二つの大陸では
依然として森林破壊が続いている。森林は商業伐採，農地・牧地開発，非伝統

的な焼畑耕作，薪炭材利用，宅地化など，様々な要因で減少している。そのなかで2015年には当時の総森林面積の4％に相当する98万km^{2}が森林火災による影響を受け，その3分の2以上がアフリカと南米であった。記憶に新しいところでは，2019年の6月，アマゾンの森林火災の件数が前年同月に比べて85％も増加していることをブラジル国立宇宙研究所が発表した。この増加が自然要因なのか，同年1月に就任したジャイール・ボルソナーロ（Jair Bolsonaro）前大統領の政策あるいは無策による人為要因なのかは，衛星情報を解析したアメリカ航空宇宙局（NASA）を巻き込んで大きな論争となった。

　熱帯の樹木が熱帯雨林という大規模な生態系をつくりあげたのと同じように，サンゴ礁は造礁サンゴという生物がつくりだした大規模な生態系である。生物がいることで他の生物が棲める場所をつくるという「棲み込み共生」や，それぞれの生物の排泄物を別の生物が利用する連鎖で，貧栄養ではあるが非常に多様な生物種が生息している。現在，サンゴ礁は大きな危機に瀕している。埋め立てや護岸工事などは，直接サンゴ礁を破壊するばかりでなく，海水を浄化するゴカイなどの小さな生物たちの生息地を破壊し，それを食べる大きな動物も見られなくなる。また森林伐採や農地開発が進むと，遮るものがなくなった赤土がより多く海へと流れこむようになり，赤土が海水の透明度を下げたり，サンゴに直接かぶるとサンゴは衰弱したり死滅したりする。海の汚染が進んだり，海水温の高い状態が続いたりすると，サンゴの白化などが起こる。また，大気中のCO_2の増加により，海水にCO_2が溶けこんで海洋酸性化が進んでいる。海洋酸性化はサンゴ礁の骨格である炭酸カルシウムを溶かすため，大きな脅威になりつつある。

4　生態系サービスとわたしたちの生活

「自然の恵み」と生態系サービス

　わたしたち人間は，生物と生態系が生み出す「自然の恵み」なしでは生きていけない。この自然の恵みを改めて指摘したのが生態系サービスという考え方である。人間社会が生態系から受ける恩恵である生態系サービスは，①供給

サービス（食料，水，燃料，繊維など，生態系が生産するモノ），②調整サービス（気候の調節，洪水の緩和，水質の浄化など，生態系の働きにより得られる利益），③文化サービス（リクレーション，景観，教育など，生態系から受ける非物質的な利益），④基盤サービス（土壌の形成，栄養の循環など，他の生態系サービスがうまく得られるためのサービス）に整理されている（Millennium Ecosystem Assessment 編 2007）。エドワード・ウィルソン（Edward O. Wilson）は，「人類がいなくなったら，世界は１万年前に存在していた豊かな平衡状態に戻るだろう，昆虫が消えれば，環境は崩壊して大混乱に陥ってしまうだろう」（グールソン 2022）と述べた。鳥や獣の大部分は昆虫がいなくなると同時に死滅し，次に植物が滅んで，少なくとも陸上生態系は壊滅する。しかし，十分な生態系サービスを実現するためにどれくらいの生物多様性があればいいのかという研究は，まだ始まったばかりだ。生態系サービスのうち，食料，水，燃料，繊維，気候の調節，洪水の緩和などは，むしろ特定の能力が優れた少数の生物種によって生態系が構成されていたほうが，短期で見れば効率的であることが多い。

　さらに問題を複雑にしているのは，それぞれのサービスの間には，トレードオフ，つまりひとつを最大化すれば他は達成困難という関係があることだ。供給サービスだけを考えてみても，建築材と薪炭材，あるいは肥料・飼料用の草と様々であるが，ひとつの生態系でこれらの必要量をすべて最大化することはできない。供給サービスと調整サービス，あるいは供給サービスと文化サービスの間でもトレードオフが生じる。この相矛盾する生態系サービスのどれを優先して人々が自然を改変してきたのかが，それぞれの地域の自然の来歴を知る上で最も大切なポイントである。また，相容れない生態系サービスを求める人々の間に，深刻な利害関係が生じることに注意しなければならない。これまでの「保護か開発か」「原生林か農地か」「自然な沿岸域か埋め立てか」といった深刻な対立は，ひとつの自然に異なる生態系サービスを求める，異なる価値観をもつ人々の間の対立であった。

生態系がもたらす災厄

　一方で，生態系が人間社会にもたらすプラスの側面（恩恵：サービス）だけで

はなく，マイナスの側面（災厄：ディスサービス）も含めて，バランスよく捉えなくてはならないとして，「自然のもたらすもの（Nature's Contribution to People：NCP）」という考え方が生まれてきた。これは「気候温暖化政府間パネル（IPCC）」にならって誕生した「生物多様性及び生態系サービスに関する政府間科学 – 政策プラットフォーム（IPBES）」での議論で，2019年に初めて提唱された。生態系サービスでは生態系と人間の幸福（Well-being）が個別のサービスのカテゴリーを通じて結びつけられていたが，「自然のもたらすもの」では生態系と生活の質（Quality of Life）が結びつけられて一般的観点と文化的背景に基づく観点から捉えられている。「自然のもたらすもの」では，いわゆる西洋的観念に基づく一元的視野（一般的観点）だけではなく，多元的な視点による価値評価の実践（文化的背景に基づく観点）を通じて，より広範なコミュニティに受け入れられる成果を示すことが強く打ち出されている。生態系サービスでは人間の幸福に対するネガティブな影響としてのディスサービスを直接扱っていないが，「自然のもたらすもの」では明示的にディスサービスを取り扱っていること，また生態系サービスでは供給・調整・基盤サービスに含まれにくい雑多なものを寄せ集めて扱われていた文化サービスの問題が「自然のもたらすもの」では中心的に扱われていることの2点が特筆される違いである。

　病気にならないと，健康の本当の価値はわからないと言われる。生物多様性が極限まで失われて生態系が崩壊しないと，本当の意味で生物多様性の価値は理解できないのかもしれない。しかし，それでは遅すぎる。生物多様性条約のもとで国際的にも国内でも様々な取組がなされていて，2010年に名古屋で生物多様性条約第10回締約国会議（COP10）が開催され，愛知目標（2020年目標）が立てられた。生物多様性の保全，生物資源の持続的利用，遺伝資源の利用から生じた利益の公正で衡平な配分（Access to genetic resources and Benefit Sharing：ABS）の3つが柱である。日本政府でも生物多様性国家戦略が策定され，自治体もそれぞれの地域戦略を策定することが望ましいとされ，各自治体でも検討が進み，一部では地域戦略もつくられた。しかしながら，様々な生物多様性を示す指標から，2020年時点では20項目あった愛知目標のどれひとつとして達成できなかったと総括された。

第Ⅰ部 環　境

　ポスト愛知目標をめざすCOP15は中国・昆明で開催が予定されてきたが，COVID-19で会議開催が遅れに遅れていた。ようやく2022年年12月に議長国・中国でカナダのモントリオールにおいて会議がおこなわれ，昆明・モントリオール生物多様性枠組（2030年ターゲットと2050年ゴール）が採択された。もっとも大きな方向づけは「生物多様性の喪失を止め，反転させ回復軌道に乗せるための緊急行動をとる」ことだ。これを日本政府はネイチャー・ポジティブと名づけて提案した。このネイチャー・ポジティブというフレーズ自体は議長提案素案の段階で落とされてしまったが，そのめざすところは共有されている。なかでも「自然を活用した解決策（Nature-based Solutions：NbS）」は，気候変動と生物多様性の課題を両輪で解決し，効率的な資源動員にもつながることから，日本も支持の方針で交渉がおこなわれた。一方で一部の締結国からは懸念も表明されたため，交渉終盤までNbSが新しい枠組みに盛り込まれるかどうか不透明の状況が続いたが，最終日前日に公表された議長文書のなかにNbSが盛り込まれ，そのまま採択されたという経緯がある。この昆明・モントリオール生物多様性枠組を受けて，日本政府の生物多様性国家戦略や各自治体の地域戦略の更新が進んでいる。

生物多様性の地域性

　生物多様性の本質のひとつは，地域性である。それぞれの地域には，他からある程度区別され，その風土に育まれた生物の多様性がある。メダカが絶滅しそうだといって，ペットショップで買ってきた原産地が違うメダカをやたらに放流してはいけないわけだ。また，それぞれの地域には，地域の生物多様性に根ざした文化が存在する。京都の場合は，日本を代表する文化都市にふさわしい生物多様性地域戦略があるはずである。その「京都らしさ」を形にしたいと京都市の生物多様性地域戦略である『京都市生物多様性プラン』が策定された。

　筆者は，京都市環境審議会生物多様性検討部会の部会長として『京都市生物多様性プラン』策定に取り組んだ。この検討部会で一貫して強調したのは，生物多様性保全が生物学関係者や生き物オタクだけの関心事であってはならないということだった。絶滅のおそれのある生物の保全はもちろん最重要であるが，

生物資源をいかに持続的に利用するか，生物多様性を意識するマインドセット
をいかに市民に形成するかを大きな柱とした。愛知目標に掲げられている生物
多様性の保全，生物資源の持続的利用，利用から生じた利益の公正で衡平な配
分の3つの柱で考えると，論理的にはまず生物多様性という自然資本が健全に
守られて，そこからいわば利子として得られる財やサービスの持続的利用を図
り，最後に得られた利益の公平・衡平な配分を割り当てるという順番で考える
のがふつうであろう。しかし，日本の沿岸漁業で資源管理がうまくいっている
ところでは，まず利益の公平な配分を決めて，それに基づいて持続的利用の道
を探り，結果として生物資源が保護されるという逆の順番になっている。北海
道のスケトウダラ漁における漁場利用に適用された厳密な平等化は，資源の持
続的利用が第一の目的ではなく，漁民同士の過剰な競争をまず解消するためだ
った（中野 2011）。しかし，それが結果的には適切な資源管理につながってい
る。あとで述べるように，生物多様性問題を軽視することは，今後あらゆる事
業者にとって大きなリスクとなる可能性がある。京都府と京都市は，兵庫県や
大阪市，滋賀県のように自然史系博物館をもたないため，独自で生物多様性を
調査する機能がないという大きな欠陥がある。しかし，京都市はこの『京都市
生物多様性プラン』をもち，京都府と京都市が協調して「きょうと生物多様性
センター」を設立することで，様々な施策に生物多様性への配慮を反映させる
ための道を踏み出したのだ。

5　SDGs の「不都合な真実」

SDGs のなかのトレードオフ

　生態系サービスの項で説明したように，それぞれの生態系サービスの間には
トレードオフがあり，相容れない生態系サービスを求める人々の間に，深刻な
利害関係が生じることがある。ひと口に人類と生態系との共存といっても，生
業や価値観の異なる人々によって異なる共存の姿が追求されることは明らかで
ある。同様にSDGs における目標の間にも，トレードオフがある。SDGs の本
質は，いかに目標同士の矛盾を解決して，17目標の同時達成をめざすかである。

第Ⅰ部　環　境

それなしには「誰一人取り残さない」社会の実現という究極目的を果たすことはできない。もちろんSDGsのどの目標ひとつをとっても達成するのは，大きなチャレンジである。それを17目標すべての同時達成など無理に決まっていると断言してしまうのは簡単である。一方で事業体もしくは個人がひとつの目標，つまりなにか「地球にいいこと」に貢献すると宣言し，実践するのは比較的たやすい。しかし，その「地球にいいこと」が他の16目標すべてに対する影響をきちんと評価することは難しく，予期される悪影響を無視する，さらには隠匿することがあるならば，たちまちグリーンウォッシュに陥ることになる。

　SDGsの17目標をフラットに並列する見せ方以外に，SDGsウェディングケーキモデルという構造化された図がストックホルムレジリエンスセンターから提案されている。底層に生物圏（地球生態系）に関わる4つの目標を置き，中層に社会に関わる8つの目標を重ね，その上層に経済に関わる4つの目標を積み，頂点に国際協力という目標を据えるものだ。この図の意味するものは，すべての経済活動は社会資本あるいは社会関係資本の上に直接立脚し，その社会資本や社会関係資本は根本的に自然資本によって支えられているという，言ってみれば当たり前のことである。しかしこれまでは経済発展が最優先で，差別や貧困，公平性などの社会に関する問題，そしてかつては公害問題，昨今では気候変動や生物多様性喪失などの生物圏に関する問題に大きな皺寄せがきていた。17目標の同時達成とは，これまでの経済発展最優先の考え方を脱して，社会問題や環境問題を同じように，あるいはそれ以上に重視していくという大きなパラダイム・シフトとなり得る考え方なのである。これは産業界からみれば，SDGsの「不都合な真実」である。もし「新しい資本主義」というものがあるとすれば，労働者からの不当な搾取をやめて適正な賃金の支払いをおこなって労働環境を改善し福利厚生を充実させるとともに，生態系からの搾取もやめて生態系に与えるマイナス要因の削減や補償を積極的におこなうネイチャー・ポジティブに大幅に投資しなければならない。

SDGsと企業責任

　気候変動へのそれぞれの企業の取組を公開する試みは，すでに2015年に気候

関連財務情報開示タスクフォース（Taskforce on Climate-related Financial Disclosures：TCFD）という枠組みが設立されている。TCFD では金融機関や企業に対し，気候変動に関連したリスクと機会を開示するよう要請しており，この情報は投資ファンドなどの間で重要な要素として定着しつつある。その生物多様性バージョンが，自然関連財務情報開示タスクフォース（Taskforce on Nature-related Financial Disclosures：TNFD）である。TCFD と同様に金融機関や企業に対し，自然資本および生物多様性の観点からの事業機会とリスクの情報開示を求める国際的なイニシアティブである。国連環境計画・金融イニシアティブ（UNEP FI），国連開発計画（UNDP），世界自然保護基金（WWF），英環境 NGO グローバル・キャノピーの 4 機関が2020年に非公式にスタートさせ，2021年 6 月に正式に発足した。TNFD は2021年に開催された G7環境大臣会合および G7財務相・中央銀行総裁会議でも関心が示されており，今後大きな活動になっていくと考えられる。WWF によると，2021年中に自然リスクに関する財務情報開示の枠組みが示され，2022年にパイロットテストをおこない，2023年に実際の運用開始となった。TCFD の情報は投資ファンドなどの間ですでに重要な要素として定着しつつあるので，TNFD も同等のものとして扱われるだろう。

　昆明・モントリオール枠組では，自然資本および生物多様性への負荷について企業や金融機関に情報開示の奨励を義務的な要求を通じておこなうという当初提案であったが，各国で立場が分かれた。日本は中小零細も含むすべての企業が取り組むべきことではあるが，生物多様性への影響などの評価手法が明らかでないことなどで法制化が難しいことから「大企業などに関する義務的な措置などにより」とする修正案を提案することで議論を主導して，多くの締結国の支持を受けた。しかし一部締結国の反対を受け，結果的に採択文書では「大企業などに関する要求などにより」に止まった。

　将来的には TCFD も TNFD もサプライチェーン全体での環境影響の情報開示を求められるようになることが予想されている。単に生産工場や経営本部での地球環境への負荷だけではなく，企業活動全体での原材料調達から始まるサプライチェーンすべての過程を通して，かつ最終製品への加工やさらに梱包・

第Ⅰ部　環　　境

流通までの環境負荷を開示することが課せられるだろう。すでに児童労働や人種差別を含む労働者の人権保護や，安全・衛生管理，原産地の地域住民の強制移動，健康被害などが，サプライチェーン全体を通じて企業にとって大きなリスクとなっているのは周知のとおりである。同様に，サプライチェーン全体を通じて気候変動や生物多様性喪失に関する企業の社会的責任が問われることになり，それを軽視すると投資ファンドや消費者などから見放されるほどの大きなリスクが生じる。

地球の視野で考えてみよう

　グローバル化した世界では，サプライチェーンとその周辺部での環境影響と利害関係の全貌を理解することはなかなか難しい。例えば，ヤシ油（パームオイル）問題を考えてみよう。ボルネオ島は，ボルネオランウータンを含む希少な野生動物の宝庫である。しかしながら，ここ数十年で低地の熱帯雨林は商業伐採や農地転換などで大幅に減少してしまった。とくに1985年ごろからヤシ油を採取するアブラヤシの栽培プランテーション開発のために天然林が失われることが多くなった。その結果，ボルネオランウータンは1985〜2010年の間に5万〜12万頭が失われ，残存する個体数は5万頭以下であると推定されている。日本や欧米諸国の自然保護NPOはこぞってアブラヤシのプランテーションに対して，反対キャンペーンをおこなっている。しかしながらマレーシアやインドネシアの農村部にとって，ヤシ油産業は基幹産業である。熱帯林保全のためにアブラヤシ栽培をやめろと言うのは，日本の農家に米栽培をやめろと言うにも等しい。

　この問題は，熱帯低地を生物多様性保全の場としたいという価値観をもつ人々と，農業生産の場としたいという価値観をもつ人々の間に大きな意見対立を生じることになる。ヤシ油問題はわたしたち日本に住むものにとっても他人事ではない。日本で消費される植物油の4分の1がヤシ油であることは意外と知られていない。おもにマーガリンやポテトチップス，インスタントラーメンなどの加工食品に使われるため，大豆油や菜種油，胡麻油のように台所にヤシ油と表示された容器がないからだ。わたしたちの生活と生態系を考える場合，

第4章　生物多様性とSDGs

このような国際的にも利害対立のある問題に対して，教育現場でロールプレイングゲームをやってみるというのはどうだろうか。それぞれの受講者が自然保護NPO，生産国政府関係者，ヤシ油プランテーション経営者，ヤシ油プランテーション労働者，日本の食品加工業者，日本の政府関係者，日本の消費者といった利害関係者（ステークホルダー）になったつもりで望ましい自然との共存のあり方について議論することで，こうした問題の深さと難しさを体感することにつながるだろう。

参考文献

グールソン，デイヴ／藤原多伽夫訳（2022）『サイレント・アース――昆虫たちの「沈黙の春」』NHK出版。

Millennium Ecosystem Assessment編／横浜国立大学21世紀COE翻訳委員会責任翻訳（2007）『国連ミレニアムアセスメント評価――生態系サービスと人類の将来』オーム社。

中野泰（2011）「スケトウダラ漁に生きる漁師たちの知恵と工夫――積丹半島以南の比較を通じて」湯本貴和編／田島佳也・安渓遊地責任編集『島と海と森の環境史』文一総合出版，133-154頁。

Ehrlich, P. R. and Ehrlich, A. H. (1997). "The value of biodiversity," *The Economics of Transnational Commons*, 97-117.

Estes, J. A. and Palmisano, J. F. (1974) "Sea Otters: Their Role in Structuring Nearshore Communities," *Science*, 185：1058-1060.

Gamfeldt, L., Hillebrand, H. and Jonsson, P. R. (2008) "Multiple Functions Increse the Importance of Biodiversity for Overall Ecosystem Functioning," *Ecology*, 89：1223-1231.

Oliver, T. H., Heard, M. S., Isaac, N. J. B., Roy D. B., Procter, D., Eigenbrod, F., Freckleton, R., Hector, A., Orme, C. D. L., Petchery, O. L., Proença, V., Raffaelli, D., Suttle, K. B., Mace, G. M., Martin-López, B., Woodcock, B. A. and Bullock, J. M. (2015) "Biodiversity and Resilience of Ecosystem Functions," *Trends in Ecology & Evolution*, 30：673-684.

Tilman, D., Isbel, D. and Cowles, J. M. (2014) "Biodiversity and Ecosystem Functioning," *Annual Revie of Ecology, Evolution, and Systematics*, 45：471-493.

> **特別寄稿**

第5章
「エコライフガーデン」は楽園づくり

森　孝之

「エコライフガーデン」と名づけられた自然循環型の生活空間が京都にある。一般的にエコで農的な自給自足を目指す生き方は我慢を強いがちで，いわば「清貧」をイメージさせる。だが，この生活空間は「清豊（せいほう）」と呼ぶにふさわしい生き方を現実化させた。本章では「1　『エコライフガーデン』への道のり」「2　『エコライフガーデン』づくりの実践と成果」そして「3　幼児期の感受性が誘った楽園づくり」の3つのパートからその実態を解説したい。

1　「エコライフガーデン」への道のり

5度の節目を経た「エコライフガーデン」

現在の生活空間に至る道のりは平坦ではなく，5度の節目を経ながら"ある信念"を貫いたもので，母の見よう見まねで農作業を始め，ちょうど30年目の1986年から筆者が「エコライフガーデン」と呼び始めている。

きっかけは，10歳の頃に罹った肺浸潤で，死の恐怖を体験したことである。思春期になっても治らず，就職や結婚は無理だと思い込み，独力で生きる覚悟をして，母が戦中・戦後に農業で一家を支えた約3,500㎡・60m角で高低差9mの土地で取り組んだ。いわば筆者の人生は不運と覚悟の連続である。

最初の節目は，伊藤忠入社2年後に，約3,500㎡の土地に旧式の棲家を建てて，生活から出る有機物を循環させ始めたことである。

2度目の節目は，5年後に肺浸潤が完治し，結婚をかなえた時だが，週末はこの空間づくりに割き続けた。時代は高度成長期に入っており，当時は筆者のことを変人とか時代に逆行との嘲笑の対象にされたが，覚悟は固まっていた。

第Ⅰ部 環　境

問題は，この時空での暮らしを望んだ配偶者が，農的生産活動をなかなか理解できず，覚悟を決めて過ごした6年間であった。

3度目の節目は，農的生産活動を苦役とみない人物と巡り合い，相互扶助のもとに取り組み始め，光明を見出したが，ほどなくオイルショックで世界を震撼させた時である。この衝撃は，時代の転換を予感させ，筆者は「生きる理念」を人生の羅針盤として見定め，ついにはそれを生きる信念にしたのである。

4度目の節目は，大型の団地が人々の垂涎の的になった頃だが，この開発は環境破壊を進める一因との危惧の念を深め，循環型「エコヴィレッジ構想」を発案した。退職してこの核となるモデルづくりに専心し始めたが，計算違いが生じており，結果としてそれが予期せぬ成果に結び付いた8年間であった。

その後，神戸のアパレル会社・ワールド社に入社し，「生きる理念」に沿った経営に携わる立場となった。この幸運で「生きる理念」の妥当性を確信し，生きる信念に相応しい筆者自宅建物の増改築に踏み切った。

それは，この土地の高低差を活かした半地下構造，有穴暗渠を埋設した生活用水の確保力，多様な天窓，草屋根など，太陽の恵みを多様に活かす工夫の現実化であった。その後，太陽光発電機を1994年に導入した（図5-1）。

この時に「アイトワ」の愛称が誕生した。時代は愛の定義を一転させると睨んだ「愛とは？」。循環の時代になるとみた「愛と環（わ）」。この「愛と環」が永遠化することが必定と考えた「愛永遠（とわ）」の3つの意味を込めた筆者の造語である。

5度目の節目は，蓄積してきたデータが新しい時代の到来を必然視させ，この生き方への共感者にも多々巡り会い，この普遍化を願い，執筆活動に専心した時であった。執筆活動33年後には『未来が微笑みかける生き方』を刊行した。だが，加齢対策の必要性にも気づき，そのありようを記録し発信するサイト『自然計画』を2003年に立ち上げて，今日に至っている。

「清豊」の追求

筆者は，「エコライフガーデン」で，200種1,000本の樹が茂る過程で『先楽園』とのエッセイをしたためた。それは，釈迦の後楽園や偕楽園にヒントを得た命名で，皆が時代に逆行とか苦役とみる生き方なら先に楽しんでもよかろう

第5章 「エコライフガーデン」は楽園づくり

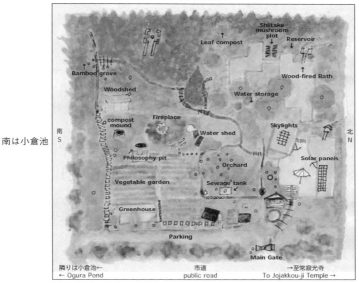

図5-1 「エコライフガーデン」
出所：森（2019）。

との直感で名づけ、「清豊(せいほう)」と呼ぶにふさわしい充実感を得たのである。

　2005年に、日本環境教育学会は第16回大会で「次の生き方」との演題のもとに基調講演者に選ばれ、「環境教育は、環境問題を工業社会の弊害とみてその抑制に努めるための教育ではなく、新たな豊かさや幸せを求める美意識や価値観を育む教育と位置づけ、幼少期に自然の摂理に基づいて体験的に授けることが肝要である」と訴えた。その際、「著書に『次の生き方──エコから始まる仕事と暮らし』（平凡社、2004年）があり、繊維産業の第一線に身を置く一方で、『清貧』ではなく『清豊』を旨とする『次の生き方』＝『自然ドロボウにならずに済ませられる生き方』を追求・実践してきた」と紹介した。

　「清豊」とは、「清貧」の生き方に誘った「古人(いにしえびと)の文化」と「近代科学の成果」を組み合わせ、取り組む土地や土地柄に則して「太陽の恵みの範囲内で、最小の消費で最大の豊かさ」を求めて生きる態度である。また、工業文明は万人共有の欲望を解放させるが、各人固有のココロの解放（自己実現）を願って

81

第Ⅰ部　環　境

努力すればその過程で感受させる実感であり，筆者が85歳まで生きた今「この人生ならもう一度やり直したい」と想わせるが，この心境でもある。さらに，妻は，この手づくりが基本の生活空間に飛び込み，創造性に火がつき，その潜在能力を開花させたことが，その源泉でもある。

この生き方は，誰しもが他の誰とも違う何らかの固有の潜在能力を秘め持って生まれており，自己実現とはその顕在化であろう，と感じさせる。

一体何が，今現在も苦役とみる人が多いこの生き方に踏み出して，60余年もの間，貫いたのか。これまでの経過を記録した拙著などを通して，その何たるかと「清豊」だと感受させた由縁や成果などを，ここで明らかにしたい。

「生きる理念」を見定めさせた友人の一言

筆者の生き方の下地は，何もかもを一転させた田舎への疎開と敗戦を含む幼児体験であった。加えて，肺浸潤と受験浪人という二重苦が，知的障害者の友人が言った一言を至言と捉えたことである。それは，人類最初の人工衛星が打ち上げられた夜に「そうやって石油なんかボンボン抜いてたら，地球も湯たんぽと一緒でいつか空になるな」との呟きであった。

だから，産業革命発祥国の首都ロンドンで，街中の電気が消え，先輩がアセチレンガスランプで仕事をする姿などのオイルショックを体感し，次の「生きる理念」を見定め，生きる信念にさせたのである。

「地球人としての認識」のもとに，「生態系への復帰」を宣言し，「不可逆的な生き方との決別」を誓う。これは，1988年筆者の処女作で発表した。

この理念は，高度経済成長の最中（さなか）にあった1962年に，伊藤忠に採用されながら，「エコライフガーデン」づくりにむしろ拍車をかけたおかげの賜物で，やがて一途に守り通す信念になっている。この用心から生まれた信念は「自己責任」のもとに農的生き方で「自己完結」する力を育むことになった。

当時は「消費は美徳」派が「もったいない」派を上回り，世相が一転した。消費者との総称が一般化し，消費者基本法が1968年に誕生している。

「消費者」は Consume（使い尽くす，食い尽くす）から派生した「Consumer」の訳語だが，アメリカのシアーズローバック社が1897年版通販カタログで最初

に文字化して需要者に欲望の解放を迫り，売り上げを急伸させた。

　もちろん，この生き方は単なる「もったいない派」ではない。工業社会に心惹かれて工業デザインを学びながら，その不可逆性を断念させた生き方である。この実態は「なんと忙しいスローライフ」との思いが詰った拙著『京都嵐山エコトピアだより――自然環境型生活のすすめ』（小学館，2009年）で多くの写真を添えて紹介している。

新天地の舞台は，戦時中にできた開発地

　オイルショックで，友人の一言を思い出し，アポロ8号から届いた孤独な地球の姿が，太陽の恵みが地球にとっては唯一のインプットだと覚醒したことも思い出した。この時に，生ゴミや尿尿こそが真の定期預金だと直感し，太陽，雨，そして大地などが銀行で，蝶や蜂，種や苗木などが行員であり，野菜，果物，薬草，薪や建材などが金利だと確信した。

　つまり，化石資源などを乱用する繁栄は，資産家の息子が遺産の金蔵を開き，散財し，人々は消費者になって大はしゃぎのごとし，と気づいた。

　とても過敏な反応だが，こうした直感や確信を，「生きる理念」として見定めた。その折に，この直感の元も質させており，幼少期に心に刻み込んだ様々な想いを振り返った。

　筆者は，1938年の夏に，貿易商を営む父のもとに兵庫県の西宮で生まれ，姐や付きで，可愛がられた。だが，3歳の時に一転した。父は結核で倒れ，糖尿病を併発し，母は医者から，夫の不治を宣告されたのである。

　戦火が身近に迫った1944年初夏，母は父を病棟に残し，父方の伯母を頼って10歳上の姉と3歳下の弟を伴い，京都郊外に疎開。この家の山手に父が買い求めてあった60m角の開発地で，徳島の商家の末娘であった母が36歳の時から，15歳の姉と2人で初めて農業に挑み，生計を支え始めたのである。

　そこは田畑が7割を占め，通いの小作農家が耕作に当たる別荘地で，常寂光寺や落柿舎を含めて16軒に総勢数十名が暮らしており，小川にはフナが，伯母の家にはヘビなどの生き物が，随所に潜んでいた。

　疎開当日の挨拶回りで，「奥さん，日本は敗けて，真っ二つにされますよ」

第 I 部　環　境

と甲高い声で叫んだ人がいた。この元京城大学の教授と聞いた初老の男性をはじめ、村には伯母も含めて当時、近隣には、小倉山の七変人と呼んでいた人たちも住んでいた。

　村の子どもは総勢16人になったが、野山でイタドリやシイの実などを食べ歩き、イモリが棲む小川の水でのどを潤した。村では太い釘1本で陣を取りあう遊びも流行っており、夢中にさせた。母が食事だと叫んでも、すぐには帰る気にはなれず、母がいなくても「野山で、一人で生きてゆけそう」と考えた。

　春、伯母は山菜採りの掟を筆者に教えてくれた。朝早く出かけたが、ゼンマイは株毎に3本は残すなどの掟を村人の誰かがしっかりときちんと守って先に採ってあり、このときのことをきっかけにして筆者はすべての村人はもとより、村やさらに自然を大好きになった。その後この村の一角が、いつしか「エコライフガーデン」と呼ばれる生活空間になるのである。

軍国主義に学んだ不易と流行

　ほどなく父が移送されてきた。折りしも近くに市中から移築された家ができたので移住し、2階で闘病生活に入った。その後、母への父の質問と助言は畑を格段に豊かにした。父は、目に見えないものを見るクセを筆者に授けてくれた。

　筆者は尋常小学校に入学した。一列縦隊の登校、忠魂碑での最敬礼や上級生が軍事教練をしたり、あるいはサイレンを合図に床下の穴に潜り込むなど、覚悟したり修得したりしなければならないことが多々の慌ただしい日々が始まったのである。ほどなく、時の天皇が戦争に負けたことを告げる8月15日を迎え、近所の大人とラジオの前で正座。大人はちょっとざわついたが、すぐに収まり、すべての村人も安堵したようで、村はより穏やかになった。

　だが、夏休み明けの学校は一変していた。威張っていた軍人が居なくなり、女性の担任の先生が大声で話し、活発になるなど、何もかもが一変していた。この一変が、不易と流行の何たるかと、その峻別の大切さを体得した。

　その後、ヒヨコを飼いたいとねだったが、結局、養鶏を飼うことになった。これが「一家の一翼を担っている」と実感する最初の体験となった。

　筆者は、小学6年生になった。父は8年ぶりに起き出し、庭をダリヤの花で

第5章　「エコライフガーデン」は楽園づくり

一杯にした。朝鮮戦争が勃発し，父が働き始め，食卓に父も加わった。畑は放置され，下肥は農家が汲み，野菜をくれた。中学生になると，養鶏にかえてヤギを飼い，ヤギは干し草は食べるが枯草は食べないなど，多々教えてくれた。

　高校２年生の暮れに，右手指３本を餅つきで大負傷した。嫁いだ姉が残した世界文学全集が激痛を紛らわせた。工業デザイナーに憧れて一浪受験勉強中でも，ススキだらけに戻っていた畑地を再開墾し始め，サツマイモを育てていた。

　夏から，昼と夜を逆にしてガリ勉して，翌春志望校に入学した。だが，肺浸潤は完治せず，より庭仕事に傾倒させ，再びニワトリの飼育にも挑戦した。学友は世の流れに逆行とみて不思議がり，講義は消費社会を賛美していた。

　1962年，伊藤忠の入社面接後，自活を尊ぶ決意をしたが１カ月内定通知が来ず，ハラハラした。会社は肺浸潤を気にしてくれていたのである。１カ月後の再検査で病状は回復方向と判断され「残業禁止。独身寮に入り，完治に努めよ」との条件付きで採用され，構造不況に苦しむ繊維部門に配属された。

　入社５年後に，糸や生地の商いから，FB（ファッションビジネス）に参入する旗を振ることになるが，不易とみた週末の野良仕事を手放してはいない。

2　「エコライフガーデン」づくりの実践と成果

「三方良し」＋「地球に良し」で「四方良し」

　約3,500㎡の土地を父は500万円で売りに出し，転居を考えたが，売れなかった。これが，住宅金融公庫を活かし，この土地に薪風呂ポットン便所の家を，入社２年後に94万円で竣工させ，終生住み続けるつもりで両親ともども移住した。下水道が通っておらず，敷地内でのリサイクルが必要となり，排水路にサワガニやドジョウを棲まわせ，不純物が流れないように筆者を24時間監視員にした。両親は２年後に下手の住居を売却し，隣に別棟を建て，移り住んだ。

　一方会社では，月100時間もの残業がざらだったが，終業時刻で独身寮に帰らされる。それが，なんとしても会社の役に立ちたくて，新たな仕事を模索した。おのずと報告書の点検が厳しくなり，寮で充電かのごとくに私案をねり直し，会社では放電かのごとくに実現させようとする働き方を身につけた。

第Ⅰ部　環　　境

入社5年後に病気はほぼ完治し，残業が解禁になり，退寮した。そして両親の勧めで見合い結婚した。翌年秋，海外出張を命じられた。また，繊維部門の大転換を促す部問長に宛てた報告書が，異例の分掌役員宛に改められた。この取扱い主要商品を原料から製品へ，主要市場を安い労賃を活かす輸出から，豊かになる国内市場に移す案を分掌役員は即採択し翌春，繊維部門は内地部門を強化する大改革を断行した。やがて同期入社男子の中から課長職初昇進者が選ばれる時を迎え，そのうちの1人に選ばれた。それは，FBの本質に気づいていたからだと内心思った。消費者は最終消費財を選り好みして買いあさり，もっぱら消費に興じていた。だからFBは，その欲望を満たす産業と睨み，上流社会化産業であり，ファッションは上流社会化現象，と定義し，この定義に沿った勤労は業績を好調裏に推移させた。そこで，2年後にソフトウエア子会社の設立を提案し，翌年子会社に出向し，繊維業界を騒がせることとなった。

これは「エコライフガーデン」づくりから授かったチカラのおかげだ。「エコライフガーデン」は同じ条件が2つとない土地や土地柄に，いかに則するかが最大の課題であり，観察力や覚悟だけでなく失敗まで尊ぶクセを養わせる。種をまく時は収穫を，苗木の植樹は100年後すら夢想させ，未来は刻々と明らかになることを実感させる。おのずと，その備え方の是非の峻別を迫り，週末の庭づくりにあたりながら新時代・「第4時代」の夢さえ抱いていた。

「第4時代」とは，人類史が何百万年も続いた「狩猟採集時代」，1万年前から踏み出し，上流社会を生みだした「農業文明時代」，そしてFBを生みださせた200年来の「工業文明時代」に3分し，この次に踏み出すべき循環型の新しい時代を指している。筆者はこれを「生きる理念」として発想した。

その後，わが国の消費市場で生じていた異質な動向が，大掛かりな消費者調査に踏み切らせた。結果，それまでの服飾は"肌の上の飾りもの"だったが，衣服を自己のシンボルとみる"肌の延長派"が現れていたことを確認した。

この対象消費者を"革新的か保守的か"など3つの意識面から整理すると6つのクラスターに分類でき，その1つ，革新的，開放的，且つ計画的要素を兼ねた人がファッションリーダーだと教えた。ファッションとFBの定義を「多数幻想の実体化現象」と「多数幻想の実体化産業」へと刷新させ，ジーンズの

86

第5章 「エコライフガーデン」は楽園づくり

一般衣料化，女性のスカートに代えてスラックス，ドレスに代えて上下セパレートなどの新プロジェクトを次々と展開し，超優良子会社賞7年連続受賞に貢献した。

欧米では1960年代後半から，貴重性，希少性，あるいは真新しさなどで競う多様性は，地球環境に多々負荷を掛けがちとみて批判する人たちが現れた。彼らは，ジーンズを使い込んだりその経過を忍んだりする多様性を志向し"肌の延長"かのごとくに位置づけた。こうした志向がわが国でも現れ始めていた。

問題は，この縦と横ほどの違いがある多様性の差異を峻別や，新しい価値観や美意識を明確に説明することが容易にならず，苦悩したことだ。伊藤忠には，売り手良し，買い手良し，世間良しの「三方良し」を標榜する近江商人の哲学があった。これに「地球にも良し」を加えた「四方良し」が，その真髄であると叫んでいれば，多様性と雑多の峻別など，工業社会が蔓延させた既成の美意識や価値観の縛りを解いてもらい易くしていたに違いない。

この60年代の人々への共感の環は，人種，性別，年齢，学歴，職種，出自，地位，貧富などの差だけでなく国境を越え，世界中に広がり始めた。元来は土地柄にそくした文化現象であった服飾を，工業文明はまず身分差などの縛りを解き，奢侈や変身などを謳歌させた。この既成の美意識や価値観への反動のごとき現象に，世界を1つにとの願いを理解して，ファッションからムーブメントの時代に代わると公表した。そして，この史上初の服飾現象を世界中に蔓延させるジーンズを基調とする装いを文明現象，だと筆者は主張した。

「生きる理念」を活かさせた3つの仕事場

筆者の講演では，デザインやマーケティング発想の「因_{いん}」の大事さを訴えたが，散々だった。行く末を見定める「第4時代」論は荒唐無稽，環境で飯が喰えるかなどの揶揄。「循環型の私生活」は「時代に逆行」とか「自慢話を聞かされた」などと嘲笑され，「生きる理念」は，蔑視されたのである。

ジーンズを愛好したJ.F.ケネディは，キューバ危機の最中に『沈黙の春』（レイチェル・カーソン，Houghton mifflin Co., 1962年）を読破した。アメリカのジーンズ派の多くは，この本の影響を受けていた。だから，FBは「因」の特

87

第Ⅰ部　環　境

定こそが命，とみたが，日本の服飾業界では当時，この本を知る人と出会うことができなかった。もっぱら因がもたらした成功事例である「果」を追い，その模倣や追随に終始していた。

　また，残念な想いを私生活でもつのらせていた。ついに生き方を一致させられず，無念の結果に至らせたからだ。だが，これが公私ともに光明を見出す幸運に巡り合わせた。似た生き方や考え方の女性と1974年に再婚し，ほどなく妻は独創で人形づくりに没頭し，人形教室を始め，独自の時空に踏み出したからだ。

　翌年，伊藤忠と子会社を，誰にも相談せずに依願退社し，「エコヴィレッジ構想」の核となるモデルとその真価を明らかにし始めた。だが，今までと納税などの支払い方法の違いに気づかされ，不安になった。

　折よく神戸のアパレル会社・ワールド社から年商と経常利益の倍増と国際化を手伝ってほしいと要請され，転勤なしを認めてもらい，また，社用交際を求めなければ，無条件で受け入れ，翌年入社。3カ月後には初代社長室長に，との声がかかり，「生きる理念」に則した提言を社長の決断にしていただく夢を描いた。「エコヴィレッジの核」創出に専心する夢は破れたが，入社3年後には新子会社の社長兼務など，予期せぬ好機に次々と結び付いたのである。

　だが8年後にワールドと子会社を辞任し，その6年後に大垣女子短期大学から構造改革を要請され，より「生きる理念」に忠実に沿い得る仕事場に恵まれ，サラリーマンをしながら「エコライフガーデン」を創出できたのである。

自然循環型生活は翻弄する時代からの脱却

　ここで少し過去にさかのぼる。まず，新設子会社・伊藤忠ファッションシステムと自宅との間の行き来は，不自然な方向に突き進む都会や都会が誘う消費型生活への心配度合いを，日を追うごとに深めたことである。

　自然は2つと同じものを創らず，同じことは2度と生じない。人間も自然の一部だが，消費者は複製の消費材を買いあさって画一化し，自己完結能力を自ら見失う方向に突き進んでいた。この生き方は人々をお金さえあれば一人でも生きて行けそうだと錯覚させ，拝金思想に陥らせかねないと筆者は考えた。

第5章 「エコライフガーデン」は楽園づくり

　企業社会は「森林の『開発』」を「森林の『破壊』」と同義語にするような手口で消費や拝金思想を煽り，社会はそれを成長と錯覚し，GDPを豊かさや幸せのバロメーターにして，経済成長という膨張の呪縛にさいなまれていた。

　GDPの急増は，ごみの急増，公害の多発，核家族化や家庭崩壊など相互扶助関係の減退，あるいは野生動植物の激減などを伴っており，「エコライフガーデン」での生活は逆に，GDPを膨張の呪縛がもたらす深刻度計だと気づいた。

　居住地では1959年までゲンジボタルが乱舞したが，翌年は消え去り，ドジョウを捕えた最後の年にするなど，異常な進展におののいた。

　軍国主義一色の時代から一転した時代を目の当たりにした体験は，近代教育は企業戦士や，工業文明のエリート育成の域から脱しておらず，膨張の呪縛や拝金思想を蔓延させ，人々を翻弄し続けているように感じた。

　先妻はこうした見方や不安を理解したが，農的生産活動をなかなか理解できずいた。そこで，2人は手を携えて生きるために，生き方をいずれかに合わせうるか否かを覚悟して，3年間の期限付きで生活に入ったのである。

　結論を出す時を迎えた。彼女は自然循環型生活の意義を認めたが，農的生産活動や創造活動には馴染めなかった旨を明らかにし，6年にわたる葛藤を両親らに説明すると，約束どおりの結論が即刻容認された。先妻の父は判事であり，仲人は弁護士であっただけに，その判断は公正で未来を志向しているように思われ，筆者は，感謝の念だけでなく，感銘すら覚えた。

　その後，この生き方を是とみる女性と再婚にこぎつけたが，それは先妻に動産はすべて譲ったことと，先妻の身体的経済的困窮を知り得れば2人は経済的最善を尽くし，感謝の念を示そうと誓いあってのことであった。

　一方，子会社では美意識や価値観を新たにするオルタナティブを希求する企画が持ち上がっていた。多くの消費者が，消費社会に翻弄され，余暇時間は欲望（消費）の奴隷に，勤労時間はお金の奴隷と化し，資源枯渇や生態系破壊など自然ドロボウの共犯関係になっている，との危惧の念が誘った企画であった。

相互扶助関係に幸せと豊かさをみた新生活

　人生の持ち時間はおよそ70万時間（＝80年×365日×24時間）で，勤労時間は

89

第Ⅰ部 環　境

多くて8万時間（＝2,000時間×40年）とみてよいだろう。あらかたの人たちは，この8万時間で得る可処分所得で残る62万時間を消費生活に走っている，と筆者は考える。

　睡眠などの生理的な時間や就学期の時間を差し引いても膨大な余暇時間が残る。この余暇時間と各人なりの可処分所得を，創造的にオルタナティブな豊かさを目指して活かせば，誰しもが「清豊」を期待しうるはずである。

　そのために，人間本来の相互扶助関係を尊び，互いに高め合い，得手を愛であい，持続可能な社会を現実化する家庭を復活させてはどうか。

　ある会議で，一人の女性デザイナーが，家族は相互扶助が必要であり，その生活に意義を見出して共感できれば「なんだってできるはず」との意見を述べた。そこで彼女を恒例の仕事仲間を筆者の自宅でのBBQパーティに招待したのであった。

　その後急進展した。彼女は退職し，日曜毎に筆者の家を訪ね，「生きる理念」が顕在化させた庭で，様々な作業に取り組み，結婚することができた。

　風呂は夫が作った薪で妻が焚き，両親はもらい湯に，夕食は一品を交換し合うなど，期待の時空が現実味を帯び始めたのである。

　この間筆者は，ワールドに招聘された。同社は20周年を迎えていたが，前途多難な状況が続いていた。

　その後，クレーム問題が多発し，クレーム対応総責任者を筆者は買って出た。期せずして末端の声を吸い上げる組織，社長の上意下達を動脈とすれば静脈のごとき下意上達の陰の組織が機能し始め，「生きる理念」を活かし易い居場所を固めた。

　入社3年後には，既存取引先専門店との契りのごとき取引関係に反し，新たに百貨店に進出する子会社が誕生し，社長を兼務したのである。

「要請に応えたい一心」が促した意識の転換

　「口頭報告」が社風だったが，クレーム問題から文章化を導入し，記憶と記録の差異に気づく共感の環が生まれた。売った商品と売れた商品の峻別も始めた。

第5章 「エコライフガーデン」は楽園づくり

　ワールドは増収増益が続き，入社7年目の決算で売上高1,359億円，経常利益231億円と，入社時の2倍をはるかに超え，収益率は業界トップになった。子会社も，消費者にとっては，高価だが組み合わせの妙で創造の喜びと，着用頻度を高めやすくして割安を標榜した結果，増収増益が続き，売上高59億円，経常利益6.9億円を達成した。

　ワールドは第三ステップに臨む時，“量”から“質”へと格上げする時期と判断し，筆者は建白書作りに着手した。だが社長は，世の中であらわになり始めたバブルの波に乗ってこそ，と考え始めてしまわれたのである。

　翌年，ついに社長は売上高3,000億円計画を打ち出し，1986年末にこの倍増体制が動き始めた。そのことが筆者の辞任を促し，建白書案を基に筆者は執筆活動に着手した。

　1年半後に筆者の処女作『ビブギオールカラー——ポスト消費社会の旗手たち』（朝日新聞社，1988年）が世に出た。ビブギオール（虹）カラー（襟）は筆者の造語であり，工業時代が生み出した単色人間・ホワイトカラーやブルーカラーにとって代わり，多彩かつ創造的に立ち働くチカラを備えた人を指している。「第4時代」を世界に先駆けて切り拓き，進んで個人と国の再生を願い，移行してみせる人のことである。

　筆者はこの願いを，社長室長として知り得た人に拝読していただいたが，「肝心の儲け方が書いてない」と酷評され，次代が歓迎する企業像『人と地球に優しい企業—— gentle mind』（講談社，1990年）を執筆した。今度は日本の消費者はその努力に値する域にはあらずと評価され，『このままでいいんですか——もう一つの生き方を求めて』（平凡社，1994年）を執筆した。その後ワールドの不調がささやかれ『ブランドを創る——商標，サービスマーク育成の精神』（講談社，1992年）を上梓し，「生きる理念」がワールドで繰り広げさせた一貫性を記し，参考にしてもらおうと願った。

　筆者にとって，ワールドでの8年間は，勧誘時の要請に応えたい一心が，商社時代とは一転した働き方に徹する過酷な試練を強いたが，その気にさえなれば性格まで一転できることを体験し，無上の報酬になったのである。

91

第Ⅰ部 環　　境

3　幼児期の感受性が誘った楽園づくり

死の恐怖と覚悟を見定めた「生きる理念」

　「生きる理念」に沿って生きようとする姿勢が好ましき迅速な判断や決断に導いたようだ。禁煙喫茶店の経営（1986年）や太陽光発電機の民間家屋有償設置（1994年）では，ともに日本初となった。

　父と一緒に行った「阪神パーク」では，骨格と血管がむき出しのキリンの標本を見て戦慄し，選り好みする度に「あのキリンのようになる」とまず食べ物から脅され，次第に選択の対象が広がり，衝動を抑制する力を躾けられた。

　ある日，父が帰宅した直後の出来事も意識を変えた。筆者の大怪我を母から聴いた父は「いっそのこと死んでしまえ」と叫びながら寝所に急いだ。土足だった。キョトンと見返す筆者を見て玄関に戻った。追って来た母は「鬼のような人ね」と呟き，筆者は違和感を抱いた。筆者はこの暴言を父にはかせた因である深い愛情を感受していたが，母はその暴言・果におののいた。

　その後，6歳から養鶏を始め，野に放してミミズやバッタを捕えた。9歳から絞め役を担っても，ニワトリは従った。だがヤギを飼う都合で廃鶏が始まり，来客時にだけ許された産卵中の美味しい鶏から潰し始めると，父の指摘通りにニワトリは茂みの中で，人の眼を盗み，隠れて卵を生み溜めていたのである。

　さて，アリストテレスは，教育によって修得できる知性的な徳の他に，机の上では育めない徳の大事さを2300年も前に指摘していた。それは幼児期の習慣が養わせる倫理的な徳であり，誰しもが備えもって生まれる1つの素養を覚醒させ，自ら修得しながら身につけていく真の倫理的な徳だという。

　この点では，妻も恵まれていた。戦時中に父の病気療養のために家族5人が奈良の無医村に入植，敗戦後に3女として誕生した。ランプ生活だったがガラスの発光部の掃除は妻の手しか入らず，一家を支える責任感や誇りに目覚めた。

　中学生の時に家族はつてを頼りにして西宮に出て，兄が起業し，生活は一転した。やがて彼女は憧れの服飾デザイナーを夢見て進学，就職した。やがて「デザインの陰には，いろんな意図，仕掛けとかシステム，人々の購買意欲を

第5章 「エコライフガーデン」は楽園づくり

わかして購買させるものがうごめいている」との疑問を抱き，失望していた。

後年わかったことだが，「エコライフガーデン」は何もかもを手づくりすることで楽園にできそう，と見ていたと妻は，自著『人形にいのちを込めて――創ることが生きる証し』（大和書房，2001年）に記していた。日曜毎の別れ際に「もうしばらくしたらここから帰らなくてもいいんだ」と夢見ていたのである。

だからだろうか，ある日，小木貞孝の『死刑囚と無期囚の心理』（金剛出版，1974年）の読後感を聞き，ポツリと「私たちは皆，死刑囚ね」と呟き，人形創作の態度や作風まで改めている。小木貞孝は，死刑の審判が下ると，誰しもが瞬時にスイッチが切り替わったかのごとくに感受性を昂らせ，創造的な人間になり，逆に無期だと怠惰になってしまいかねないことを匂わせていた。

求められるパラダイムの転換

最後の奉職先になった昼間2交代制・3部主体の大垣女子短期大学は，理事長の「私たちは未来からの留学生を受け入れている」との勧誘の言葉で迎えられ，「生きる理念」に最も則したかたちで10年間の役目を果たせた。

定員割れになった年，筆者に学長の白羽の矢が立ち，それを受け入れ，矢継ぎ早に「生きる理念」に沿った方針を全学的に打ち出した。最澄の「一隅を照らす」人になろうに始まり，3つの約束（挨拶をする・時間を守る・ごみを拾う）の励行や全学禁煙，専門を通して人間を教える教育の奨励をし，学生と教職員でトイレ掃除を含む全学の清掃を行ったり，またISO14001を取得したりした。芸術系（デザイン美術科と音楽科），医療系（歯科衛生科），そして教育系（幼児教育科）の3学科編成を活かし，学科の壁を外し「小さな巨人」育成の標榜などへと進めた。学生と教職員は実践に励み，3年後には全学科定員超の1部短大に生まれ変わらせて，身を引いた。

この時に，女子学生が，「生きる理念」は人間以外のすべての"生きとし生けるもの"が守っている約束事に過ぎない，と感じ取っていたことに気づかされ，これを信念にした成果のほどを多々得心し，過去を振り返った。

この理念に基づく判断と率先垂範は，企業経営では相互扶助関係を育ませ，組織を活気づかせた。躊躇することなく短大で承継し，まずクラブ活動で，次

第Ⅰ部 環　境

いで担当学科で，学長就任後は全学で，短大が主催していた大学祭を学生主体
に改めるなどして，この判断に基づく軌道修正をことあるごとに試み，進むべ
き方向の明確化に務めた。学生が「あの先生は本気や」と噂するまでになった。
筆者は，企業経営でこれぞ「古人の知恵」，その文化の本質ではなかったか，
と気づき，処女作ではこの判断と率先垂範を，次代を切り拓く経営の秘訣と睨
み，制定後15年を経ていた「生きる理念」を発表した。

　その後，「天国とは働かずにグウタラに過ごせるところではなく，やりたい
仕事がいっぱいあって好きなだけ勤しめるところだ」と今道友信が『ダンテ
「神曲」講義』（みすず書房，2002年）で述べた言葉に触れ，得心している。

　また，この「生きる理念」に沿った判断にはブレがなく，分け隔てなく決断
を早く下せたので，誰しも創造的な活動に夢中になったようだ。短大での全学
一斉清掃日では，初年度はブーイングで始まったが，要領を得た次年度は，午
後は近隣のごみ拾い，3年目には最後に綱引き大会を開催するまでになった。

　さらにこの理念に沿った相互扶助は，豊かさや幸せの源泉になるのではなく，
それ自体が豊かさや幸せそのものになることを筆者は実感した。

　最後に，こうした筆者自身の体験に照らせば，現在のわが国のSDGsの動き
は，不安の念を抱かせかねない。日本での展開は，肝心の消費者啓蒙が遅れて
いる。筆者はまず「D」の訳を「繁栄」などに改めるべきではないかと思う。
「養生」に，と勧める声さえある。「開発」のままではあらぬ競い合いや免罪符
的な対応に企業などを誘いかねず，消費者を惑わすグリーンウォッシングなど
に走らせ，問題をより複雑にして先送りさせかねない。SDGsはパラダイムと
意識の転換が先決である。

参考文献

今道友信（2002年）『ダンテ「神曲」講義』みすず書房。

ウイルソン，コリン／由良君美・四方田剛己訳（1987）『至高体験──自己実現のた
　　めの心理学』河出書房新社。

小貫雅男・伊藤恵子（2008）『菜園家族21──分かち合いの世界へ』コモンズ。

カーソン，レイチェル／上遠恵子訳（1991）『The Sense of Wonder』佑学社。

栗田亘（2010）「森孝之さんとの対話」『樹寄せ72種＋3人とのエコトーク』（アサヒ
　　エコブックス29）清水弘文堂書房。

ケストラー，アーサー／日高敏隆・長野敬訳（1987）『機械の中の幽霊』ちくま学芸文庫。

小木貞孝（1974）『死刑囚と無期囚の心理』金剛出版。

佐田智子（2001）「森孝之」『季節の思想人』平凡社。

立花隆（1983）『宇宙からの帰還』中央公論社。

トッテン，ビル（2014）『「年収6割でも週休4日」という生き方』小学館。

中村敦夫（2011）『簡素なる国』講談社。

ナッシュ，ロデリック・F.／岡田洋監修・松野弘訳（1993）『自然の権利——環境倫理の文明史』TBS ブリタニカ。

森小夜子（2001）『人形にいのちを込めて——創ることが生きる証し』大和書房。

森孝之（1969）「アメリカにおけるカジュアルウエアーの現状」『繊研新聞』2月14日付。

森孝之（1974a）「第4時代のマーケティング」『繊研新聞』4月9日付。

森孝之（1974b）「ファッションビジネスとアパレル産業」『縫製辞典 '75』繊維研究会。

森孝之（1976a）「女性のライフスタイル調査」『日経流通新聞』11月4日付・11月8日付。

森孝之（1976b）「現代マーケティングの切り口」『繊研新聞』12月15日付。

森孝之（1988）『ビブギオールカラー——ポスト消費社会の旗手たち』朝日新聞社。

森孝之（1990）『人と地球に優しい企業—— gentle mind』講談社。

森孝之（1992）『ブランドを創る——商標・サービスマーク育成の精神』講談社。

森孝之（1994）『このままでいいんですか——もう一つの生き方を求めて』平凡社。

森孝之（1999）「本当のそろばん」〔随想〕『神戸新聞』6月21日付夕刊。

森孝之（2000）「創造の庭——コライフガーデン」『現代農業』8月増刊，農山漁村文化協会。

森孝之（2001）「1年の森孝之」『森のクラス会』創刊2号，木の森出版。

森孝之（2004）『次の生き方——エコから始まる仕事と暮らし』平凡社。

森孝之（2009）『京都嵐山 エコトピアだより——自然循環型生活のすすめ』小学館。

森孝之（2013）「ものに頼り過ぎない豊かな暮らし」水山光春編著『よくわかる環境教育』ミネルヴァ書房。

森孝之（2014）「ライフワークと兆」『会報』日本エッセイストクラブ，春 No.65- Ⅲ。

森孝之（2019）『未来が微笑みかける生き方—— AI時代の自給自足』亥辰舎。

森孝之編著（2021）『次の生き方 Vol. 2——自然に寄り添う人たち』あうん社。

森孝之・森小夜子（2002）『庭宇宙——嵯峨野・アイトワ・幸せのすむ庭』遊タイム出版。

森孝之・森小夜子（2007）『庭宇宙 2——アイトワ循環する庭』遊タイム出版。

第Ⅱ部

社　会

第6章
包摂的連帯と SDGs

浅野貴彦

1 包摂と連帯

コロナ禍における包摂の問題

2019年末から新型コロナウイルス感染症の流行が拡大するなかで企業ではテレワークが推奨され，通勤時の混雑や都市の高額な家賃や騒音から離れることもできる地方移住について注目が集まっている。テレワークは「転職なき移住」を可能にし，政府によっても地方創生 SDGs の一環として推進され，「地方創生テレワーク」は自治体・企業・働き手のいずれにとってもメリットのある「三方良し」の取り組みであるとされるが，それは同時に移住者がどのようにして地域の人々とつながり，とけこんでいくのかという移住支援や「包摂 (inclusion)」の問題をもたらしている。

またコロナの影響で学校教育においてはパソコンを使ったオンライン授業が主流となり，地域や国境を越えた学習の機会を促進し，その普及スピードを加速させたが，他方で貧困や障碍によって学習者全員がパソコンやインターネットに問題なくアクセスできるとは限らないという状況が世界各国で明らかとなり，すべての人が高い質の教育に参加し，自身の「潜在能力」を展開しうることを目標とする「包摂的な教育」の危機をもたらした。こうした危機についてはその調査報告をユネスコがとりまとめており，その日本語版サマリー「グローバル エデュケーション モニタリングレポート2020概要　インクルージョンと教育　すべての人とは誰一人取り残さないこと」の序文ではこう記されている。

第Ⅱ部　社　会

教育が普遍的な権利として，そしてすべての人にとっての現実として今ほど最重要とされている時代はありません。急速に変化する私たちの世界は，絶えることのない大きな課題に直面しています。常識を覆す技術革新，気候変動，紛争，難民や避難民の増加，不寛容と憎悪といった課題は，今後さらに格差を拡大させ，数十年にわたって影響を及ぼすでしょう。新型コロナウィルス感染症（COVID-19）のパンデミックは，私たちの社会におけるこうした不平等や脆弱性を一層さらけ出し，より深刻なものとしました。私たちは最も脆弱で不利な立場にある人々を支援することで，私たちに共通する人間性を脅かす長年の社会的違反を減らすための集団的な責務を，これまで以上に有しているのです。[1]

SDGs と連帯

このように今日，我々は環境問題やパンデミックそして戦争といった国境を越えたグローバルな問題に直面しており，単なる個人の責任や努力だけでは対応不可能なリスクや格差の問題に直面している。SDGs では「誰一人取り残さない」という包摂的連帯が基本理念になっているが，環境・社会・経済に関わるグローバルな問題は，協同して支え合うというグローバルな連帯，言い換えれば，「パートナーシップ」を組むことによって解決可能性がひろがっていくのである。ちなみに，こうした包摂的連帯と教育や文化多様性との関わりについては，SDGs のターゲット4.7で次のように記されている。

　　2030年までに，持続可能な開発のための教育及び持続可能なライフスタイル，人権，男女の平等，平和及び非暴力的文化の推進，グローバル・シチズンシップ，文化多様性と文化の持続可能な開発への貢献の理解の教育を通して，全ての学習者が，持続可能な開発を促進するために必要な知識及び技能を習得できるようにする。

このように国境を越えた地球規模での諸目標が描かれている SDGs は，「詳細な実施ルールは定めず，目標のみを掲げて進めるグローバル・ガバナンス」

であり，歴史上類を見ない包括性をもった「目標ベースのガバナンス」である（蟹江 2020：12）。グローバル・ガバナンスとは，世界で起こる多様な問題に対して，利害が異なるアクターが，そうした違いを調整しつつ，国境を越えて協力関係を形成していくプロセスや機構を指す。したがって SDGs を核とするグローバル・ガバナンスは，グローバルな問題を解決するために，未来に目標を設定し，人々の行動の変容を促そうとする。そしてその際，肝要となるのは，いかにして共有可能な価値観や規範を創り出し，それによって人々の行動ばかりか，その文脈となる文化を変えていくのかという問題である。

　国連決議「持続可能な開発のための2030アジェンダ」のタイトルには「我々の世界を変革する」とある。こうした「持続可能な開発」はグローバルな連帯なくしてはありえないが，それは途上国が抱える開発問題を先進国の主導する国連という既存の枠組みのなかでトップダウン式に「変革」を促していくような意味での連帯ではない。むしろ求められているのは，同じ目線に立ちつつ協力し合い，世界的な貧困，不平等を増大させる負のサイクルを断ち切るという「公正な連帯の約束」であり，それは「持続可能な開発」の問題を国際関係の中心に据えるというコミットメントを出発点としているのである。

2　グローバルなリスクが生み出す連帯

グローバルなリスクとは何か

　以上でみてきたように，グローバルなリスクは人類の生存を脅かしているが，その危機の自覚は SDGs という新たな「アジェンダ」（行動計画）を生み出し，世界共通の目標へ向けたグローバルな連帯を可能にする。リスクのグローバル性を認識し，それについて語り合うことは，ナショナルなものを越えた新たな世界政治のチャンスをもたらすのである。

　それでは，空間的・時間的に境がないグローバルなリスクとは具体的には何であり，どのような特徴をもつのであろうか。連帯の意義や可能性を考察する前に，本節ではこうした問題を社会学者のウルリッヒ・ベックの「世界リスク社会論」に依拠しつつ，まず検討しておこう。

第Ⅱ部　社　会

彼の類型化にしたがうと，グローバルなリスクは三種類に区別することができる（Beck 2002＝2010：105）。

第一は，豊かさに伴って生じる環境破壊や技術産業のリスクである。これには，遺伝子工学や生殖医学の予測不可能で計算不可能な結果なども含まれる。

第二は，貧困に伴って生じる環境破壊と産業技術上のリスクである。国連のブルントラント委員会がいち早く指摘したように，「不平等は，この惑星のもっとも重要な〈環境問題〉であると同時に，もっとも重要な〈発展〉問題でもある」。例えば，熱帯雨林の伐採がその顕著な例であり，あるいは破壊を防ぐための制度的・政治的な方策をもたないままに，環境や生命への危険を伴う技術産業が成長していく国々における，毒物を含んだ廃棄物，化学産業や人間遺伝学の実験装置の危険もまた，この類型に属している。

最後に第三のリスクは，大量破壊兵器の危険であり，「東西対立の終焉後においても，核兵器や化学兵器や生物兵器による地域的な，あるいはグローバルな自己破壊の危険は決してなくなることはなく，むしろ，反対に超大国のにらみ合い状態という制御構造によって捉えきれないものになってい」る。また，「将来的には大量破壊兵器の，国家による軍事的な利用だけでなく，その私的な利用が可能になり，それにより（政治的な）脅威を与える力を個人が手にすることが，世界リスク社会の新種の危険となる可能性を，しだいに排除できなくなって」きている。

このようにみると今日の社会はリスク社会であるが，そのリスクは社会の外部からくるものであるというよりも，近代社会が獲得するに至った自然支配や生命改変の能力そのものが原因となった「リスク」である。それゆえ，こうした近代社会の「リスク」はきわめて近代的な概念であり，古来より人類を不安にさらしてきた自然の脅威や野生動物の危害という意味での「危険」とは異なる。

ベックの定義によると，「リスクとは，人間がおこなう行為の未来における帰結，徹底した近代化のさまざまな意図せざる結果を予見し，コントロールしていくモダンのアプローチのことである」（Beck 2007＝2014：5）。例えば保険を考えると分かりやすいように，リスクは，予測しがたい未来の出来事につい

て，その確率の計算を基盤として予測し，望ましい結果をもたらすべく意思決定を行うという，近代的な態度に基づいている。しかしながら，留意すべきは，今日における「世界リスク社会」では，こうしたコントロール可能性や予測可能性が効力を失い，空間的・時間的に境がないグローバルなリスクにさらされているということである。つまり今日の社会におけるリスクは，「予見できるリスクの代わりに制御するのが困難な危険が支配する世界をもたら」しているのである（Beck 2002＝2010：109）。

　　　リスクがコントロールを促していくのだから，リスクが増大すればするほど，コントロール可能性の必要もますます増大すると信じている人たちがいる。しかしながら，〈世界リスク社会〉という概念は，われわれみずからがつくりだしてしまった危険の限定的なコントロール可能性に目を向けていくのである。肝心なのは，産業の不確実性という状況，知的な基盤が不完全なものにとどまっているだけではなく，より多くのより優れた知識がより不確実なものを意味することが多いこの状況のなかで，どのようにして決定をおこなっていくことができるのかという問題なのである（Beck 2007＝2014： 9 -10）。

　このように「世界リスク社会」は，性別や人種あるいは地位に関係なく，あらゆる人々を予測困難なリスクにさらしており，「リスクの共通性」を生み出している。こうした近代社会ではリスクの前で人々は平等であり，共通のリスクに対する「不安」が連帯を可能にする紐帯となっているのである。

近代におけるコスモポリタン化がもたらすグローバルな連帯

　さて，ベックの区別に従えば，近代社会は，伝統的社会や前近代社会と区別しうるが，近代そのものも「第一の近代」と「第二の近代」とに区別することができる。第二の近代とは，第一の近代がもたらした必然的帰結がより徹底化し，時間的・空間的に普遍化していく段階である。

　より詳しくみると，第一の近代は，科学が発達していくプロセスであり，科

学によって定義された合理性のコントロールのもとに，自然を支配し，計算不可能な脅威を計算可能なリスクに転換していく近代化の段階である。第一の近代において個人は，伝統的な規範や強制から解き放たれる一方で，近代社会の諸制度（労働市場・国民国家・教育システム・法システムなど）に組み込まれ，この新たな枠組みのなかで長期的な計画を立て，リスクを見極めつつ，自己決定を行うよう強制される。こうして国民国家の諸制度に制約づけられつつも，個人が自由に自己決定を行っていくことを，ベックは第一の近代における「個人化」と呼ぶ。この段階では国民国家としての福祉国家が，自己決定を行う個人を制度的に保障し，保護していたのである。

　次に第二の近代は，エコロジーの問題がグローバル化する20世紀後半に始まるが，この段階に至ると福祉国家の保障システムは浸食され，無効となる。化学，エコロジーそして遺伝子工学の危険といったグローバルなリスクは，第一の近代のリスクとは異なり，国民国家の境界を越え，保険の制限を越えていく。リスク社会は「世界リスク社会」に変容するのである。

　このように，第一の近代における産業社会がもたらした生態系の危機は，環境問題であるばかりか，第一の近代において発達した福祉国家としての国民国家の根本をゆるがすような制度的な危機でもある（Beck 2002＝2010：101-102）。それゆえ，ここから「近代への反省」が遂行されると同時に，グローバルな挑戦が生まれ，コスモポリタン化が加速するようになるのである。

　したがってコスモポリタン化とは，「ローカル・レベルにおける生活世界に属している個人だろうと，集団だろうと，トランスナショナルな，つまりは国民国家の国境をこえ，主権性の枠組みをこえた社会的な制度や慣習に否応なしに巻き込んでいく」（Beck 2007＝2014：280）グローカリゼーションのプロセスであるということができる。コスモポリタン化はそれゆえ，個人をリスクから守る防波堤となっていた国民国家の弱体化をもたらす危機である一方，グローバルな連帯を創り出すチャンスでもあると言えよう（伊藤 2017：201-202）。

　以上でみてきたように，気候変動をはじめとするグローバルなリスクは，共通のリスクに対する「不安」を生み出し，その不安を共有することがグローバルな連帯を生み出す。世界リスク社会とは，万人が共通のリスクにさらされ，

貧富の差とは関係なく脆弱性の問題に向き合わざるを得ないような，連帯責任の社会のことである。それゆえ，「誰一人取り残さない」というSDGsの核となる精神をここで想い起こすならば，「排除」か「連帯」かという分断を越え，相手をパートナーとして認めうるか否かという点こそが肝要な問題になるのである。

3　包摂とは何か

SDGsにおける包摂の意味

　これまでみてきたように，連帯なしに持続可能な発展（開発）は不可能であり，地球規模で拡大するリスクへの不安という共有意識はグローバルな連帯を促進する可能性を秘めている。とりわけ，地球環境問題の深刻さが20世紀後半から21世紀にかけて認識され，国際社会の共通課題が噴出するにつれ，不安の共有化が進行している。そしてこうした不安から，近年共通のスローガンとなっているのが「持続可能な発展」という言葉であり，これを核として経済的，環境的および社会的要素の統合が目指されている。

　「持続可能な発展」という概念で目指されている発展とは，「経済」・「環境」・「社会」の「調和的な発展」である。その際に重要なことは，「経済の維持・発展を〈環境〉と〈社会〉の二つの座標軸において調整すること，すなわち経済的発展を〈環境的適正〉と〈社会的公正〉において調整していく」ということである（国學院大學研究開発推進センター編 2017：253）。SDGsは，こうした調和的な発展を重視し，地球市民社会の形成を促す流れのなかで2016年からスタートしたのである。

　さて，SDGsにみられる連帯の精神を考えるに際しては，まず，2030アジェンダの本文に40回出てくる inclusive という概念が注目に値する。17あるSDGsのうち，目標4，8，9，11，16の5つの目標本文で使われており，目標16では2回も登場している。inclusive は「包摂的な」を意味する言葉であり，「社会的包摂（Social Inclusion）」という言葉が用いられる場合には，排除のリスクを抱えた人々をいかにして社会的に包摂し，これらの人々の「潜在能

第Ⅱ部　社　会

力」を引き出すのかということが課題となる。それゆえ「連帯」という語と「包摂」という語は高い親和性を示していると言えよう。

　例えば目標 4 は、「すべての人々への，包摂的かつ公正な質の高い教育を提供し，生涯学習の機会を促進する」と訳されている。inclusive という概念は，それゆえ換言すれば，「全体を包み込む」という事態を表しており，その対になる言葉は，「排他的な」を意味する exclusive である。このことからinclusive というキーワードは，non-exclusive，つまり「誰も排除しない」という理念を含意しており，脆弱で，弱い立場にある人々が，社会の様々なシステムから排除され，貧困の負のスパイラルに陥らないことを目指すものである。

　例えば，十分な「金銭」がない者は，医療サービスへのアクセスが制限され，平均的な「健康」のレベルを維持することは難しい。また健康でない者が職をみつけ，「金銭」という収入源を確保するということには通常以上の困難が伴い，医療システムのみならず経済システムからも「排除」されるという「排除の連鎖」が生じることになる。医療や経済のシステムそしてまた教育システムは，人々を社会へと「包摂」し，統合していくうえで要となるシステムであるが，それらにはそれらがシステムであるがゆえに内在せざるを得ないアクセスへの条件や制約をもつ。[2] 例えば充分な収入や一定レベル以上の母国語能力といったものがそれであり，そしてとりわけこうした条件や制約が「不公正」である場合には「排除」が社会問題となり，支援の対象となるのである。

　つまり SDGs の連帯の精神は，連帯が「包摂」であるがゆえに抱え込まざるを得ない，包摂から取り残される部分の「排除」という根深い問題への反省を抜きにしては実現不可能なのである。

地域社会の住民の主体性を尊重した開発のあり方

　このように，世界の未来像を描く SDGs にはネガティブなイメージを喚起する言葉が使用されていないが，その精神に基づいた未来の「連帯」のあり方を展望するためには，その背景にある「連帯」の負の側面や歴史にも眼差しを向ける必要があろう。「誰一人取り残さない」というアジェンダの精神と両立可

能な「連帯」とはどのようなものであるべきなのか，「排除」のない連帯は可能なのか，こうした問題に以下では議論を進めていくことにする。

　さて，脆弱で，弱い立場にある人々の「排除」を問題視し，貧困を「個人の自由な選択の結果」と考えず，むしろ「社会的公正」や人権問題として考えようとする問題意識の高まりは，発展途上国における貧困問題や，とりわけ第二次世界大戦後のポストコロニアル開発援助への不満の高まりと切り離せない現象である。貧困を人権問題として，換言すれば，「権利の剥奪」として捉えるということは，貧困を個人だけの責任にせず，教育や医療，意思決定への参加といった権利の軽視の結果として理解することを意味する。それゆえ貧困問題においては，人々を権利の主体と位置づけることになり，主体的に目標を設定し，行動する能力である「エージェンシー」の阻害要因をなくし，尊厳ある生活の条件を社会的連帯によって実現することが大切な課題となるのである。

　しかしながら，これに対して，従来のポストコロニアル開発援助の問題は，まさにこうした援助によって，発展途上国の「エージェンシー」を喪失させ，剥奪した点にあると言われることがある。

　　近年，開発援助の領域では，途上国の〈貧困〉が先進国および国際組織が蓄積した開発の専門知によってのみ解決可能な問題として構成され，それによって，対象地域の社会の政治的エージェンシーが剥奪される現象が指摘されてきた。こうした現象は，貧困あるいは開発の「脱政治化」（depoliticization）と呼ばれる。1960年代，長年の闘争の末，脱植民地化により主権を獲得したはずの旧植民地の市民が，開発援助によって政治的エージェンシーを喪失しているとすれば，脱植民地化の意味は今一度，再検討されるべきであろう（五十嵐 2014：271）。

　ちなみに，いまから一世紀ほど前には，例えばイギリス帝国の「植民地には資本主義の発展に伴う近代的な貧困がほとんど存在しないと考えられていた」（五十嵐 2014：271）。それゆえ「後に開発援助が問題にするような〈貧困〉もなければ，それに対する〈開発政策〉も〈専門家〉も存在しなかった」（五十嵐

第Ⅱ部　社　会

2014：271-272）のである。「貧困」がアフリカのイギリス植民地で発見され，「開発」計画が構想されたのは，1930年代であった。というのもその頃，植民地統治は，植民地官僚による統治から，「専門家が開発対象の地域を調査・分析し，社会改良政策を立案・実施する，という構造へと徐々に変化していった」からである。これにより，貧困は怠惰といった単なる個人の道徳的問題ではなく，衛生状態や労働環境などを含めた社会構造的問題であることが明らかとなった。そしてこのとき，「それまで存在していなかった貧困が植民地において〈発見〉されたのである」（五十嵐 2014：272）。

　このように脱植民地化を推し進めたポストコロニアルの「開発」計画は，植民地時代の権力構図の拡大をもたらしたにすぎなかった。発展途上国はこの「開発」計画においても「政治的エージェンシー」，すなわち「政治的自己決定能力」を自らのものにすることはできなかったのである。こうして発展途上国は，1971年以降，国際経済システムにおいて経済的な自己決定能力を確保しない限り，「政治的自己決定能力」もまた獲得し得ない，ということを認識し始めたのである（Khoo 2015：282）。

発展の権利と生の保障

　こうした反省のもと，1972年にセネガルの裁判官であるケバエムバイは，「発展の権利」という概念を明確化し，「発展」を国連の新たな人権アジェンダと関連づけた（Khoo 2015：282）。また1974年には，国連資源特別総会において，発展途上国グループであるG 77の主導のもと「新国際経済秩序宣言」が可決され，NIEO（新国際経済秩序）が構想された。

　NIEO の構想は，資源ナショナリズムの考え方に基づき，「援助よりも公正な貿易の拡大」を実現しようとしたものであり，国際経済全般にわたる発展途上国の自立的な経済建設を目標とする変革案であった。しかしながら NIEO の採択を頂点として，発展途上国同士の間にも貧富の格差による亀裂が生じ，発展途上国側の発言力は低下していったのである。

　こうしてようやく1986年に，「発展の権利に関する宣言」が国連総会において採択され，「連帯」を理念としつつ，「この権利のもとに，それぞれの個人と

108

第**6**章　包摂的連帯と SDGs

すべての人民は経済的，社会的，文化的，政治的発展に参加し，それに貢献し，かつそれを享受する権利を有する」ことが宣言された。「発展の権利」は，その後，持続可能な開発のための2030アジェンダにも大きな影響を与え，国連サミットの成果のなかにおいても取り上げられるようになるのである。[3]

　以上のように，従来のポストコロニアルの「開発」計画では，援助者と被援助者との関係は平等なものではなく，「エージェンシー」としての自由を尊重するような公正な連帯の実現には至らなかった。貧困問題と開発政策のための連帯は，依然として先進国側の意図や国家ヘゲモニーを反映しており，発展途上国をグローバルな公共領域から「排除」することにつながるような新帝国主義的な価値に根差していたのである。

　それゆえ，今日求められている「誰一人取り残さない」という連帯は，むしろ「人々の平等な生の保障」という共通価値を目標とすべきであり，貧困と排除の政治を可能な限り防止しようとする「包摂性」こそが2030アジェンダの求める連帯のあり方である。排除の政治において，経済的に排除される脆弱な人々は，収入を失うことになるだけでなく，社会の様々なシステムから排除され，自尊心を失い，政治的無力に追い詰められていく。したがって，このような負のスパイラルを断ち切るためには，経済的に排除された人々を再び包摂し直し，「エージェンシー」としての主体的な行動力を発揮させることこそが重要なのである。

　以上のように，連帯が実現しようとする「生の保障」は，経済的な「再―包摂（re-inclusion）」を可能とする共通価値と言え，連帯のあり方を考察することにおいて重要な意味をもっている。「発展の権利」があらゆる個人や社会が共有する権利であるとするならば，「生の保障」はそうした権利主体が能動力を発揮し，自由を享受するための条件であると言えよう。

4　人間の安全保障と持続可能な発展

人間の安全保障は「人間的発展」の概念に立脚する

　前節でみてきたように，SDGs のスローガンになっている「誰一人取り残さ

第Ⅱ部 社　会

ない」という連帯は，世界リスク社会においては，貧しい国々における「発展」だけでなく，世界のあらゆる人々の「発展」を目標としている。世界リスク社会では，誰もがある日突然訪れる突発的な危機や困窮状態を想定し，リスクを逃れるために必要な「生の保障」を必要としているからである。「発展」は今日，単に経済的な成長を目標とするだけでない。さらに，アマルティア・センも述べているように，「発展への挑戦的課題には，ある地域でつねに起こっている慢性的貧困による権利の剝奪を排除することと，突然起こりうる突発的な極度の困窮状態を防止することの両方が含まれ」（セン 2002：37）ているのである。

　このように今日では，共通のリスクに対する「不安」が連帯を生む力となっている一方で，こうした「不安」が，脆弱な人々に集中する危険性や，偏狭な一国主義や過激な排外主義を助長する危険性も存在している。それゆえ我々のみるところ，「不安」による連帯を「持続可能な真の連帯」へと転換するためには，将来の共通のリスクを認識しつつも，人間の「不安」に配慮する「生の保障」を拡充し，人間の生にとってかけがえのない中枢部分を守ることで，あらゆる人の自由と可能性の実現を目指す「人間の安全保障」の考え方を重視しなければならないと言えよう。

　人間の安全保障は，センによると，人間の尊厳を脅かすあらゆる種類の脅威や不安を包括的に捉え，これらに対する取り組みを強化するという考え方である。そしてまた，「人間の生存や日々の生活の安全を脅かす不安，あるいは人が生まれもった尊厳を危うくし，病気や社会の害悪によって不安定な状況にさらす危険，さらに無防備な人々が不況のせいで突如として貧困生活を強いられる状況」（セン 2006：38）に関心を向け，「人間的発展」や「人権」といった人間を中心に考える概念と「持続可能な発展」とを関連づけようとする考え方である。

　「人間的発展」とは，人間としての自由を高め，潜在能力を活用できるようにしていくことである。こうした人間中心型の発展概念は，人々を能動的な権利の主体と位置づけ，尊厳ある生活の条件を「連帯」によって実現することを課題としており，センは「人間的発展」と「人間の安全保障」との関係を「教

育」を例にとってこう詳述している。

　「人間的発展」の概念は，GNP（国民総生産）を基準に発展のプロセスを理解するのではなく，人間の自由と「潜在能力」を全般的に高めることに焦点を絞るべきだ，とする考え方です。当然のことながらここでは，「人間的発展」に欠かせない要素として，基礎教育に中心的な役割が与えられています。私がマーブブル・ハクのために作成した「人間的発展指標」は，識字力と学校教育を，人間の潜在能力を増大させるための中心的存在として，また「人間的発展」の総合的な指標に不可欠なものとしています。こうした考え方は，マーブブル・ハクをはじめとする人びとが，グローバルな対話のなかで確立してきました。そして，「人間の安全保障」にとって教育が必要であることを理解するには，この点を踏まえておかなければなりません。「人間の安全保障」は，人間の潜在能力を守るのに欠かせない要素です。
　そのため，広い意味で「人間的発展」に含まれる様々な目標のうち，「不利益をこうむるリスク」の排除に教育が貢献できる度合いにも，「人間の安全保障」は直接かかわっています。したがって，「人間の安全保障」は，「人間的発展」の概念のうえに立脚し，その広い視野と展望をうまく取り入れているのです（セン 2006：25）。

セキュリティの根源的な意味

　さて，ここで一つ確認しておきたいのは，security としての「保障」の根源的な意味である。「安全の語源（ラテン語）は，〈心配・不安〉（cura）が〈ない〉（se）という生のあり方を指している」。つまりそれは，「他者からの暴力であれ，生命の必要であれ，生命／存在への根本的な不安にとらわれることなく生きることができるという状態をこの言葉は意味している」（齋藤 2004：273）のである。それゆえセン自身も「人間の安全保障」と「国家の安全保障」とを区別し，それらの違いに注意を促している。

第Ⅱ部　社　会

　「人間の安全保障」は，人間の生活を脅かすさまざまな不安を減らし，可能であればそれらを排除することを目的としています。この考え方は，国家の安全保障の概念とは対照的です。国家の安全保障は，何よりも国家を安泰に強固なものにたもつことに重点をおいて，そこで暮らす人びとの安全には間接的にしかかかわりません（セン 2006：36）。

　したがって，本項でもセキュリティを「生の保障」という意味で捉え，こうした広い意味でのセキュリティを自由の条件として位置づけたセンの「人間の安全保障」の観点から，SDGs における「持続可能な発展」のあり方や意義を考察しておこう。

　周知のように，「持続可能な発展」についての最も知られている定義は，1987年に国連「環境と開発に関する世界委員会」（ブルントラント委員会）が公表した最終報告書に依拠している。それによると「持続可能な発展」とは，「将来の世代のニーズを満たす能力を損なうことなく，今日の世代のニーズを満たすような発展」のことである。

　センはこうした考え方が現代において脚光を浴びはじめたことに賛意を示しながらも，同時にその定義にみられる人間観の一面性を指摘する。彼によると，人間はたしかに「ニーズ」をもち，それを充たそうとする存在であるが，同時に行動し参加する能力を大切にする存在でもある。このことからセンが強調しようとするのは，人間は単に，「要求〔ニーズ〕に目を向けてもらおうとしている〈受益者〉（ペイシャント）というだけではなく，〈行為者〉（エージェント）でもある」（セン 2006：183）という点である。それゆえ人間にとって，「何を重んじ，それをどう追求するかを決める私たちの自由は，要求〔ニーズ〕を満たすこと以上にずっと大きな意味をもちうる」（セン 2006：183）のである。このことから彼に言わせれば，環境問題の優先事項は，我々の「自由」をどれくらい持続させるのかという観点からも検討されねばならず，「持続可能な発展」においては「自由」が決定的な意味をもつことになるのである。

　「未来世代」が現在と同等あるいはそれ以上に自由を手にできる「能力を

損なうことなく」，現在世代の人びとの実質的な自由を守り，可能であれ
ばそれを拡充することに，私たちは関心をいだくべきではないでしょう
か？「自由な状態としての発展」をめざす一般的なアプローチの一環とし
て，「持続可能な自由」に注目することは，概念として重要であるだけで
なく，現実問題としても具体的に意味のあるものになるでしょう（セン
2006：184）。

自由の拡大としての発展

　センの考えによれば発展は，所得や富を増やすことではなく，人々の本質的
自由の拡大プロセスとして理解されるべきものである。所得や富の増加は自由
を拡大する手段としては重要ではあるが，それ自体が目的とされるべきもので
はない。例えば，障害者と健常者が同じ所得を得ているとしても，健常者がそ
れを用いてなしうる多くのことを障害者はなしえず，より多くの所得を必要と
する。障害者は，所得や財産を同じだけ所有している健常者とくらべた場合，
実際にまったく同じ機会に恵まれているとは言えないのである。しかしながら，
もっぱら所得や富についての平等のみが重視され。「機会」としての自由の意
義が看過されるならば，障害者たちは暗黙のうちに排除されることになるであ
ろう。

　このことから，センの「潜在能力」アプローチは，人が扱える手段ではなく，
その人に現実に与えられている「機会」としての自由に焦点を当てる。潜在能
力とは，各個人にとって，栄養が取られる，教育を受けられる，社会活動に参
加できる，などの実行可能な「機能（functioning）」の集合である。このような
潜在能力に着目することによってセンは，福祉，平等，貧困，持続可能な発展
の問題などを「不自由の主要原因の除去」の問題として捉え直す。そして結局
のところ，「潜在能力」の拡大こそが「発展の究極的目標」であり，それは同
時に自由の拡大を意味するのだと主張するのである。

第Ⅱ部　社　　会

5　日本における人間の安全保障

　SDGs は，2030年までに，17の目標の実現によって「誰も取り残されない社会」を創ることを目指しており，その理念は人間の安全保障の考え方と重なり合う。「人間の安全保障の概念は，一人一人が尊厳をもって生きる権利を有する世界をつくるという持続可能な開発目標の根幹」である。したがってこの概念をもとに，社会のあらゆる制度の価値は，それらがあらゆる個人の「潜在能力」の拡大を促進するものであるか否かによって判定することができるのであり，もしこうした制度や支援の仕組みの不十分さゆえに，取り残された人が存在するならば，その改善へ向けての主体的な行動，すなわちエージェンシーが「発展」そのものの主要なエレメントとなるのである。

　もちろん，「発展」のための開発援助においては，その援助のプロセスにおいては「地域社会が育んできた文化や価値観を〈遅れたもの〉として抑圧し，援助者側の〈近代的〉な価値観を押しつける可能性」があり，トップダウン式ではなく，「地域社会に生きる多様な人びとの文化や価値観をふまえた〈発展〉のありかたを考えることが重要であろう」（内藤・山北編 2014：18）。「発展」とは根本においては必ずしも自明なものではなく，その促進において目標となるような「価値あるもの」とは何かという問題に立ち返りつつ，文化的多様性を尊重し，多様な人々の価値観をふまえた「発展」のあり方を模索していくことが重要である。

　また，こうした取り組みにおいて看過されてならないのは，「SDGs は開発途上国だけでなく先進国の課題も含み，つまり日本自身の課題でもあること，また，SDGs は一人ひとりの視点から自分自身や社会・地球を見つめ直すもので，SDGs の真の意味は各人の尊厳の確保を目指す点にある」という意識である。つまり SDGs は，発展途上国の支援だけを課題としているだけでなく，自国や各地域の課題でもある。

　このことから，例えば日本では NPO 法人「人間の安全保障」フォーラムが中心となって，「誰がどこにどう取り残されているか」を可視化するために

第**6**章　包摂的連帯と SDGs

「日本の人間安全保障指標（Human Security Indicator of Japan）」を作成し，発表している。⁽⁶⁾「人間の安全保障」フォーラムは，各界の専門家の協力のもと，子ども，女性，若者，高齢者，障害者，被災者などの抱える課題，実態を可視化するために2018年1月から「日本の人間の安全保障指標」の作成に取り組んでおり，指標データから地域ごとの課題を可視化している。

「誰も取り残されない」社会が実現されるためには，単に所得が保障されているだけでなく，一人ひとりが連帯と自助に基づき「自分にとって価値あるもの」を発見し，その価値への視点や関心を他者と共有することが必要であろう。そしてもし，他者との結びつきに困難を感じている人がいるならば，その障害を取り除く支援の仕組みを共に検討していくことが「潜在能力」の拡大につながるのである。

【付記】

　本章は，筆者の「SDGsと連帯──「誰も取り残されない」社会の実現に向けて」『神戸国際大学経済文化研究所年報』第31号，2022年，45-58頁に新たな資料を用いて加筆修正したものである。

注

(1)　UNESDOC Digital Library「グローバルエデュケーションモニタリングレポート概要2020　インクルージョンと教育」（https://unesdoc.unesco.org/ark:/48223/pf0000373721_jpn）（2023年3月2日閲覧）。

(2)　例えば難民認定という言葉が示しているように，制度が定める枠内で難民に認定されるということは「選別されること」であり，その背後には難民とすら認められない「目に見えない」人が存在するのである。難民とは出身国で居場所を失い，排除された人をさすが，そうした難民を受け入れるという包摂のあり方が，「囲い込む」というかたちでの新たな排除を生み出すこともある（内藤・山北編 2014：162-163, 171-172）。

(3)　国際連合広報センター「発展の権利」（https://www.unic.or.jp/activities/humanrights/promotion_protection/development/）（2021年11月25日閲覧）。

(4)　JICA緒方貞子平和開発研究所ナレッジフォーラム「人間の安全保障指標で課題を可視化し一人一人が尊厳を持てる世界を──ナレッジフォーラム第7回開催」（https://www.jica.go.jp/jica-ri/ja/news/topics/20210331_01.html）（2021年11月25

第Ⅱ部　社　会

日閲覧）。

(5)　JICA 緒方貞子平和開発研究所ナレッジフォーラム（https://www.jica.go.jp/jica-ri/ja/news/topics/20210331_01.html）（2021年11月25日閲覧）。

(6)　NPO 法人「人間の安全保障」フォーラム（Human Security Forum: HSF）「〈日本の人間の安全保障〉指標 2018」（https://www.hsf.jp/）（2021年11月30日閲覧）。

参考文献

【センの著作】

セン，アマルティア／大石リラ訳（2002）『貧困の克服──アジア発展の鍵は何か』集英社。

セン，アマルティア／東郷えりか訳（2006）『人間の安全保障』集英社。

Sen, Amartya（1981）*Poverty and Famines: An Essay on Entitlement and Deprivation*, Clarendon Press, Oxford University Press, Oxford New York.（＝黒崎卓・山崎幸治訳，2017，『貧困と飢餓』岩波書店。）

Sen, Amartya（1999）*Development as Freedom,* Oxford University Press, New York.（＝石塚雅彦訳，2000，『自由と経済開発』日本経済新聞社。）

【ベックの著作】

ベック，ウルリッヒ・鈴木宗徳・伊藤美登里編（2011）『リスク化する日本社会──ウルリッヒ・ベックとの対話』岩波書店。

Beck, Ulrich（1986）*Risikogesellschaft. Auf dem Weg in eine andere Moderne*, Suhrkamp, Frakfurt am Main.（＝東簾・伊藤美登里訳，1998，『危険社会──新しい近代への道』［叢書・ウニベルシタス609］法政大学出版局。）

Beck, Ulrich（2002）*Das Schweigen der Wörter. Über Terror und Krieg*, Suhrkamp, Frankfurt am Main.（＝島村賢一訳，2010，『世界リスク社会論──テロ，戦争，自然破壊』筑摩書房，101〜102頁・105頁・110頁。）

Beck, Ulrich（2007）*Weltrisikogesellschaft. Auf der Suche nach der verlorenen Sicherheit*, Suhrkamp, Frankfurt am Main.（＝山本啓訳，2014，『世界リスク社会』［叢書・ウニベルシタス1004］法政大学出版局，5頁・9〜10頁・280頁。）

Beck, Ulrich（2016）*Die Metamorphose der Welt*. Aus dem Englischen von Frank Jakubzik, Suhrkamp, Berlin.（＝枝廣淳子・中小路佳代子訳，2017，『変態する世界』岩波書店。）

第**6**章　包摂的連帯と SDGs

【セン・ベック以外の著作】

五十嵐道（2014）「植民地統治における開発への思想的転換――貧困の発見と革新主義」『日本政治學會年報政治學』（日本政治学会），65(2)，271-290頁。

伊藤美登里（2017）『ウルリッヒ・ベックの社会理論――リスク社会を生きるということ』勁草書房。

NPO 法人「人間の安全保障」フォーラム編，高須幸雄編著（2019）『全国データ SDGs と日本――誰も取り残されないための人間の安全保障指標』明石書店。

蟹江憲史（2020）『SDGs（持続可能な開発目標）』中央公論社。

國學院大學研究開発推進センター編，古沢広祐責任編集（2017）『共存学 4 ――多文化世界の可能性』弘文堂。

齋藤純一（2004）『福祉国家／社会的連帯の理由』ミネルヴァ書房。

鈴村興太郎・後藤玲子（2002）『アマルティア・セン――経済学と倫理学』（改装新版）実教出版。

内藤直樹・山北輝祐編（2014）『社会的包摂／排除の人類学――開発・難民・福祉』昭和堂。

西迫大祐（2018）『感染症と法の社会史――病がつくる社会』新曜社。

馬渕浩二（2021）『連帯論――分かち合いの論理と倫理』筑摩書房。

宮田晃碩（2018）「約束の意味と主体の生成――ハンナ・アーレントにおける「現れ」の行為論から」『超域文化科学紀要』23，77-98頁。

Kawachi, Ichiro / Kennedy, Bruce P.（2006）*The health of nations : why inequality is harmful to your health*, New Press, New York.（＝西信雄・高尾総司・中山健夫監訳，2004，『不平等が健康を損なう』日本評論社。）

Khoo, Su-Ming（2015）Solidarity and the Encapsulated and Divided Histories of Health and Human Rights. In: *Laws* 4 (2), pp.272-295.（https://www.mdpi.com/2075-471X/4/2/272）（2021年11月 1 日閲覧）.

Brunkhorst, Hauke（2002）*Solidarität : Von der Bürgerfreundschaft zur globalen Rechtsgenossenschaft*, Frankfurt, Suhrkamp（stw）.

第7章
「人間の安全保障」と SDGs
――世界の持続可能な成長と国連の知的貢献――

遠藤雅己

1　人類の知的成長の場としての国連

国連の人類成長への役割

　国際連合と加盟国が，現在 SDGs（持続可能な成長目標）として提起している人類の達成目標は，これまで国際連合が目指してきた「世界の秩序と構造」の構築，発展，維持にとって実現しなければならない目的群である。

　一方国連の決定過程は，その発足以来，加盟諸国がその強弱はあるとしても，自国の国益とその正当性を追求する磁場ともなってきたために，SDGs に集約された平和や安全という人類の共通利益が完全には受け入れられ，国連行動計画に十分に活かされてこなかったと言われている。国連安全保障理事会における，世界の平和安定に関する不十分な決議（あるいは非決定）を見れば，国連が平和や安全の維持のための効果的対応をしてこなかったのではないかという批判が存在することは理解できる。

　このような国連の現実世界での機能不全に対する批判に対して，国連を「権力（加盟国の国益）政治の場」としてではなく，「人類の知的発展の磁場」（「将来世界への知的蓄積」「危機的地球環境への科学的合理的行動を提言し，世界市民が承認する集中的場」）として捉え直そうとする視点がある。この国連の役割は，発足当初から国連の「知的発展の貢献（Evolution in Knowledge）」として公認されており，また「知的発展とその情報の蓄積，さらに公開」する重要な機能として認識されてきた。[1]

119

第Ⅱ部　社　　会

人類の知的蓄積の場としての国連

　国連（事務局）によって記録された議事録，事務総長や委員会（調査）報告書，その他の国連文書（アーカイブズ）として蓄積され，広く公開されてきた。特に情報（データ）の提供と分析は，IT革命の中で真偽のわからない情報が社会に瞬時に拡散し，自分に都合の悪い情報を「フェイク」と決めつけるような情報政治が広範な社会現象となっていることから，世界を知るための信頼しうる情報源として重要となっている。無論，国連が挙げる情報でも，自国や自分に都合が悪ければ，「フェイク」と主張し続ける権力者や報道機関は存在するが，今のところ国連情報の信憑性は，懐疑論によって脅かされているとはいえない。懐疑論者よりはるかに多くの世界市民が，国連情報やその科学的分析や提言を，より現実に近く公正なものとして受け入れているからである。それが国連の「人類の知的成長」と「知識の磁場」としての役割なのである。このような国連の役割に関する知識社会学あるいは知的発展史的アプローチは，最近では世界情勢の推移（時系列）に対応して国連文書を分析批判する「国連知識発展（知的蓄積）史（United Nations Intellectual History）」として順次研究が報告されている。[2]

　SDGsの形成も，達成目標設定の正当性や効果合理性といった政策論的視点から見るだけでなく，「知的磁場」としての国連の知的発展過程の中に位置づけることで，その世界への貢献の全体像が見いだせると考える。この章は，「国連知識発展史」の過程と視点からSDGsを考察しようとする試みである。その際，国連の最近の最大の知的貢献である「人間の安全保障」と「人間開発」概念形成との関係に重点を置いて論じる。

2　国連にとってのSDGs

ミレニアム開発目標

　SDGs（Sustainable Development Goals：「持続可能な開発目標」）は，2015年の国際連合総会で加盟国135カ国の賛同によって採択され，2030年を目指して人類が達成しようとする国連（および加盟国）そして世界市民の目標群である。

第7章 「人間の安全保障」とSDGs

SDGsは、「貧困や飢餓の撲滅」に始まり「平和と公正な世界の形成」や「そのような世界を構築するためのグローバル・パートナーシップ」に至る17目標（goals）が掲げられ、その目標が実現しようとする世界の形成に必要な169の到達目標（target）が指定されている。経済、社会、地球環境の三分類を統合的な目的としてとらえている[3]。

　その多くは国連が、すでに取り組んできた安全保障や人権や平等という国際社会問題であり、また経済発展の不均衡や社会（人間）開発の不備を是正するための目標である。これらの達成目標に1992年のリオ・サミットの環境達成目的を加え、すべてを経済・社会開発（国連開発計画）の目標を統合して、2000年の「ミレニアム開発目標（MDGs）」として発信した。

　しかし、近年のSDGsの関係する広範な議論では、人間社会の持続的成長を担保するだけでなく、人類の生存可能性を確保する目標が強調され、地球環境の悪化や限りある資源の枯渇に関わる諸問題（地球温暖化や気候変動問題、海洋・陸域の資源エネルギーの保全、生態系の保護などの環境にかかわる問題）が主要な解決目標になっているように見える。しかし、当然ながら自然環境の独立した変数ではない。環境問題とは、自然環境への人間社会の取り組みと相関が、どのような結果を社会生活に与えるかの問題なのである。したがって国連は、直面する地球環境の問題を、「社会経済開発」や「人間開発」の問題とを統合する必要があった。

開発と環境

　1980年代に至る国連は、「冷戦」や「南北問題」に代表される現実政治に直面し、その多くは充分に解決できなかったと言われている。しかし、第二次世界大戦後世界が直面してきた平和（冷戦対立を核戦争を含む熱戦にエスカレートさせないこと、国際法の実体化）、社会（人権、教育、福祉、ジェンダー平等など）、経済（人口、飢餓、開発と経済格差の是正）の諸問題に取り組み一定の成果を上げてきたことは事実である。特に「冷戦」が終焉すると、主に「第三世界」からの南北問題と経済発展への広範な国連批判が鳴りを潜めた時期でもあったから、1992年の「リオ・地球サミット（環境と開発に関する国連会議）」に見られるよう

121

第Ⅱ部 社 会

に，環境問題と経済開発こそ21世紀に向かっての国連の解決すべき課題であることが認識されたが，それと経済開発計画と統合されることには困難が伴った。

「環境問題の現実」は，政治経済体制や経済力そして経済開発戦略の違いとは関係なく，全地球にとって一律に危機的であったから，国際世論が肯定的である以上，各国政府がこれを否定的にとらえることはなかった。このサミットで提案された「21世紀に向けて人類が取り組むべき課題（「アジェンダ21」）」は，早急の達成が困難視される平和や人権や平等の目標と比べて，より早く達成されるべき目標として広く受け入れられた。しかし，このリオ・サミットの地球環境への関心の高さの背後では，各アジェンダを受け入れられる経済的にすでに発展している国家と，経済発展を優先すれば主要な達成目標を受け入れられない発展途上国の対立が解消していなかった。また経済的グローバリゼーションの中での，新しい国連開発計画の枠組みや役割の検討は十分ではなかったと言われる。

しかし「アジェンダ21」は，抽象的な文言の宣言ではなく，「適切な労働条件と雇用の促進」「適切な経済成長促進や産業化促進のための発展途上国支援」「持続可能な生産と消費」「平等で適切なエネルギーの提供」「都市居住環境の改善」「持続可能な海洋資源開発と保全」「持続可能な森林資源，生物多様性の維持」「持続可能な開発に必要な平和で秩序ある社会の形成維持」「気候変動への緊急行動」，その他具体的な達成目標を列記したものである。

それ以降，2000年の国連ミレニアム総会で宣言された「ミレニアム開発目標MDGs」でも2015年までに達成されるべき8目標とより具体的な21の達成目標を挙げている。しかし主なものは，「飢餓や貧困撲滅」「初等教育の普及」「児童死亡率削減」など主に経済的手段による開発目標を列挙し，「ジェンダー平等」などを付け加えたが，「アジェンダ21」に挙げられた環境目標を補完するためには「自然環境の存在可能」の確保を挙げている。ただこれらの8目標は2015年までに達成すべきと期限をつけている。そのような国連の達成目標の設定は，MDGs の達成期限であった2015年に SDGs として，リオやミレニアムで掲げられた目標を補完し，新しく必要とされた達成目標を加え，経済的・社会的，環境（biospher）目標の相互関係を整理し，2030年までの具体的な達成

122

第**7**章 「人間の安全保障」とSDGs

目標（ターゲット）を付して設定したものがSDGsだと言えよう（安藤 2019：28-30の表）。

3　国連における環境問題の知的受容

環境危機の世界化

　環境と開発（産業化）の関係は，産業革命に成功した西欧諸国では，19世紀にはすでに認識され始めていたが，1960年代に入ると世界各地で「公害」の具体的事例が発生し，日本でも四日市から水俣に至る奇跡的経済発展の背後に累々とした犠牲者がいることが判明し，全国で「反公害運動」が沸き上がった。またスウェーデンでは1950〜60年代に発見された湖沼における魚類の大量死に関する生態学的研究の結果，その原因と判明した酸性雨や酸性堆積物が国外（イギリスや中欧諸国）からもたらされたことが発見され，環境問題の解決が国際的問題であることが知られるようになった。このような具体的な現象の科学的事例研究が，世界の危機としての環境問題を世界の問題として意識させていった。1972年にスウェーデンで最初の「国連人間環境会議」が開催され，「かけがえのない地球」をテーマとした「人間環境宣言」が発せられたのは，1960〜70年代の具体的環境，公害問題の個別研究の蓄積の上になされたと言えよう。この宣言の実際的行動を可能とするため「国連環境計画：United Nations Environmental Program（UNEP）」（何故か日本では「国連開発計画」と訳されている）の設立を決議した（山田・大矢根編 2006：180-185）。

　環境問題は，1970年代に入ると国連の場で問題とすべき人類の直面している問題として注目されるようになった。レイチェル・カーソンの『沈黙の春』は，巨大化学産業が生産する農薬がついに北米の春の生物体系をほぼ絶滅させ，春の生物は沈黙したという事実を世界に突き付けた。それと同時期にイヴァン・イリイチは国連が支援し各国政府が「経済社会開発（成長）」と呼んで追求してきた目標が，実際には世界の大部分では人々の「生活の向上」につながっていないことを指摘して大きな反響を得た。開発と環境の関係が，問題の核心になっていったのである。

123

第Ⅱ部　社　会

　1972年には「ローマクラブ」（1970年発足の民間調査提言機関）によって，マサチューセッツ工科大学の行った「資源環境予測」（システムダイナミクス研究）が「成長の限界」として報告され，同じ年に前述した「国連人間環境会議（United Nations Conference on the Human Environment）」が「ストックホルム宣言」を採択した。「成長の限界」は，「現在使用されている自然資源を今のまま消費すれば，いずれ枯渇する」ことを科学的に論証し，「ストックホルム宣言」は「環境破壊について人類は歴史の崖淵に立たされており」，「人類がこのまま自然資源の搾取を続けるなら，地球環境に取り返しのつかない害を与えることになる」と述べている。この衝撃的な宣言に応じて，国連はすでに述べたように，環境保全とのバランスに配慮した経済・人間開発を実現する国連開発計画を発足させた。環境問題への取り組みは重視されても，その「開発」との関係性と，国連の目指すべき「開発」の概念の実効性ある議論が十分深化するには，まだ時間を必要とした（山田・大矢根編　2006：180-185）。

環境と開発の共存

　しかし，国連の環境問題への取り組みの重視は，その後の環境と開発のための「提言」をに具体的到達目標を加え，「提言」をこれまでのように理論的であるが抽象的な文言で示すのではなく，具体的科学的な分析の下に行う態度を醸成した。また設定された提言や到達目標の成果を，普遍的指標（できれば数値）や現実の達成値で表そうとしている。国連の開発計画は，「達成目標」と具体的な数値目標による評価の時代に入っていったのである。

　それと並行して，残されていた新しい「国連の開発」の概念も，1987年に「持続可能な開発（成長）」概念が初めて使われるようになった。1987年に国連「環境と開発に関する世界委員会」（1974年発足 WCED）は，環境保全と経済開発促進の目的を並行して実現していこうとする「人類共有の未来（Our Common Future）」を宣言し，競争的な経済開発の中で資源や環境を搾取し続け，最終的に「将来の人間成長」を不可能にしてしまうのではなく，地球環境や限りある資源などの「グローバル・コモン：人類の共通財」の維持を達成し，持続可能な開発を実現しようとするものである。

第**7**章 「人間の安全保障」と SDGs

　この議論は発展的に展開して，1992年にはブトロス・ガリ国連事務総長の下で「グローバル・ガバナンス」国際独立委員会は，「地球の隣人（Our Global Neighborhood）」報告を公表し，その中で国連が尊重すべき「人類の中核的価値」として，「生命，自由，公正，平等，思いやり，互恵，人類の一体性」を指定した。国連が達成を目指す「人類共通の未来社会」は，言葉としては「抽象的な内容」を含むとしても，現実世界を実現すべき価値に接近し，到達し，維持するための「世界市民に共通に理解しうる」具体的達成目標を設定する必要が認められた。それはすでに前節でも述べたように，同じ年に開かれた「環境と開発に関する国連会議（リオ地球サミット）」で宣言された「アジェンダ21」として提言された。

　「国連開発計画」の1995年年次報告では，人類が尊重すべき「中核的価値」を実現するための「国連開発計画」は，これまでのようなある国家経済の経済指標を向上させる経済発展計画ではなく，人間の中核的価値実現に向かう「人間の能力向上や成長」を可能とする学習・教育訓練や社会支援計画（人間開発計画）の設定が始まった。これは世界銀行の発展援助計画が，「第三世界」や「周辺─中枢」論からの激しい批判や，GNP 拡大が人々の生活向上に役立たないといった世界の市民運動や知識人の批判にさらされて，従来の GNP 拡大のためのインフラ整備計画から貧困撲滅のレジュームへ，そして1990年代に「限りある資源と環境の問題を考慮した」構造調整と「持続可能な成長」に向き合う方向にレジュームを移行したことと深く関係している。

　同年，これに加えて，地球温暖化や生物多様性，気候変動などの地球環境問題に対処すべく条約，委員会，政府間パネルが国連の動きに加わった。また先に述べた「アジェンダ21」では，達成目的の前提として「持続可能な開発」概念が強調された。「開発と環境」は，統合されて国連と加盟国の最も重視するアジェンダとなっていったのである。

人間開発

　1995年の国連開発計画では，「人間開発（Human Development）」が，主要な開発概念として用いられることとなった（武者小路 2009：45-47）。アマルティ

125

第Ⅱ部　社　会

ア・セン（Amartya Sen）によれば「人間開発」とは，「人間の生活向上の障害や制約となっている要素を極小化し，生活の向上を可能とする基本的経済発展」である。

　その中で，人間開発には「平和と安全」の確保がどうしても必要であることが確認され，人間開発は「人間の安全」へと移行したと言われ，この人間発展に必要な「安全」こそ，「人間の安全保障（Human Security）」と定義された（MacFarlane et al. 2006：145）。1994年報告書によれば「必要とされている人間の安全」は，「最終的には幼児死亡率が低く，伝染病が拡大せず，突然解雇されることがなく，人種間対立が暴力紛争に発展することなく，政権反対派が沈黙を迫られることがないような，人間の尊厳と生活に関わる安全保障で，武器で安全を保障するものではない」（Williams & MacDonald 2018：223-227）。

　したがって「人間の安全（保障）」の発想は，「国家間の安全保障」に変わる国際関係や国防の新しい概念として発展したものであると同時に，実は「環境危機に直面した人類の持続可能な開発計画」との関連で「人間生活と社会が直面する様々な」危機への総合的で有効な対抗手段を導く知的達成でもあった（セン　2006：23-25）。しかし「人間の安全保障」が広く知られ，SDGsのような国連の「開発と環境」目的との関係で共に発展するのは，ミレニアム・サミットの後であった。

4　SDGsと「人間の安全保障」

人間の安全保障

　「ミレニアム・サミット」においてアナン事務総長は，「私たちこそ世界市民」と題する報告において「安全は開発の基礎であり，武力紛争のある所に経済発展はない」，「軍備競争は，人類に必要な資源配分を不可能にしている」と述べて，人々の安全を保障することが，人間開発最大の課題であると主張した。報告の最後に「尊厳ある人間生活に必要な2003年に国連国際法委員会は『人間の安全保障』を国際法的に定義し，①経済発展を，平和の必要と重ね合わせなければならない」と述べた。アナン事務総長は，2001年，「人間の安全保障」

委員会を発足させ，「人間の安全保障」こそが，21世紀の国連の最も重要な取り組みであることを宣言した。

2003年国連国際法委員会は，「安全保障の今日的課題」報告の中で保障されるべき「人間の安全」とは，①「暴力から人々の保護」，②「難民の保護」，③の「貧困の改善向上」と「保健衛生の向上」，その他と定義している。これは「国家間の安全保障」からの概念移行時期の定義で従来の「安全保障」論の影響が強いのだが，これでも「人間の安全」が，かなり広く解釈されているように見える（蟹江 2020：9-21）。

しかし，すでに紹介したアマルティア・センのように「持続可能な人間発展や生活を阻害する要素を排除するか極小化する」と定義されれば，排除されるべき阻害要因はいくらでも拡大してゆく。武者小路公秀が言うように「安全保障」（「安全」）が国家から分離し本来の主体である人間に帰した時，「安全保障」は新しい広大な「認識空間」の中に存在するのであれば（武者小路 2009：2-5），SDGsで扱われている開発と環境の問題が「人間の安全保障」の項目に含まれることは当然ともいえよう。つまり国連の「人間の安全保障」の構造には，SDGsの項目（目標と達成目標）がほとんど含まれている（セン 2006：36-40；MacFarlane & Khong 2006：145-150）。

世界市民の参加

「人間の安全保障」に関する国際法概念には，安全を保障する責任と行為主体についても規定があり，「国連や国家による保護」「地域国際組織の救済」「近隣社会によるエンパワーメント」「個人の自力更生」そして「NGOや企業の協力」などの多様な主体が列挙されている。これは現在のSDGsが受け入れているマルチセクトラル・パートナーシップの方式が，採用されたものである。例えば現在の日本でも，SDGsへのNGOや企業の協力（あるいは該当到達目標の達成）は顕著である。この方式も「国際法委員会」の「人間の安全保障」に関する規定に定められたものであるが，2015年に始められたSDGsも，同じ拡大戦略を用い，あるいは自然に重なることになった。SDGsと「人間の安全保障」は，実際には，その拡大戦略についてもほぼ重なり合っているのである。

第Ⅱ部　社　会

実は2030年の持続可能な世界を構築するための「達成目標」に合意している以外，それを達成するための政策の基礎となるルール（合意された法的，条約的な規定）がないのである。SDGs は，加盟国政府の合意であると同時に，多様なセクター（企業，NGO，コミュニティ，個人）に目標達成への協力・参加を求めている。しかし当然ながら，様々なセクターには多様な状況と能力があり，一律の参加ルールを定めると，「参加の入口」からそのルールでは，各自の能力や置かれた状況の困難性から，参加・協力を最初から検討しない傾向がある。そこで一律ではなく多様なやり方で SDGs の「入口」を入ってもらい，SDGs 目標達成に必要な自らの変革が必要であり，それこそが「存続可能な世界」への貢献であることを認識する方向を与えようとしている。いわば SDGs の必要性の認識に従って，自らに課するルールに自ら従うやり方である。したがって目標の達成も，計測可能な指標を利用して計る方式で，他者に対する評価法ではない。しかしこのようなルールなし評価なしの方法で，2030年までに SDGs の達成は可能なのであろうか。しかし，これが国連における経験の蓄積と知的発展に基づく，現在の国連の「グローバル・ガバナンス」に沿うものなのである（蟹江 2020：9 -21）。

　ここで「人間の安全保障」と訳されている「Human Security」は，「人間の」はよいとしても，「安全保障」と訳す必然性はない。むしろただ「安全」と訳す方が自然である。日本では，国家関係の概念から脱しきれないので，「安全」でなく「安全保障」として，無理に訳しているように見える。「安全」はラテン語の『securitas』で，「心配が排除された状態」を表している。そこから言えば，「安全」とは「持続的な生存や生活」（NGOs の表現で言えば「人間開発」）を阻害する要因が除去された状態（人間の安全）を意味していると考えられる（武者小路 2009：38-39）。

欠乏からの解放

　これまで蓄積されてきた「人間の安全」や「人間開発」を達成するための課題は，「人間の安全保障」に関連する国連の諸員会では，人間の「欠乏からの自由」（貧困や飢餓，そして福祉の欠如からの自由）と「恐怖からの自由」（戦争や

暴力的抑圧からの自由）に分類し，これに「持続可能な地球環境と成長」が付け加えられている。その内に2003年当初，「欠乏からの自由」の諸条項の実現に最も財政的に貢献したのは日本政府（小渕政権）であった。その背景には日本の研究者や政府関係者が，国連で知的発展を遂げた「人間の安全」や「人間開発」概念とその知的枠組みを理解し，受け入れていたことがあったと考えられる。

「欠乏からの自由」の主要な目標は，現在のSDGsの経済目標でもある。その意味で日本の政府や企業そしてNGOが，SDGsに示されている「開発と環境」に関する国連の知的達成にも貢献し，より深く理解していくことが，SDGsの目標達成に向かって行動することとともに重要であろう。SDGsへの積極的参加とは，政府のみでなく企業やNGO，そして世界市民としての個人が，国連の「安全，開発，地球環境」への取り組みに関する知的達成と蓄積に貢献することなのである。

注

(1) Goldenkeer, Leon & Christer Johnsson, "Evolution in Knowledge" in（Weiss & Daws, 2008, pp.81-92）.

(2) 国連の知的発展研究については，ルイ・エメライ（Louis Emmeriji）の解説を参照（MacFarlane & Khong 2006：ix-x）。

(3) SDGsの内容は，「国連SDGsサイト」（https://www.un.org/sustainable development）参照。日本語訳は（安藤 2019：第Ⅱ章）あるいは（蟹江 2020：3章）。

参考文献

安藤顕（2019）『SDGsとは何か？——世界を変える17のSDGs目標』三和書籍。

蟹江憲史（2020）『SDGs（持続可能な開発目標）』中央公論新社。

セン，アマルティア／東郷エリカ訳（2006）『人間安全保障——日本はすでに安全な国ではない！』集英社。

山田高敬・大矢根聡編（2006）『グローバル社会の国際関係論』有斐閣。

武者小路公秀編著（2009）『人間安全保障——国家中心主義を超えて』ミネルヴァ書房。

MacFarlane, S. Nell & Yuen Foong Khong（2006）*Human Security and the UN: a*

第Ⅱ部　社　　会

Critical History, Bloomington and Indianapolis.

Weiss, Thomas G. & Sam Daws ed.（2007）*The Oxford Handbook on the United Nations,* Oxford.

Weiss, Thomas G. & Sam Daws ed.（2008）*The Oxford Handbook on the United Nations,* Oxford , pp.81-92.

Williams, Paul D. & Matt MacDonald ed.（2023）*Security Studies: an Introduction,* 4th edition, London and New York.

第8章
観光における共創価値の創造と SDGs

桑田政美

1 観光の価値

観光事業の構造

観光には3つの構成要素がある。観光者（旅行者）と観光対象，そしてその間を結ぶ観光事業者（旅行会社，交通機関，宿泊施設など）である。この3者の協働作用によって成り立つものである。中には交通機関にみられるように，単なる移動手段ではなく観光列車などそれ自体が観光対象となるものもある。これらに加えて，近年は地域住民と行政を含めて考える必要があるということが強く言われるようになってきた。行政に協力して観光資源の管理を手助けする，ボランティアガイドとして観光者と交流するなどして観光事業を担う場合もある。魅力ある地域づくりに取り組む一方で，自然環境や歴史的な環境を損ねるとして開発に反対する状況もしばしば起こる。地域住民と行政が支えることで，よりスムーズに，より意味深いものとなる（図8-1）。

観光対象とは観光資源であり地域の宝ともいえる。宝は6つに分けることができる（真板 2016）。①自然＝山岳，高原，河川，海岸，岬，動物，植物，樹氷，オーロラなど自然が織りなす素晴らしい風景，②生活環境＝生きるための知恵の体系，農作業・山仕事・防災・工芸など地域で培われてきた生活に根差したモノやコト，③歴史・文化＝先人の足跡，歴史（出来事）の変遷・変化を表す史跡，社寺，庭園，歴史的建造物（民家，商家，武家屋敷など），④産業・流通＝外部世界への発信，人と物の交流による技術や産物（最先端の工場などの産業施設，先進技術，産業遺産など），⑤名人（人材）＝地域社会の知恵袋，宝を守

第Ⅱ部　社　会

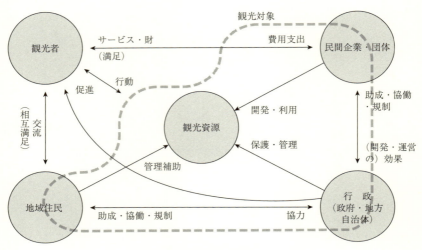

図8-1　観光事業の構造
出所：㈱JTB総合研究所（2018）。

り育んできた人，⑥要望＝未来へのエネルギー（現状への不満，将来への希望——イノベーションに結びつく宝），これら地域の宝こそがSDGsの取り組みによって持続可能な観光につながるのである。

　ある地域のヒアリングで地元の人に言われたことが印象に残っている。「私たちはずっと昔から生業としてやってきたことなのです。今，世間で言われているSDGsに当てはまるものがあるとすれば嬉しいし，後につなげていければなおいい」と。このようなことは先人たちの知恵として昔から言い伝えられ継承してきたことではないか，いまさら事あらためて言うことでもない，ということであろう。着地型観光ブームと呼ばれるほどに各地で観光資源の発掘，体験プログラム化，旅行商品開発，SNSでの発信ということが行われ，旅行者は一種の戸惑いすら感じるようになってきている。つまり，地域の観光資源を地域自らが過大評価することによるプログラムのマンネリ化が起こっているのである。各地が競うことは需要創造にもつながり評価すべきことであるが，正味の価値は何なのかを見直すことが求められる。

観光が提供する価値と価値評価

価値とは何かについては様々な分野において，それぞれの立場で議論され，時代の変遷とともにその価値についての考え方も変化してきた。財には製品のような有形の物的な財と無形のサービスがあり，観光はサービスの一種として捉えることができる。しかし定形的サービスが「予測される」サービスを提供することが基本であるのに対し，観光サービスは「予測されない」体験が生み出す「サプライズ価値」が消費者の満足に大きく影響する。満足は期待と実際の経験の差で説明され，驚きと感動は実際の経験が期待を上回るときに生じるのである。

地域の観光を構成する要素や担い手によって旅行者に対する価値が生み出される。表8-1は，仮定される観光価値の階層を示したものである（大和2013：5-7）。これらの様々な価値が複合的に組み合わさり，総合して観光経験全体の価値を創りだすのである。財とサービスの両方が源泉となって経験が生まれる。経験は広義と狭義で捉えられ，広義の経験は，「人が感覚や内省を通じて得る知識や技術や感動などであり，またはその獲得過程である」のに対し，狭義の経験は「体験と同義ととらえ，対象と直接または全体的にふれあうことである」（近 2010）。最近では，コロナ禍の影響もあり，安・近・短といわれる近場に安い費用で短い日程で訪れる観光がマイクロツーリズムとして人気が高まっている。しかし本来のハレ消費としての観光は，計画に時間をかけ，観光地の情報をチェックし，相応の日程と費用をかけて行うものである。そのプロセスを含めた観光経験の価値がその地域の魅力を印象づけ，再訪や次の観光行動を起こすモチベーションになると考える。

価値を考える際に，人は複数のものさしで価値を測っている。様々なものさしを組み合わせ，使い分けているのである。当然，人によって持ち合わせているものさしは違い，それが価値観の相違を生むのである。

世の中には多くの種類の「価値のものさし」が存在しているが，文化や社会環境によって異なる。そして，時代によってものさし自体が変化したりもする。「価値のものさし」とその変化を捉えるために，谷口（2019）は次の4つの種類に分類している。

第Ⅱ部 社　会

表8-1　観光価値の5つの階層

予想の可能性	価　値	価値の源泉	特　徴	主観的価値	イメージへの影響
予想できる範囲内	建物・景観（自然景観を含む）の効用	財	情緒＞機能	満　足	大
	製品・農産物などサービスを除く商品の効用	財	機能＞情緒	満　足	小
	定形的なサービスの効用	サービス	機能＞情緒	満　足	小
	非定形的なサービスの効用	サービス	情緒＞機能	満　足	大
予想を超える	思いがけない出会いや出来事の価値（サプライズ価値）	経験	情緒＞機能	驚き／肯定的な強い感情	大

出所：大和（2013）。

　　・個の人間の"内"にあるものさし：【体感指標】【情感指標】
　　・個の人間の"外"にあるものさし：【スペック指標】【社会指標】

　まず，個の人間の"内"にあるものさしとして，私たちが身体感覚（五感）を通じて測る体感指標と，私たちの頭のなかに存在する観念的な情感指標がある。さらに個の人間の"外"にあるものさしとして，製品やサービスそのものに宿るスペック指標と，世の中や市場において決定される社会指標がある。以上の4つの種類は表8-2のように分類することができる。

　観光における最近の地域や観光事業者によるSDGsの取り組みは，マスメディアによる情報発信やSNSによる評価の拡散などによって可視化されるようになり，同時に環境の変化や個人の経験と感情の蓄積で形成され変化していく。このことは，"内""外"それぞれの指標に大きく影響をもたらすものとなっている。

　地域の特徴を生かした商品，サービスの開発や高付加価値化と，地域の資源・宝による地域のイメージを結びつけながら，地域全体で取り組むことにより，他地域との差別化された価値を生み出し，その価値が広く認知され求められるようになることを地域ブランドという。「いかに売るか」という指標ばかりではなく，「どれだけ評価されているか」という指標を導入し，その評価を

第8章 観光における共創価値の創造とSDGs

表8-2 価値のものさし4分類

	自分の外	自分の内
物理的・実存的	製品やサービスの機能や性質を測るものさし **スペック指標** ポリエステル製の… 300gと軽い… 丸洗いできる… **省エネの…** **CO₂排出削減効果ありの…**	身体感覚（五感）を通じて測るものさし **体感指標** 静かな… なめらかな肌触りの… 着心地がいい… **水が清らかな…** **なんか暖かい…**
概念的・観念的	世の中や市場からの評価・評判によるものさし **社会指標** 高級ブランドの… イタリア製の… 5,000円の… **環境にいい…** **SDGsに配慮した…**	頭のなかに存在する観念的なものさし **情感指標** かわいい… 好きな色の… 愛着のあるブランドの… **今っぽい…** **自分らしい…**

出所：谷口（2019）を基に筆者修正。

高めるように行動する。旅行者からの評判を高めて，支持されるようになるには，何をすればいいかという視点で商品開発やマーケティング，地域活性化を考える戦略をたてなければ地域は生き残れない。地域資源を活用した商品やサービスを開発し，その地域のイメージを高めて地域外からヒト・モノ・カネを呼び込み，地域活性化に結びつけることを地域ブランド戦略という。

　観光においては，モノやサービスの開発を超えて地域が持つ資源を生かした経験価値が必要と菅野（2008）は述べている。また，菅野・若林（2008）は，地域ブランドの資産―評価モデルを提案している。菅野らは地域ブランドを考える際に，地域が持つ地域ブランド資産を精神的な価値に結びつけることが重要であると述べている。

　ここでいう地域ブランド資産とは，地域の機能性に関連する「経済インフラ資産」「生活資産」，そして情緒性に関連する「歴史文化資産」「自然資産」「コミュニティ資産」「食文化資産」が挙げられる。

　これらの地域の資産が，実際に見たり，買ったり，食べたり，触れたりできるものであるのに対して，地域の価値とは，それらを連想もしくは体験するこ

135

第Ⅱ部　社　会

とによって，人の心の中に生まれる情動，感情，感覚であるといえる。それら
は「関係絆価値」「自己実現価値」「ゆとり価値」「感覚情緒価値」によって構
成されている。「関係絆価値」とは，人の温かさや心のつながりや絆を感じら
れることであり，「自己実現価値」とは自己の成長を促すことや夢や目標を感
じられることであるといえる。「ゆとり価値」とは精神的な余裕や安心を感じ
られることであり，「感覚情緒価億」とは非日常的な感覚や癒しを感じられる
ことである。筆者は，地域の価値にもう一つ，共創価値があると考える。地域
がどのようにありたいか，それをどう実現しようとしているのか，そこがこれ
からの地域の大きな価値となる。消費者中心の考え方から，人間中心の考え方
に移行し，収益性と社会的責任を両立させなければならない。だからこそ産・
官・民が一体となり，より優れた価値を共に創造していかなければならないの
である。

　地域資産―価値評価モデルでは，地域資産が価値に結びつき，それらの価値
が購買意向，訪問意向，交流意向，居住意向へ結びつくと考える。すなわち，
地域が持つ資産が価値に転換されたときに，買いたい，訪れたい，住みたい，
住み続けたい，という意向が生まれると考えることができる。地域においては，
その意向をしっかり把握したうえで地域住民の誇りを取り戻し，未来へ持続さ
せるための観光マネジメントが重要となってくるのである。

共創価値の創造

　共創価値の創造は，SDGs の目標達成への取り組みと経済的価値を共に追求
し，かつそれぞれの間に相乗効果を生み出そうとするものである。観光におけ
る価値を共創するには，観光事業者と旅行者だけではなく，観光事業に関わる
すべての組織，人々が課題を共有し，協働していくことが基本である。

　価値の共創によって地域の課題の解決を試みる事例は多くあるが，ここでは
奈良県吉野山の観桜期の交通渋滞解消を挙げてみよう。桜の名所として知られ
る吉野山には毎年30万〜40万人の観桜客が訪れるが，次のような深刻な課題を
抱えていた。周辺のアクセス道路の国道で，最長20キロにわたる交通渋滞が発
生し，観桜客はもとより周辺地域住民の生活にも影響を及ぼしていた。また，

第8章　観光における共創価値の創造とSDGs

観光客のごみ処理に，地元行政や住民に多大な負担がかかり，吉野桜を維持管理するのに観光バスや自家用車によって発生する排ガスが悪影響をもたらすなど，地域に様々な支障をきたしていたのである。

　そこで，吉野町，吉野山自治会，吉野山観光協会などで吉野山・環境・交通対策協議会を立ち上げ，新たな対策づくりがなされることになった（2006年実施）。内容は，①パーク＆バスライドの改善と機能強化，②大型観光バスの駐車場の予約制導入，③交通対策の実施（雑踏警備など）および環境保全を目的とした協力金制度の導入（ピーク日の利用抑制策としてピークロードプライシング[1]）などであった。その結果，①周辺道路にまで及ぶ大渋滞を劇的に解消，来訪者の滞在時間が延び，吉野山に対する満足度が向上，地域での消費も促進された。また環境保全に対する意識向上を図ることができた。②補助金頼みの赤字運営であった従来の交通対策から，協力金によって黒字運営を行い，事業の継続性にも道筋が見えた。また，こうした成功体験の共有が地域住民にやる気と自信をもたらした。

　吉野山における事例は，自治体・観光関連団体が企業や地域住民と連携しながら周辺環境の保全とともに，旅行者に対する快適性の向上や特定日への過度な集中を分散化するなどの対策を継続的に講じていく必要があることを示している[2]。

2　マスツーリズムから持続可能な観光へ

マスツーリズムの発展と観光公害

　日本において観光という語が現れるのは，1855（安政2）年にオランダ国王から徳川幕府に贈られた木造蒸気船2隻のうちの1隻に観光丸と名付けたのが最初である。以後，1864（元治元）年，佐野藩主（現・栃木県）堀田氏が観光館という藩校を建立，1881（明治14）年には佐田介石による国産奨励を目的とした結社が観光社と称し，観光縮緬，観光縮緬，観光傘などを販売していた。観光が今日的意味をもって使用されるようになったのは，大正半ばにブラジル移民が初めて母国を訪問した際に，新聞紙上にこぞって「母国観光団」と称した

第Ⅱ部　社　　会

ことが契機となり，以来，観光は旅行の一形態を意味する語として普及してきたといわれる（小谷 1994：13-14）。観光が定着するのは，1930（昭和5）年，観光を冠する初の官設の行政機関である国際観光局が鉄道省の外局として，また観光課が京都市に設置されてからである。その背景には，観光が旅行の組織化（団体旅行），鉄道・蒸気船の普及による旅費の低廉化（運賃の値下げ，団体割引運賃の設定）などによって人々の間に浸透しつつあったことを示している。

　1960年代前半，急速な経済成長による可処分所得の増大，名神高速道路の開通（1963年），東海道新幹線の開業（1964年）などによる交通インフラの整備，大量生産・大量消費の大衆消費社会の到来により，限定された階層のものであった観光が大衆化された。マスツーリズムの到来である。その原動力となったのが旅行業であり，団体旅行，パッケージ旅行の旅行商品を企画・集客し大量送客したのである。観光客の爆発的な増大は，旅行業，宿泊業をはじめとした観光産業の急成長による経済的価値の創出をともなうとともに，観光地の騒音，ごみ，交通渋滞など地域住民の生活環境の悪化，観光地の自然や文化財の破壊，調和しない観光施設など，観光公害と呼ばれる負の現象をもたらした。

　観光公害とは，観光客や観光客を受け入れるための開発などが地域や住民にもたらす公害にたとえた表現のことであり，英語では Over tourism が用いられることが多い。Over tourism は，「訪問地における『収容能力管理・遂行／キャリング・キャパシティ』の課題であり，各観光地に適した収容能力と管理のアンバランスさを克服する観光地マネジメントを正しく行うことで解決できる」と説明されている。そして訪問地のキャパシティとは，「物理的，経済的，社会文化的な観点において訪問地の環境を壊さず，かつ旅行者の満足感を著しく損ねることのない，その訪問地を一度に訪れる最大人数」（UNWTO 2019）と定義されている。

　熊田（2019）は，訪問地のキャパシティの対応として物理的なキャパシティと心のキャパシティを挙げている。物理的なキャパシティとは，訪問者数に対する宿泊やレストラン数，お土産品の品揃え等の観光を楽しむための施設数はいうまでもなく，観光客の流入によって混雑が予想される公共交通機関や道路・探索路，駐車場整備あるいは観光地内の看板設置，観光から生じるごみの

第8章　観光における共創価値の創造とSDGs

処理能力，エネルギー消費や水資源使用等の公共サービスへの負担等も勘案する必要がある。一方，心のキャパシティとは，混んでいても「賑わっているので，また来たい！」と観光客に思ってもらえるように，「観光でまちが騒がしい」ではなく「観光でまちが賑やかになってきた」と住民に感じてもらうために，旅行者と地域住民の相互理解を促す取り組み（地域ガイドの養成，観光地におけるステークホルダーの対話集会開催，新しい旅行市場への理解を促す研修開催等）を通じて，それぞれの立場を理解していく機会を積み重ねていくことが重要である。

　1980年代後半になると，マスツーリズムの反省もふまえて，エコツーリズムやエスニックツーリズムなどの新しい観光（ニューツーリズム）が登場した。持続可能な観光（サステナブルツーリズム）という概念に基づく観光形態の登場である。観光開発と環境を相反するものとしてではなく，互いに依存するものとして捉え，環境を保全してこそ将来にわたっての観光開発が実現できるとする考え方に基づくものである。長谷（1997）は「マスツーリズムの波はそれぞれの国の国内にとどまっていない。〈中略〉観光が国境を越えてボーダレスに発展しようとしていることは，何よりも人類全体の地球市民としての自覚を促すものであろう。したがって，マスツーリズムにともなって生じた問題も我々が早急に乗り越えなければ，観光にとって最も重要な観光資源が観光自体によって破壊され，再生されることが不可能となりかねない。今日ほど人間の叡智が求められているときはない」と述べている。2007年には，4つの基本理念（自然環境への配慮，観光振興への寄与，地域振興への寄与，環境教育への活用）に基づくエコツーリズム推進法が成立，翌年4月から施行された。

サステナブルツーリズムの需要の高まりと取り組み

　SDGsには，17の持続可能な開発目標と169の関連ターゲットがあるが，観光には，直接的また間接的にすべての目標に貢献する潜在力がある。特に，経済成長と雇用に関する「目標8」，消費と生産に関する「目標12」，海洋資源に関する「目標14」の3つの目標においては，観光が明記されたターゲット（8.9，12.12.b，14.7）が設定されている。明記されていない各開発目標につい

139

第Ⅱ部　社　会

ても観光による恩恵を充分に活用することができる。

　国連世界観光機関（United Nations World Tourism Organization：UNWTO）によると，世界の国際旅行者数は2010年以降増加傾向にあり，新型コロナウイルス感染症が流行する前の2019年には14.6億人に達している。こうした旅行者の増加は，地域の社会経済の活性化や雇用の創出に貢献すると同時に，過度に旅行者が集中する地域では，自然環境やその地に暮らす人々の生活に大きな負荷が発生するなど，観光の負の側面も明らかになってきた。このような課題への対応として，UNWTO は「持続可能な観光（サステナブルツーリズム）」の推進を提唱している。

　また，UNWTO は，世界の環境，文化遺産，社会に与える潜在的な悪影響を最小限にしながら，観光産業の発展を最大限に引き出すことを目的として採択された「世界観光倫理憲章（The Global Code of Ethics for Tourism）」（1999年）に基づき，2017 年の持続可能な観光国際年（International Year of Sustainable Tourism for Development）に，「責任ある旅行者になるためのヒント（Tips for a Responsible Traveler）」と題したリーフレットを発表している。2020 年には，新型コロナウイルスの感染拡大を受けて，旅の安全安心を確保するための推奨事項が追加された。この中で，UNWTO は旅行者に対し，「旅先に住む人々に敬意を払い，私たちの共有遺産を大切にしよう」「私たちの地球を守ろう」「地域経済をサポートしよう」「安全に旅をしよう」「旅先の情報に通じた旅人になろう」「デジタル・プラットフォームを賢く使おう」というメッセージとともに，旅行者に推奨される具体的な行動の事例を紹介している。旅行者が訪れる訪問地の自然や生態系に配慮し，その土地の慣習，マナー，地域住民の生活等を尊重した行動をとることは，環境保全や伝統・文化の保護，混雑の緩和等につながり，地域の持続可能性の確保につながることになる。

　サステナブルツーリズムとは，「訪問客，産業，環境，受け入れ地域の需要に適合しつつ，現在と未来の環境，社会文化，経済への影響に十分配慮した観光」と定義され，UNWTO は，様々な活動を通じてその重要性を観光に携わる世界の関係者に発信している。日本政府観光局（JNTO）の経営理念である「インバウンド観光を通じた国民経済の発展」「地域の活性化」「国際的な相互

140

第8章 観光における共創価値の創造とSDGs

理解の促進」「日本のブランド力向上」の実現にも直結するものである。

　JNTO が考えるサステナブルツーリズムは，①地域の「環境」を守る・育む――環境負荷に配慮した観光コンテンツなど，環境資源を最適な形で観光に活用している事例を情報発信し，自然や生物多様性の保全等に貢献する，②地域の「文化」を守る・育む――日本が古来育んできた地域の有形無形の伝統・文化資産等を魅力ある形で海外に発信し，外国人旅行者による体験等を通じて，その保存・継承に貢献する，③地域の「経済」を守る・育む――特定の地域や時期に偏ることなく日本全国各地への外国人旅行者の安定した誘客・滞在を目指すとともに，地域ならではの体験や特産品等の購入を促進することで，地域経済の活性化と安定的かつ長期的な雇用を創出し，住んでよし・訪れてよしの地域づくりに貢献する，という枠組みで捉えている。

観光業界における SDGs の取り組み事例

　エシカル消費が重要なキーワードとなっている現代において，旅も例外ではない。持続可能な社会や未来のために人・社会・地域・環境に配慮したエシカルな旅，CO_2ゼロ旅行，SDGs ツーリズムと名乗るツアーが多く販売されるようになってきた。SDGs の取り組みは，国，地方自治体，旅行会社，鉄道・航空・船舶・バスなどの輸送機関，ホテル・旅館などの宿泊機関の業界全体を巻き込んでの取り組みが必要である。旅行会社や輸送業界は次のような取り組みをしている。

旅行会社の SDGs への取り組み　鉄道が自動車や航空機と比べて CO_2排出量が少ない移動手段であることはよく知られている。国土交通省の調査では[3]，1人を1km運ぶのに排出する CO_2 の量は，鉄道が17g／kmに対し，自動車は130g／km，航空は98g／km，バスは57g／kmとなっている。

　CO_2ゼロ旅行とは，旅の中で発生する CO_2 を最大限減らすように努力したうえで，旅の中で発生した CO_2 の分だけグリーンエネルギー価値を購入することで，間接的に発生した CO_2 を打ち消すことができるカーボン・オフセットとよばれる仕組みとなっている。

　近畿日本ツーリストの「わたしのエシカルな旅」という旅行商品を購入する

141

と，一般社団法人 more trees [4] が提供する J-クレジット制度 [5] により認証された森林由来のカーボンクレジットを活用し，旅行商品における温室効果ガス排出分をオフセットする。この商品における CO_2 オフセット量は 1 人 1 泊につき約22.1kg [6]，これに鉄道利用区間の排出量が加算される（新大阪～東京の場合，往復で18.9kgとなる）。旅行に関わる CO_2 排出のすべてではないが，オフセットすることができる。日本旅行は，サステナブルツーリズム対象商品として，旅行の際利用する JR（新幹線・特急列車）が排出する CO_2 相当量を埋め合わせできるカーボン・オフセットプランを2021年 1 月からオプションプランとして販売を開始した。脱炭素社会の実現に向け2022年 9 月からこの取り組みを一層加速させ，カーボン・オフセットをあらかじめ組み込んだプランも販売している。協定を結んだ J-クレジット認証の森林は北海道から九州まで21カ所（2023年 3 月現在）あり，今後も拡大予定となっている。なお，このプランによる CO_2 の削減状況はホームページで公表されている。JTB は，2007 年よりエコツアーブランド「Green Shoes（グリーンシューズ）」や「LOVEARTH（ラバース）」などの旅行商品を中心に「CO_2ゼロ旅行」を販売してきた。「CO_2ゼロ旅行」には延べ 1 万7,765人が参加し，総発電量91万4,200kwh の自然エネルギーを調達することで，旅行の際の移動などで排出された CO_2 を相殺した。このカーボン・オフセットの仕組みを利用して削減した CO_2 量は447トンに相当する（2021年 2 月現在）。また，SDGs の本質理解をアクションにつなぐ旅マエの事前学習を取り入れた学習教材「SDGs ワークショップ～ Decade of Action ～」をセットにした新商品「CO_2ゼロ旅行プログラム」を修学旅行や校外学習向けに販売している。

航空会社の SDGs への取り組み　CO_2 をはじめとする温室効果ガスの排出量の大きい航空機の利用を避けて，鉄道など他の移動手段を選んだり勧めたりする反フライト運動を称してフライトシェイム（飛び恥）と呼ぶ。航空機は乗客 1 人当たり鉄道移動に比べて5.7倍の温暖化ガスを排出するとされているからである。「Flygskam（飛ぶのは恥）」「Tågskryt（鉄道自慢）」という新語が生まれた背景には，2018年のスウェーデンで熱波と森林火災をきっかけに気候変動への関心が高まったことにある。このような状況下で，航空会社は SAF [7] の活

第8章　観光における共創価値の創造と SDGs

用によるカーボンニュートラルへの対応や航空と鉄道チケットのデジタル統合などの対策をとっている。

ヨーロッパにおいては，フランスは環境法（2022年）のもとで，列車で2時間半内に移動可能な区間の航空路線を廃止する方針を打ち出している。さらにEUは，域内で効率的な交通インフラを構築する「欧州横断輸送ネットワーク」政策の一環で新たな高速鉄道路線を整備しており，これによって域内の多くの短距離航空路線は不要になると考えられている。

3　観光マネジメントのあり方と課題

観光による持続可能な地域経営

マネジメントには，自らの組織をして社会に貢献させるうえで3つの役割があると，ドラッカー（2011：9-10）は言う。「①自らの組織に特有の使命を果たす。マネジメントは，組織に特有の使命，すなわちそれぞれの目的を果たすために存在する。②仕事を通じて働く人たちを生かす。現代社会においては，組織こそ，一人ひとりの人間にとって，生計の資，社会的な地位，コミュニティとの絆を手にし，自己実現を図る手段である。当然，働く人を生かすことが重要な意味をもつ。③自らが社会に与える影響を処理するとともに，社会の問題について貢献する。マネジメントには，自らの組織が社会に与える影響を処理するとともに，社会の問題の解決に貢献する役割がある」。さらに，マネジメントのあらゆる問題，決定，行動に，複雑な要素が介在する。それが時間であるという。「存続と健全さを犠牲にして，目先の利益を手にすることに価値はない。逆に，壮大な未来を手にしようとして危機を招くことは無責任である。今日では，短期的な経済上の意思決定が環境や資源に与える長期的な影響にも考慮しなければならない」のである。

観光におけるマネジメントは2つの面がある。1つは観光産業における企業マネジメントの側面である。運営母体（企業理念）があり，その母体が地域資源の観光商品化を行い利益の最大化を図ろうとするものである。そしてもう1つは，地域資源の再発見と再評価を行い，快適な生活環境づくりや暮らしの価

第Ⅱ部 社 会

値創造に資するために行う地域マネジメントの側面である。近年は，地域社会に新たなモノやコトを生み出すために，また地域再生ではなく地域創造を目指して多くのDMO（Destination Management/Marketing Organization）[8]が設立されている。ここでは地域マネジメントの観点から論じる。

持続可能な観光を実現するためには，地域が観光のメリットを実感できるよう総合的に取り組んでいくことが必要である。そのためには地域におけるマネジメント体制を構築しなければならない。それによって中長期的な計画・制度の構築，多面的かつ客観的なデータ計測，人材の育成・創出，住民理解の促進などを進めていく。また，地域の負担に配慮した，その地域ならではの資源を生かしたコンテンツの造成・工夫が必要である。つまり，地域の自然，文化・産業を活用したコンテンツの造成，適切なターゲティング，価格設定，販路形成などのマーケティングが重要ということである。さらにオーバーツーリズムなどの弊害を生じさせないための受け入れ環境の整備もしていかなければならない。混雑の見える化など地域の負担を軽減する取り組みや地域の自然・文化などを保全しつつ活用するための仕組みづくりが必要なのである。また，旅行者においても，コロナ禍を経て，旅を通じて地域社会の文化や経済，環境に与える影響に敏感になり，自らにとってサステナブルであるかどうかが，旅行先や旅行商品を選ぶ際の重要な要素となってきたのである。

ブッキング・ドットコムが32カ国と地域にわたる3万人以上の旅行者を対象に実施した2022年度版「サステナブル・トラベルに関する調査」では，日本の旅行者の73％が「サステナブルな旅は自身にとって重要である」と回答しており，29％は「気候変動に関する最近のニュースがよりサステナブルな旅を選択するきっかけとなった」と回答している。また世界全体では71％の中，日本の旅行者の46％が「今後1年間において，よりサステナブルな旅を心がけたい」と回答，世界の旅行者と比較すると低いが，日本の旅行者のサステナブル・トラベルへの意識が高まってきたことが伺える。宿泊施設においても，サステナブルな取り組みを行っているところを選択する旅行者が増えている。その選択理由は「環境負荷低減に貢献するため」「より地域に密着した体験を楽しむため」「サステナブルな宿泊施設は，コミュニティへの配慮が優れていると考え

第8章　観光における共創価値の創造と SDGs

ているため」ということがこの調査で明らかになっている。

　1985年に世界観光機関が発表した「観光権利宣言及び旅行者規範」から 7 年後の1992年 に，日本の多くの旅行業者が加盟する業界団体「(社) 日本旅行業協会（JATA）」は環境対策特別委員会を結成し，1993年に「地球にやさしい旅人宣言」を発表した。旅行業に携わる者および旅行者に対し，貴重な自然環境を守り，異なる文化を尊重し，かけがえのない文化遺産を保全しようと呼びかけたものである。

　　　☆地球にやさしい旅人宣言☆
　　　◇綱 領（Principles）
　　　私たちは美しい地球を守り，次の世代に残します
　　　私たちはかけがえのない自然と文化遺産を大切にします
　　　私たちは訪問先の歴史や文化伝統を学びます
　　　◇ガイドライン（Guidelines）
　　　自然の花や植物を大切にしましょう
　　　野生動物達をやさしく見守りましょう
　　　希少動物達の製品を買わないようにしましょう
　　　ごみは捨てずに持ち帰りましょう
　　　資源の節約をいつも心がけましょう
　　　遺跡や文化財を大切にしましょう
　　　訪問先の人々の習慣や生活様式を尊重しましょう
　　　訪問先国の言葉を話すように努力しましょう

　世界有数の観光都市である京都市は，近年，外国人観光客の急増等により，一部の観光地の混雑や，文化・習慣 の違いによるマナー違反等の観光課題が発生し，市民生活にも影響を及ぼす事態が生じていた。そこで，京都市および公益社団法人京都市観光協会（DMO KYOTO）では，持続可能な観光をこれまで以上に進めていくために，2020（令和 2）年「京都観光行動基準（京都観光モラル）〜京都が京都であり続けるために，観光事業者・従事者等，観光客，市

145

第Ⅱ部　社　会

京都観光行動基準
（京都観光モラル）

〜 京都が京都であり続けるために，観光事業者・従事者等，観光客，市民の皆様とともに大切にしていきたいこと 〜

【理念】

平安の都・京都
- 794年，永遠の平和と安寧への祈りをこめた都として誕生しました。平安京です。
- 以来，千二百有余年，京都は「平安」を理想とし，その悠久の歴史の中で，山紫水明の美しい自然と，文化，芸術，産業，学問，宗教，それらの根底に連綿と受け継がれている市民の暮らしや，生き方の哲学を育んできました。これら京都の育する宝は，世界の宝でもあります。
- 文化による世界との交流と平和の実現を「世界文化自由都市宣言」で高らかに掲げ，平和を志願する京都の営みを創する京都は，絶えずその宝を磨き，輝き続ける世界でも稀有の都市であり，今なお国内外の多くの旅人をひきつけてやみません。

観光の意義
- 「旅」とは，人に出会い，風景に出会い，心打たれる出来事に出会い，そして新たな自分自身に出会うこと…，人は「旅」をし，気付き，学び，感動し，元気をもらい，成長し，人生が輝く，魅力をもちます。
- また，人々が京都に，地域に幸福を与え，暮らしの笑顔を生み，豊かな人々や社会の幸せの礎となもちうちなから，地域の文化や自然，まちなみ調和し大壁のでまちづくりが表面することが，地域を次世代に継続・継承・発展させる原動力となちます。
- そして，人と人とのふれあい，交流により，住民の地域に対する誇り，愛着が育まれるとともに，お互いの地域に対する理解が増し，世界の平和，友好親善へとつながります。

京都観光と持続可能なまち
- 京都はこれまでから，国内外の人々に「旅」を提供しつつ，こうした観光が持つ力を活かして，地域固有の活性化を図るとともに，地域の文化や景観，コミュニティの継承に取り組み，また世界の友好親善に貢献してきました。
- しかし今，少子高齢化や生活様式の変化による文化の担い手不足，地域コミュニティの衰退，地域環境化，災害等の危機の発生など，観光客の急増等に伴う各種オーバーツーリズム問題が京都の「宝」を支えてきた地域の暮らしに影響を及ぼしています。
- 京都を持続可能なものとするためにも，これらの課題を解決し，京都の「宝」に更なる磨きをかけ，将来に継承しなければなりません。

新たな京都の魅力の創出
- そして京都は，先人たちが築いてきた伝統や都市格，常に新しいものに挑戦する進取の精神を融合させた人々の多様な交流により，絶えず新たな「宝」を創造してきました。
- 観光立京都の「宝」の消費ではなく価値を高めること，これからも，続く「持続可能な観光」に取り組み暮らしを大切にし，交流を深めることにより，また新たな「宝」を創出していくことが重要です。

策定目的
- これらを背景に，観光事業者・従事者等，観光客，市民が，京都が享受する「持続可能な観光」を，これまで以上に問題とし，SDGsの達成にも貢献していくため，それぞれの主体に大切にしていただきたいことを，また市民については，旅行者をあたたかく迎える京都市市民憲章を具体的に実践するものとして，以下の行動基準を策定します。
- なお，行政，観光協会等の関係者は，本行動基準に基づいて，様々な取組を行っていくものとします。

【行動基準】

＜観光事業者・従事者等の皆様と大切にしていきたいこと＞
〜 需要とともに事業が持続的に発展していくために 〜

地域文化・コミュニティの振興，市民生活と観光の調和
1　京都の魅力や，市民生活の豊かさが高まるよう，地域との調和に配慮し，地域文化・コミュニティ・経済の発展に貢献するとともに，観光客に対しても，地域のルールや習慣を伝えていきましょう。

質の高いサービス・商品の提供・人材育成
2　観光都市京都を次代へ引き継ぎたいと思っていただけるよう，京都の歴史や文化，伝統を学ぶとともに，観光客それぞれの生活習慣をよく理解し，敬い，おもてなしの心でサービス・商品の提供をしていきましょう。

環境・景観の保全
3　京都の美しい自然やまちなみ地球環境の保全につながるよう，地域の自然環境や景観に配慮するとともに，環境にやさしい事業活動を行いましょう。

災害や感染症等の危機への強い対応の実現
4　誰もが安心で安全に過ごせるよう事業を継続し，従業員の雇用を維持するよう，災害や感染症，事故等に注意し，十分に備え適切に行動しましょう。

＜観光客の皆様と大切にしていきたいこと＞
〜 京都をより深く味わい，楽しむために 〜

地域文化・コミュニティの振興，市民生活と観光の調和
1　より楽しい，京都の歴史や文化，伝統の継承・発展に貢献できるよう，地域のルールや習慣を尊重して行動しましょう。

環境・景観の保全
2　京都の美しい自然やまちなみ地球環境の保全につながるよう，地域の自然環境や景観に配慮するとともに，環境にやさしい行動を行いましょう。

相互理解・交流
3　京都一の実践が，異なる地域を知り，文化を認め合い，かけがえのない体験となるよう，京都の人々や地域と積極的にふれあうとともに，京都の努力を伝えていきましょう。

災害や感染症等の危機に強い対応の実現
4　誰もが安心・安全で過ごせるよう，災害や感染症，事故等に注意し，適切に行動しましょう。

＜市民の皆様と大切にしていきたいこと＞
〜 京都に誇りを持ち，かけがえのない京都の魅力を将来に引き継いでいくために 〜

地域文化・コミュニティの振興
1　京都の美しい自然やまちなみ地球環境の保全につながるよう，京都の魅力を知り，学び，存分に楽しみ，誇りを持ちましょう。

環境・景観の保全
2　京都の美しい自然やまちなみが将来にわたって引き継がれるよう，日常的な美化活動や緑化活動を行い，その保全に努めましょう。

相互理解・交流，災害や感染症等の危機に強い対応の実現
3　観光客との交流が，精神的な豊かさを向上させるとともに，友好の輪が広がる機会となるよう，観光客等と従事者等とよく協調しつつ，観光客を敬い，あたたかいおもてなしの心で接しましょう。

図8-2　京都観光行動基準（全文）

出所：京都市観光協会「京都観光モラル」。

民の皆様とともに大切にしていきたいこと〜」を策定した（図8-2）。

　2021年に京都市が実施した「日本人観光客持続可能な観光に対する意向調査」によると，サステナブルな旅行に対する意向は，「旅行中はなるべく徒歩，自転車，公共交通を使いたい（56%）」「地域の生活を守りながら観光をしたい（49.9%）」「地域の文化や文化財の維持・継承に貢献したい（40.5%）」また，「訪問地を思いやる行動の有無」で，「ある（71.8%）」，訪問地を思いやる行動内容については，「ごみを持ち帰る（36.4%）」「マナーを守る（12%）」「観光地，地元生活者への配慮（10.9%）」となっている。京都・錦市場で有料ごみ箱の設置などの実証実験が行われるなど，それぞれの立場の人がこの行動基準を守り活用することで，京都観光に関わるすべての人々が，持続可能な京都観光をともに創りあげていくことを目指している。その実現のためには適切な観光マネジメントが必要である。

　海外における旅行者の責任について，海洋保全・環境保護先進国としてのパラオの事例をみてみよう。2017年12月より観光客に「環境を守る誓約書」（図

第8章　観光における共創価値の創造とSDGs

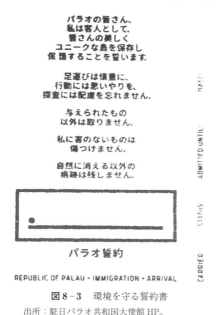

図8-3　環境を守る誓約書
出所：駐日パラオ共和国大使館HP。

8-3）のサインが義務づけられた。パラオ・プレッジ（誓約）といわれるもので，環境保護の目的で，世界で初めて入国時に誓約書にサインを求められる。パスポートに英語，日本語，中国語をはじめとした多言語で用意されたスタンプが押され，この署名欄にサインしないと入国できないこととなる。制約を破った場合，罰金が科せられる。この誓約に併せて2018年1月から，パラオへの旅行者に対する「プリスティン・パラダイス環境税（PPEF）」を導入し航空券代金に加算されて徴収される。パラオの自然環境を保護することを目的に徴収されるPPEFは，環境税，漁業保護基金，州，国庫へとそれぞれ分配される。同様の環境税の導入を検討している国，地域は多い。この他にも，環境にやさしい日焼け止めクリームの義務化（2020年より導入），容器（空き缶・ペットボトル等）デポジット制導入（2011年より），プラスチック製買物袋の使用禁止（2019年より導入）などの施策がとられている。

第Ⅱ部　社　会

日本版持続可能な観光ガイドライン（JSTS-D）の制定と活用

　日本においては，観光庁が2020年に日本版持続可能な観光ガイドライン（JSTS-D）を制定した。持続可能な観光の推進に資するべく，各地方自治体やDMO の皆様が多面的な現状把握の結果に基づき，持続可能な観光地マネジメントを行うための観光指標として策定したものである。

　日本版持続可能な観光ガイドラインは次の効果が期待される。

　　①自己分析ツール＝観光政策の決定，観光計画の策定に資するガイドラインとして活用
　　②コミュニケーションツール＝地域が一体となって持続可能な地域／観光地づくりに取り組む契機に
　　③プロモーションツール＝観光地としてのブランド化，国際競争力の向上

　これは，自治体，DMO，観光事業者がよりサステナブルな観光企画，サステナブルな観光地域づくりに取り組むためのサポートツールであり，持続可能な観光推進体制の現状把握，事業評価や地域・事業者の政策・戦略策定のガイドラインとして活用することができる。

　日本版持続可能な観光ガイドラインを活用するために，和歌山大学観光学部・法政大学環境デザイン工学部が，サステナブルツーリズムに関する現状把握を支援するアプリケーション「STARs (Sustainable Tourism Assessment & Review System)」を開発した。STARs は自治体や宿泊事業者，ツアーオペレーターのサステナブルツーリズムに対する取り組み状況の評価および可視化を行い，サステナブルツーリズムに関する現状把握を支援するツールである。

　これには日本版持続可能な観光ガイドライン（JSTS-D［デスティネーション］）と事業者用基準（GSTC-I［宿泊・ツアーオペレーター］）に準拠したチェックリストが備わっており，各項目の自己分析をすることでサステナブルツーリズムに向けた地域や観光事業者の取り組み状況をグラフ等により可視化することができる。この機能に加えて，アカウント作成を行うとチェックリストの結果を保存する機能が利用可能になり，過去の評価結果の振り返りによる継続的な改善

第8章 観光における共創価値の創造とSDGs

が可能となる。[9]

　JNTOもこうしたサステナブルな旅をめぐる国際的な潮流を受けて，2021年に「SDGsへの貢献と持続可能な観光（サステナブル・ツーリズム）の推進に係る取組方針」を策定している。

南方熊楠のエコロジーの概念と観光と持続可能な開発目標における課題

　2004年に「紀伊山地の霊場と参詣道」が世界遺産に登録されたのは，これらを取り巻く人と自然が長い年月をかけて育んできた文化的景観が類を見ないものとされたからである。自然崇拝を起源に神道，仏教，修験道の一大聖地として熊野三山（熊野本宮大社，熊野速玉大社，熊野那智大社）は信仰を集めてきた。参詣道としての熊野路を平安時代の上皇，貴族をはじめとして多くの人々が歩き詣でたのである。この地で注目されるのが南方熊楠である。熊楠は自然保護の先駆者，菌類研究家，植物学者，民俗学者など様々に称される。熊楠は1867（慶応3）年に紀州藩の城下町和歌山で生まれ，東京大学予備門（旧制一高の前身）に入るも落第，アメリカ，イギリスへ遊学，帰国後，那智大社へ上る途中の那智村に居を構え，そして古来熊野への入り口だった田辺市に下り定住する。

　1906（明治39）年に発布された合祀令[10]によって和歌山県下でも神社合祀が積極的に推進されるようになり，小集落ごとの小祠が合祀廃社とされていった。社の樹木が切り倒されることに反対し東大植物学科教授松村任三をはじめ多くの知人へ宛てて意見書を記した。熊楠は，この反対運動にあたり8つのスローガンを掲げている。書簡では，それぞれのスローガンについて詳細な説明を行っているがここでは省略する。

　　神社合祀は，第一，神社合祀で敬神思想を高めたりとは，政府当局が地方
　　官公史の書上に瞞されおるの至りなり。第二，神社合祀は民の和融を妨ぐ。
　　第三，合祀は地方を衰微せしむ。第四，神社合祀は国民の慰安を奪い，人
　　情を薄うし，風俗を害することおびただし。第五，神社合祀は愛国心を損
　　ずることおびただし。第六，神社合祀は土地の治安と利益に大害あり。第
　　七，神社合祀は史蹟と古伝を滅却す。第八，合祀は天然風景と天然記念物

149

第Ⅱ部　社　会

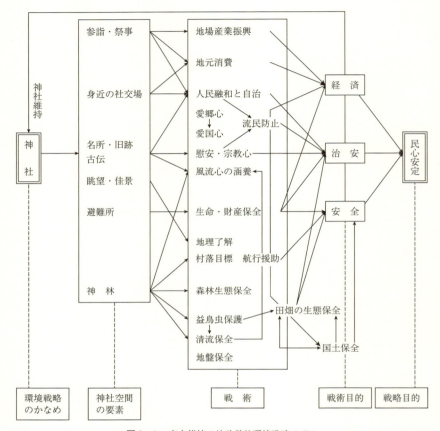

図 8-4　南方熊楠の地政学的環境戦略モデル
出所：中村（2010）。

を亡滅す。

（白井光太郎宛書簡，1912年2月9日，神社合祀に関する意見《原稿》，南方熊楠全集7巻）

　熊野の森を守るために熊楠は孤軍奮闘の反対運動を続け，エコロジーの概念を唱え，生態系の重要性を訴えた。熊楠は仏教と植物研究をつきつめて地球が一つの生命体であることを思考していたのである。当時政府の高級官僚で理解者でもあった柳田國男は松村宛の2通の手紙を冊子「南方二書」として各界の

第8章 観光における共創価値の創造とSDGs

有識者に配布した。反対運動は徐々に広まり，知識人，官僚等を動かすように
なり，1918（大正7）年，貴族院で神社合祀政策は廃止が決定され収束した。
中村（1988）は，この神社合祀反対意見の内容を詳細に分析し，熊楠独特のレ
トリックの真意を読み取ったうえで「南方熊楠の地政学的環境戦略モデル」と
して視覚化した（図8-4）。このモデルが表すものは，環境生態系の破壊が，
地域社会や文化の破壊と切り離せないというSDGsの先駆けともいえる理念を，
100年前に先見性をもって訴えた人物がいたという証である。

　熊楠の，エコロジーという当時の日本においての新しい考え方をもって，観
光と持続可能な開発目標を見たときに，持続・保全と開発が併存している点に
疑問を感じるのは筆者だけではない。持続可能な発展の概念は一義的なもので
はなく，研究者の間でも論争（sustainable tourism debate）がある。経済的価値
と観光公害はトレードオフの関係でいいのか，環境を維持しつつ文化的価値を
保ち，開発をしつつ経済的価値を高めることのバランスをどうとるべきなのか
が観光産業の当事者と地域，そして旅行者自身にも問われている。

注

(1)　2005年4月実施の観桜客アンケート調査から，このような目的に約83％の人が賛
　　成または少しの金額なら賛成と回答した。

(2)　2019年7月に吉野山地区の現状や課題を踏まえ，コンセプトや目標を設定し，吉
　　野山の賑わいづくりにつながる「吉野町吉野山地区まちづくり基本構想」が策定さ
　　れた。

(3)　国土交通省総合政策局環境政策課「運輸部門における二酸化炭素排出量」（2021
　　年4月27日）。

(4)　一般社団法人 more trees は，音楽家坂本龍一氏が代表を務める森林保全団体。

(5)　J-クレジット制度は省エネルギー機器の導入や森林経営などの取り組みによる，
　　CO_2などの温室効果ガスの排出削減量や吸収量を「クレジット」として国が認証す
　　る制度。

(6)　2018年年間の都ホテルズ＆リゾーツ19施設の電力使用量，ガス使用量，宿泊人数
　　の合計及び全国代替値（電力），各ガス会社公表の排出係数を基に算出（近畿日本
　　ツーリスト・パンフレットによる）。

(7)　SAF「Sustainable（持続可能な）Aviation（航空）Fuel（燃料）」廃食油や都市
　　ごみ，木質バイオマス，藻などを原料とするジェット燃料で，原油を使った通常の

151

第Ⅱ部　社　　会

　燃料に比べ，二酸化炭素（CO_2）排出量を6〜8割削減可能。

⑻　地域の「稼ぐ力」を引き出すとともに地域への誇りと愛着を醸成する「観光地経営」の視点に立った観光地域づくりの舵取り役として，多様な関係者と協同しながら，明確なコンセプトに基づいた観光地域づくりを実現するための戦略を策定するとともに，戦略を着実に実施するための調整機能を備えた法人。

⑼　STARs（Sustainable Tourism Assessment & Review System）（https://sustourism.net）（2022年10月5日閲覧）.

⑽　明治政府は，神道国教化政策の一環として財政基盤の弱い産土社の合祀廃合を図った。

参考文献

大橋昭一（2010）『観光の思想と理論』文眞堂，230-232頁。

柏木千春（2018）『観光地の交通需要マネジメント』碩学社，69-95頁。

㈱JTB総合研究所（2018）『観光学基礎──観光に関する14章』47-48頁。

唐澤太輔（2015）『南方熊楠』中公新書，206-215頁。

神田達哉（2021）「サービスと価値共創」『人が活躍するツーリズム産業の価値共創』成山堂書店，23-39頁。

菅野佐織（2008）「価値創造による地域ブランド構築」『国府台経済研究』19⑵，千葉商科大学，121-133頁。

菅野佐織・若林宏保（2008）「ブランデッド・シティ構築戦略と資産──価値評価モデルの開発」『マーケティング・ジャーナル第107号』日本マーケティング協会，82-96頁。

岸野啓一・柏木千春・葛城滝男・大北雅祥（2006）「奈良県吉野山における観桜期の観光交通対策に関する事例報告」『土木計画学研究・論文集』34，土木計画学研究委員会。

京都市産業局（2022年6月22日）「令和3（2021）年観光客の動向等に係る調査」。

熊田順一（2019）「オーバーツーリズムを賑わいに変えるには」『汎交通第Ⅲ号』日本交通協会，33頁。

桑田政美（2010）「顧客価値創造型観光地への進化についての考察」『第25回日本観光研究学会全国大会学術論文集』日本観光研究学会，277-280頁。

小谷達男（1994）『観光事業論』学文社。

谷口晋平（2019）「価値のものさし」『広告』413，#0価値，博報堂，47-63頁。

近勝彦（2010）「経験経済学序説」『経験の社会経済──事例から読み解く感動価値』晃洋書房，7-8頁。

ドラッカー，P.F.／上田惇生編訳（2011）『マネジメント──基本と原則』ダイヤモンド社。

中瀬喜陽監修（2012）『別冊太陽・南方熊楠——森羅万象に挑んだ巨人』平凡社，
　　68-71頁。

中村良夫（1988）「社会・環境システム史からみたアメニティの位置づけについて」
　　『環境システム研究』16，土木学会，14-19頁。

中村良夫（2010）『都市をつくる風景』藤原書店，165-167頁。

日本政府観光局（2021年6月）「SDGsへの貢献と 持続可能な観光（サステナブル・
　　ツーリズム）の推進に係る取組方針」。

長谷政弘編著（1997）『観光学辞典』同文舘出版，1頁。

ブッキング・ドットコム「サステナブル・トラベルに関する調査結果」（https://
　　news.booking.com/ja/sustainable-travel-report-2022/）（2023年2月22日閲覧）。

真板昭夫（2016）「宝探しとエコツーリズム」『地域創造のための観光マネジメント講
　　座』学芸出版社，32-33頁。

南方熊楠（1991）『南方熊楠全集　第7巻』平凡社，477-594頁。

大和里美（2013）『観光の満足と地域イメージ——地域再生の観光マネジメント』大
　　阪教育図書。

Reid, Carlton「フランスの短距離便禁止令，欧州委も承認 パリ発着3路線廃止へ」
　　（https://forbesjapan.com/articles/detail/52555）（2023年2月18日閲覧）。

UNIC「持続可能な観光国際年について」（https://www.unic.or.jp/news_press/
　　features_backgrounders/23163/）（2023年2月18日閲覧）。

UNWTO（2015）「観光と持続可能な開発目標パンフレット」。

UNWTO駐日事務所「持続可能な観光の定義」（https://unwto-ap.org/why/tourism-
　　definition/）（2023年2月18日閲覧）。

UNWTO「世界観光倫理憲章（The Global Code of Ethics for Tourism）」（https://
　　unwto-ap.org/document/world-tourism-ethics-charter/）（2023年2月26日閲覧）。

UNWTO「責任ある旅行者になるためのヒント（Tips for a Responsible Traveler）」
　　（https://unwto-ap.org/tips/）（2023年2月26日閲覧）。

UNWTO（2019）「オーバーツーリズム（観光過剰）——都市観光の予測を超える成
　　長に対する認識と対応・要旨」（https://www.e-unwto.org/doi/pdf/10.18111/
　　9789284420667）（2023年1月24日閲覧）。

第9章
巡礼の現場でSDGsを考える

張　政遠

1　レトリックと現実

絶滅の始まり

「持続可能な開発目標（Sustainable Development Goals, 以下SDGs）」を考える
前に，まずグレタ・トゥーンベリさんの訴えに耳を傾けたい。2019年に，当時
高校生だったグレタさんがニューヨークの国連本部で開かれた「気候行動サミ
ット」で，「絶滅の始まりです。なのに，あなたたちが議論しているのはお金
や永遠の経済成長というおとぎ話だけ。許せない！」と訴えている。「あなた
たち」とは政治家や資本家だけではなく，「私たち」でもある。言い換えれば，
環境破壊の深刻さを知っているにもかかわらず，「私たち」が十分なアクショ
ンを起こしていないということである。

　回顧すれば，レイチェル・カーソンは『沈黙の春』（1962年初版）の中で，す
でに警鐘を鳴らしている。「核戦争が起れば，人類は破滅の憂目にあうだろう。
だが，いますでに私たちのまわりは，信じられないくらいおそろしい物質で汚
染している。化学薬品スプレーもまた，核兵器とならぶ現代の重大な問題と言
わなければならない。植物，動物の組織のなかに，有害な物質が蓄積されてい
き，やがては生殖細胞をつきやぶって，まさに遺伝をつかさどる部分を破壊し，
変化させる。未来の世界の姿はひとえにこの部分にかかっているというのだ」
（カーソン 1974：19）。また，30年ほど前に，環境問題の議論を世界レベルで行
った。つまり，1992年のリオ地球サミットでは，環境保護を国際社会にアピー
ルし，のちに「アジェンダ21」「環境と開発に関するリオ宣言」「森林原則の声

第Ⅱ部 社　会

明」「気候変動枠組条約」「国連生物多様性条約」などが採択された。それにも
かかわらず，実際議論されたのはお金と経済成長ばかりであり，問題を解決す
ることには至っていない。例えば，カナダ政府の「リオの地球サミット 国連
環境開発会議（UNCED）の概要」の中で，次のように記録されている。

　　UNCED では，130カ国以上が「気候変動に関する条約」と「生物多様性
　　に関する条約」に署名した……。UNCED の交渉は，結局，お金の問題に
　　帰結した……。UNCED に参加した154カ国の政府の交渉上の立場は，5
　　大協定によく表れているが，個々の政府の立場はそうではない。UNCED
　　で最も影響力のある5カ国は，その態度を次のように要約することができ
　　る。カナダは「do it」（実行せよ），米国は「delay it」（延期せよ），ドイツは
　　「registrate it」（規制せよ），日本は「solve it」（解決せよ），そしてインドは
　　「sell it」（販売せよ）である。[2]

　各国それぞれの思惑が生々しく表現されているわけだが，注目すべきは，問
題解決に意欲的な日本は，環境先進国のリーダーとして積極的にアピールして
いたことである。しかしながら，近代から現代まで，日本には多くの環境問題
が発生しており，簡単に解決できない問題もたくさんある。ジョナサン・テイ
ラーは日本のグローバル環境主義のレトリックと現実について，次のように指
摘している。「最近の日本の環境保護に関する言説の多くは，日本国内の環境
問題はすでに解決済みであるという前提に基づくものである。したがって，日
本の国際的な環境保護の役割を高めようとする議論は，日本国内での公害防止
の実績が成功したという信念に基づいているのである。確かに，1950年代から
60年代にかけて，日本の環境の多くが劇的に改善されたという点では，コンセ
ンサスが得られている。しかし，それは以前の状況との比較に過ぎない」
（Taylor 1999）。換言すれば，レトリックを多用している日本は環境先進国とし
て自負しているが，現実として課題が山積みである。たとえ問題を解決する目
標を設定し，それに向けて解決する努力を評価すべきものがあったとしても，
解決できていない難題がある。解決できていないことを解決できたというのは，

156

第❾章　巡礼の現場で SDGs を考える

自己欺瞞にすぎない。プラトンは『パイドロス』の中で，哲学とレトリックの相違を強調し，本当の知識ではなく，臆見にしか語られないレトリックを痛烈に批判した。私たちはレトリックに翻弄されることなく，現実を知ることが喫緊の課題であろう。そのためには，現場で確かめるしかないと筆者は考えている。

巡礼の哲学

　近年，筆者は「巡礼の哲学（philosophy of pilgrimage）」を実践している。日本哲学者の和辻哲郎（1889～1960）は1919年に『古寺巡礼』を出版したが，巡礼の対象について，「われわれが巡礼しようとするのは『美術』に対してであって，衆生救済の御仏に対してではないのである。たといわれわれがある仏像の前で，心底から頭を下げたい心持ちになったり，慈悲の光に打たれてしみじみと涙ぐんだりしたとしても，それは恐らく仏教の精神を生かした美術の力にまいったのであって，宗教的に仏に帰依したというものではなかろう」（和辻 1979：37）と述べている。仏像は果たして単なる美術品であるか。『古寺巡礼』を精読すれば，巡礼の対象は美しい仏教美術や素晴らしい建築だけではなく，捨てられた仏像や破壊された寺院もあった。例えば，第五章では新薬師寺を紹介しているが，それにたどり着くには奈良市内を横断しなければならない。注目すべきは，「廃都」という表現が使われたことにある。釈が棄てられた都の寂しさを描いた和辻は，巡礼することを通じてある記憶を蘇らせようとした。その記憶とは，日本文化が雑種的にメタモルフォーゼしていった記憶である。

　「アニメ聖地巡礼」という現象，つまり「2000年後半ごろから，活発に書籍やガイドブックで取り上げられ，アニメ聖地巡礼を特集する書籍や雑誌なども出てきた」（岡本 2018：75）ことがあるが，本章ではより広い意味での「巡礼」，つまり「巡礼」は宗教上の意味での聖地巡りでもなければ，霊場巡拝でもなく，記憶をよみがえらせる実践として定義したい。例えば，われわれは東北の被災地を巡り，震災と復興について記録している。重要なのは単なる目の前にある風景を見るだけではなく，むしろその場所の風土と歴史を吟味することであろう。また，環境問題の現場を巡ることもあるが，重要なのは単なる目の前にあ

第Ⅱ部　社　会

る風景を見るだけではなく，むしろ忘却された歴史を知るのである。以下，巡礼の現場として2つの「恋人の聖地」，2つの被災地，そして亀岡市の現場を紹介し，SDGsを考えてみたい。

2　「恋人の聖地」

ハートの湖＆ハートランド城

　唐突ではあるが，日本には「恋人の聖地」というプロジェクトがある。さしあたって，その趣旨文を引用しておこう。

　　NPO法人地域活性化支援センターでは「少子化対策と地域の活性化への貢献」をテーマとした『観光地域の広域連携』を目的に「恋人の聖地プロジェクト」を展開しています。（中略）このプロジェクトでは「非婚化・未婚化の進行」を少子化問題のひとつとして捉え，日本全国で選定された200ヶ所を越える「恋人の聖地」とともに，フランスのモン・サン・ミッシェルをはじめ海外の著名な観光地にも参画いただき，各地域による様々な活動を通して若い人々のみならず地域社会に向けて「結婚」に対する明るい希望と空気の醸成を図るための活動をしています。[3]

　全国各地に「恋人の聖地」が点在している。代表的な例としては，横浜市にある「横浜マリンタワー」である。タワーから横浜港，ベイブリッジ，みなとみらい21地区など一望でき，近くにはデートスポットの山下公園があるから，「プロポーズにふさわしいロマンティックなスポット」だと言われている。しかし，ここでは私は次の2つの「恋人の聖地」を取り上げたい。

　1つは，栃木県栃木市藤岡町にある「ハートの湖＆ハートランド城」である。公式サイトではこう紹介されている。

　　渡良瀬遊水地の南端にハート形をした湖「谷中湖」があります。面積は山手線の南側とほぼ同じ4.5k㎡，2,640万㎥の水を貯めることができ「首都圏

158

第❾章　巡礼の現場で SDGs を考える

の水がめ」として 1 日に216,000㎥の水を補給することができます。これ
は東京ドーム22杯分，約64万人分の生活用水で，台風など大水の時には水
を一時貯めて洪水を防ぐ役割を果たしています。計画では丸型に作る予定
の谷中湖でしたが，谷中村の跡を残し池に沈めないようにしたところ，偶
然にも「ハート形」になりました。湖の中央には中の島と呼ばれる場所が
あり眺望も抜群です。日本一大きなハートの中心で愛を叫べば恋愛成就間
違いなしです。渡良瀬遊水地のガイダンスセンターである「渡良瀬遊水地
ハートランド城」はかわいいとんがり帽子の建物で，最上階の展望室から
は渡良瀬遊水地や富士山が遠望できます。運が良ければ「東京スカイツ
リー」が見えるかもしれません[4]。

足尾鉱毒事件

　ここは「プロポーズにふさわしいロマンティックなスポット」であるかどう
かに関しては各自の判断に委ねるが，「谷中湖」は日本初の公害事件とされて
いる「足尾鉱毒事件」で廃村となった現場である。もともと渡良瀬川の上流に
足尾銅山があり，明治時代から精錬所からの有害ガスが排出し，また乱伐や山
火事によって山の保水力が低下し，氾濫が頻発していた。栃木県出身で衆議院
議員に当選した田中正造は，1891年 9 月には早くも「鉱毒」という言葉を手紙
や日記で使っていた。同年12月の第 2 回国会で，足尾銅山問題について政府に
質問状を送り，足尾銅山が近隣の農地だけでなく，河川敷の竹林にも深刻な環
境問題を引き起こしていることを主張し，被害を受けている人々をどのように
救済し，将来の被害をどのように防ぐかを政府に求めていた。政府からの回答
者は，農商務大臣の陸奥宗光であったが，「ソノ被害ノ原因ニ就テハ未ダ確実
ナル試験ノ成蹟ニ基ケル定論ノアルニアラズ」（田中 2004［一］：106）と述べ，
政府の責任を回避しようとした。

　1892年，田中は第 3 回国会で政府に対して再度の質問状を提出した。農科大
学調査班の報告書には「足尾銅山工業所排出水ノ渡良瀬川ニ入ルモノ有毒物ヲ
含有スルコトマタ事実ナリ云々」（田中 2004［一］：107）と書かれており，足尾
銅山がこの地域の水質問題の原因であると結論づけている。銅山と公害の因果

159

第Ⅱ部　社　会

関係が確認された以上，政府はもはや責任を回避することはできないが，農商
務大臣の河野敏鎌は，農作物の足尾鉱毒にあると認めたが，鉱業特許を取り消
す必要なしとした（田中 2004 ［一］: 108）。

　しかし，1896年9月，豪雨による大洪水が発生し，状況は一変した。田中が
日記に「大雨大洪水アリ，予栃木県あその植野村法雲庵ニアリ。目下ノ堤防崩
壊セントス」（田中 2004 ［一］: 141）と記している。浸水した地域は足尾鉱山の
汚水によって激しく汚染され，多くの被害をもたらしている。そこで田中は，
汚染地域の中心に位置する雲龍寺に仮事務所を構えた。その後，この寺は鉱毒
反対運動のセンターの役割を担ったという。田中と雲竜寺の黒崎和尚の往復書
簡からは，田中が常に地元の人々と親交を深めようとしていたことがわかる。
特に，若者の教育の重要性を強調している田中は，「青年ニあらざれ新教育な
し。新教育なけれバ新思想なし。新思想なけれバ今のよの新世界ニハ当り申さ
ず候」（田中 2004 ［一］: 161）とも書いている。

　結局，田中らは社会運動を起こしており，鉱山会社や政府に対するデモは数
多く行った。例えば1897年，何千人もの農民が栃木から東京まで行進し，数百
人が上京できた。この押出しは全国紙で報道され，足尾銅山問題に人々の関心
を集めることになった。しかし，1900年に悲劇的な出来事が起こった。数千人
の村人が雲竜寺から東京まで行進する途中，群馬県の川俣で警察と激しく対立
したのである。多くの農民が負傷し，逮捕された。この事件は「川俣事件」と
して知られている。その後，田中が国会で次の質問状を提出した。

　　一民ヲ殺スハ国家ヲ殺スナリ
　　法ヲ蔑ニスルハ国家ヲ蔑スルナリ
　　皆自ラ国ヲ毀ツナリ
　　財用ヲ濫リ民ヲ殺シ法ヲ乱シテ而シテ亡ビザルノ国ナシ、コレヲ奈何
　　右質問ニ及候也（田中 2004 ［一］: 223）

　皮肉なことに，山縣有朋首相は「質問の旨趣要領を得ず。依て答弁せず」と
回答を拒否した。1901年，田中は明治天皇に「直訴」しようとして全国民を驚

かせた。「直訴状」の一部を引用しておこう。

　　陛下ノ赤子ヲシテ日月ノ恩ニ光被セシムルノ途他ナシ。渡良瀬河ノ水源ヲ
　　清ムル其一ナリ。河身ヲ修築シテ其天然ノ旧ニ復スル其二ナリ。激甚ノ毒
　　土ヲ除去スル其三ナリ。沿岸無量ノ天産ヲ復活スル其四ナリ。多数町村ノ
　　頽廃セルモノヲ恢復スル其五ナリ。加毒ノ鉱業ヲ止メ毒水毒屑ノ流出ヲ根
　　絶スル其六ナリ。如此ニシテ数十万生霊ノ死命ヲ救ヒ居住相続ノ基ヘヲ回
　　復シ其人口ノ減耗ヲ防遏シ，且ツ我日本帝国憲法及ビ法律ヲ正当ニ実行シ
　　テ各其権利ヲ保持セシメ，更ニ将来国家ノ基礎タル無量ノ勢力及ビ富財ノ
　　損失ヲ断絶スルヲ得ベケンナリ。若シ然ラズシテ長ク毒水ノ横流ニ任セバ
　　臣ハ恐ル其禍ノ及ブ所将サニ測ル可ラザルモノアランコトヲ。（田中 2004
　　［一］：297-298）

　「直訴」は天皇に対する無礼な行為とされていたが，田中にとってこのパフ
ォーマンスが最後の手段であった。1902年，足尾鉱毒による氾濫被害の軽減の
ため，渡良瀬川下流部に遊水地を造る計画が打ち出された。当時，日本はロシ
アとの戦争が始まろうとしたが，田中は「谷中問題ハ日露問題より大問題な
り」（田中 2004［二］：19）と主張し，「現在の形勢，戦争の勝敗よりハ寧ろ内地
ニ虐政ニ死するもの多からん」（田中 2004［二］：34）と持論を展開しているが,
対ロシア戦争を止めることができなかった。谷中村に関しても，田中は村の運
命を変えることもできなかった。1907年，政府は谷中村に土地収用法適用認定
を公告し，谷中堤内と堤上に住んでいる残留民16戸を強制破壊した。
　2023年３月に，筆者はこの「恋人の聖地」を巡礼した。実際，「道の駅かぞ
わたらせ」の屋上展望台に行けば，ハートのモニュメントがあり，あそこから
「ハートの湖」を一望である。「ハートの湖＆ハートランド城」という名前は,
（旧）谷中村の負の歴史を忘却させるレトリックと言わざるを得ない。この
「恋人の聖地」を去り，「旧谷中村合同慰霊碑」を巡礼したが，忘れられた歴史
を蘇らせたいと思った。

第Ⅱ部　社　会

3　もう一つの「恋人の聖地」

恋路島を臨む親水公園

　上述のように，「恋人の聖地」とはプロポーズにふさわしいスポットとして日本全国に約200カ所あり，訪れたすべての人の恋が成就するらしい。ここでは，もう一つの「恋人の聖地」，すなわち水俣市にある「恋路島を臨む親水公園」を取り上げたい。紹介文はこうなっている。

　　　熊本県の広域公園であるエコパーク水俣は，緑あふれる竹林園や約450種・5,000本のバラが咲き誇る花の里，スポーツ公園などがあり多くの人々が訪れる憩いの場所。中でも水俣湾に面し，エコパーク水俣の先端にある親水護岸は，ボードウォークが約465m続き，汐の香りと波の音を聞きながらゆっくりと散策ができる。サンゴや熱帯魚のすむ美しい海である不知火海と恋の伝説がある恋路島を臨むことができ，夕方は不知火海に沈む夕日を眺めることができる絶景ポイント。また周辺地域は海も山も魅力にあふれ，情緒ある名湯・秘湯や歴史に思いをはせるスポットが点在している。[5]

　「エコパーク水俣」は，約40ha の広さを誇り，物産館やレストランのある道の駅，陸上競技場やサッカー場などのスポーツ施設，そして竹林公園やバラ園なども整備されている。一見，ここは「プロポーズにふさわしいロマンティックなスポット」になりうるかもしれない。しかし，ここは四大公害病（「水俣病」「新潟水俣病」「イタイイタイ病」「四日市ぜんそく）の現場の一つである。エコパーク水俣という広大な土地はいわば人工的に造成された土地ではあるが，実は水俣湾の有機水銀を含む汚泥を埋立て封じこめるために施工され，485億円もかかった事業であった。

第9章　巡礼の現場でSDGsを考える

水俣巡礼

　2022年6月に筆者は水俣を訪れた。熊本空港から水俣市へ車を走らせた途端,いきなりの激しい雨に見舞われた。同行者はその突然の雨を「土砂降り」や「禊落とし」などと表現したが,筆者には「何のためにここに来るのか」という怒鳴りに感じられた。最初の目的地は,湯出温泉という『苦海浄土』の作者である石牟礼道子のゆかりの地である。水俣から湯出温泉への道は,石牟礼の実家が作った道である。昔の道はコンクリートの道ではなく,山の斜面から切り出された石で道路が作られており,「花の道」と言われている。しかし,コンクリートで道を作るようになって,「花の道」と感じる能力がなくなったという。雨のなかで「花の道」を探したが,残念ながらコンクリートの道やアスファルト舗装の道しか見つからなかった。

　快晴の翌朝に,エコパークと呼ばれている水俣湾埋立地にある水俣市立水俣病資料館,環境省水俣病情報センター,熊本県環境センターに行ってみた。その後,水俣病センター相思社の永野三智さんのご案内で,百間排水口・乙女塚・湯堂漁港などを巡った。チッソが排出した汚染水は不知火湾を汚染しただけではなく,恋も知らない子どもたちを含めて多くの人々を悲しませたはずである。悲しみの現場を巡礼したあと,相思社で開催された「痛む人々のこえを聴く」というイベントに参加した。永野さんの他に,大阪で看護師を務めている伊藤悠子さんが登壇者となり,大変興味深い対談が行われた。水俣出身の永野さんは一度故郷を離れて子どもと海外で夢を追ったものの,相思社に就職してからは,地元出身の水俣病患者たちと彼らの家族に寄り添う側となった。痛む人々のこえを聴くことは決して簡単ではない。実際,訪問先で「帰れ」と怒鳴られたこともある。また,胎児性水俣病の場合においては,その真実を解明することがなかなか難しい。理解できないかもしれないが,ともに苦しむことを目指している彼女にとって,相思社という場所はただ患者を癒す場所ではなく,戦う拠点でもある。

　看護師という仕事柄,患者と接することが多い伊藤さんは,児童虐待防止にも携わっている。知らない人から相談を受けるとき,まず相手の病名・現状ではなく,名前と方言が大事である。そして,聴くことはその人の物語を再現す

163

第Ⅱ部　社　会

ることであり，たとえ植物状態となった患者が言葉を発することができないとしても，表情や脈から「こえ」を感じ取ることができるという。「こえ」をあげられない人のため，代わって「こえ」をあげるという言葉に感銘を受けた。なるほど，聴くことはただ人の話を聴いて何もしないという無責任な行為ではなく，社会変革を起こす実践であると思った。ちなみに，対談のなかで，水俣に住んでいるある親が子どもに魚を食べさせたエピソードが語られた。魚が汚染されたことを知らなかったならば，食べさせたことに対して自責することはないだろう。しかし，もし魚が汚染されたことを知りながらも，食べさせたことは親の自己責任論で済むわけにはいかない。汚染された魚介類を市場に流通させた地方自治体と国の責任がむしろ一番大きいと考えられる。

　今回のもう一つの目的は，水俣の海の今を知ることにあった。湯の児海水浴場では，水俣ダイビングサービス SEA HORSE の代表である森下誠さんが，ビデオカメラを持って海に潜り撮影した映像を陸上のテレビモニターに映し出し，水中マイクで質疑応答を行った。「ミナマタ」として世界に知られている水俣は，聖地よりも「死の海」というイメージが強いが，繁殖シーズン真っただ中のタツノオトシゴを見て，死から蘇った「生の海」を実感することができた。宮崎駿監督が水俣湾の復興に着目し，『風の谷のナウシカ』の「腐海」を発案したという。水俣にナウシカに関連した施設が建てば，大勢の人が聖地巡礼のために訪れると森下さんは熱弁した。結局，何のために水俣へ行ったのか。「巡礼のために」と筆者は答えたい。もちろん，「恋人の聖地」のご利益のためではなく，死者たちの「こえ」を忘れないためである。

　ちなみに，永野三智さんの『みな，やっとの思い坂をのぼる』に次のエピソードが紹介されている。

　　朝の9時。開館と同時に関東にある高校の生徒が親御さんと卒業論文用の
　　取材にやってきて「水俣病はなぜ解説しないのですか？」と質問を受ける。

　　そんなこと簡単に聞くなよー（笑）と思いながら「なぜ水俣病が解決して
　　いないと思うのですか？」と逆に質問をすると，「えぇと……裁判は続い

第9章　巡礼の現場でSDGsを考える

ているし，認定申請も多いし……」，なるほど。私の考えを力を入れて話
す（永野 2018：52）。

　要するに，同じ不知火海周辺に暮らし，同じ魚を食べ，同じ症状があったと
しても，一方では認定者として認められ，他方では未認定者となっている。
「認定・未認定者」という社会のシステムがあるかぎり，解決にはならないと
いうことである。

4　アンダーコントロールの現場

犠牲のシステム

　福島県出身の哲学者，高橋哲哉は，「原発が**犠牲のシステム**である」（高橋
2012：27，強調：原著者，以下同）と主張し，こう説明している。

　　そこには犠牲にする**者**と，犠牲にされる**もの**とがいる。（原発の場合，前者
　　は人間だが，後者は人間だけではない）。犠牲にするものとされるものとの関
　　係は，たしかに，必ずしも単純ではない。それは他の犠牲のシステムと同
　　じだ。しかし，だからといって，犠牲にする者と犠牲にされるものとの関
　　係が解消されるわけではない（高橋 2012：27-28）。

　筆者が研究している西田幾多郎は，「犠牲のシステム」についてまったく書
いていない。しかし，災害について重要なことを指摘している。ここでは1923
年に書かれた「大震災の後に」というエッセイを引用しておこう。

　　今度の大震災に逢いて，我々日本人は反省せなければならぬ多くのものを
　　得たと思う。一には誠実ということが足らなかった。煉瓦の建物であって
　　も，少しも手を抜かないで，誠実に手堅く出来ていたものは損害が少なか
　　ったそうである。二には有機的統一という考えに乏しかったということで
　　ある。一方に堅固な建築をしても，すぐその隣に潰れて火の出るようなも

165

第Ⅱ部　社　会

のがあれば，何の役にも立たない。水道があっても，それがすぐ破壊され
てしまうようでは，何の頼りにもならない。三に最も大なる欠点は深く考
えて大なる計画を立てるということがなかった。何事もその日ぐらしであ
る。わが国は元来地震国であり，特にこれまでの歴史に徴して，東京は何
十年目かに大地震の起こる恐れが十分ある。それにかかわらず，かかる恐
るべき天変地異に対しても何らの深い考慮がなかった。わが国では，毎
年々々水が出て，水が出れば汽車が不通となるのが例である。それでも人
はこれでならぬというものもない。何でも喉元過ぐれば熱さを忘れるので
ある。（中略）それから私はかかる機会において，人心がもう少し自然と
いうものを好愛するようになったらと思う。自然と文化とは相反するもの
ではない。自然は文化の根である。深い大きな自然を離れた人為的文化は，
頽廃に終わるの他はない。大きな一枚の大理石から彫みだされたような文
化であってほしい。我々はいつも眼の前にちらつく人為的文化にのみ憧れ
る必要はない。深く己の奥底に還ってそこから生きて出ればよい。（西田
1996：159-160）

　2023年は関東大震災100年の節目を迎えたが，西田の批判は今日にも当ては
まるところがあると思う。2011年の東日本大震災も2021年の東京オリンピック
も，「誠実ということが足らなかった」と言わざるを得ない。2013年に当時の
首相安倍晋三は，アルゼンチンのブエノスアイレスで開催されたIOC総会で
次の演説を行った。具体的に，「フクシマについて，お案じの向きには，私か
ら保証をいたします。状況は，統御されています。東京には，いかなる悪影響
にしろ，これまで及ぼしたことはなく，今後とも，及ぼすことはありません。
(Some may have concerns about Fukushima. Let me assure you, the situation is under
control. It has never done and will never do any damage to Tokyo.)[6]」という発言が
あったわけだが，福島の状況は果たしてアンダーコントロールであろうか。震
災を決して忘れないと強調すればするほど，時間が経つたびに忘却されてしま
い，「何でも喉元過ぐれば熱さを忘れるのである」と言わざるを得ない。

2つの被災地

筆者は2011年12月から何度も東北の被災地を巡ったが，そこはまさに記憶と忘却が闘う現場である。私見では被災地には2種類がある。1つは宮城県・岩手県の沿岸部の被災地である。原発事故から直接の被害がなく，ほぼ「復興した」とされている。しかし，復興工事の間に，他の町に住み慣れてしまうことが考えられる。阪神・淡路大震災の被災地とは違い，三陸沿岸には過疎化した地域が少なくなく，人口流出を阻止できないのが現状である。例えば，南三陸町では嵩上げ工事が完了し，震災遺構としての「防災対策庁舎」だけ低い土地のままで取り残されたが，本来の町とその記憶はもう消えてしまった。

もう1つの被災地は福島第一原子力発電所事故により，放射能に汚染された地域である。まだ「復興途中」であって，簡単に戻ることはできない。特にいわゆる「除染」という作業は実際のところ環境中の放射性物質を集めて保存するだけであって，「集染」あるいは「移染」にすぎない。そもそも汚染物を除くことが不可能であれば，故郷に戻るべきではない。例えば，『新地町の漁師たち』（山田徹監督，2016年）というドキュメンタリー映画を観て，実際新地町という港町を巡礼したが，汚染水の保存問題と海洋放出問題が解決しない限り，「風評被害」も「実質被害」もまだ出ている。「アンダーコントロール」とは言い難い現状においては，故郷に戻ることは「美談」としか思えない。

被災地の復興は進んでおり，沿岸部では10メートルもの高さの嵩上げ工事が行われているところもある。そのようにしてできた新しい町は，かつての記憶をなくしたゼロから始まる町となる。そうした中で，震災遺構を記憶装置として残していくことは大切なことであると思った。ただし，巡礼は，決して記憶装置を見るだけではない。巡礼では，ただ事実を知るだけでなく，たくさんの人に出会い話をする機会を得た。仮設住宅を訪問し，そこに住む方々のほうが大変なはずなのに私たちを温かく迎えてくださった。私たちはある意味で話を聞くだけしかできなかったが，それも非常に重要なことだと感じた。実際，福島県郡山地域職業訓練センターで哲学カフェを開催し，「復興」とは何かを地元の方々と話し合った。哲学を大学だけでなく，街の中でも行うべきである。一緒に議論し，耳を傾けてアイデアを共有するということも重要な哲学の実践

第Ⅱ部 社 会

だと信じている。

5 亀岡巡礼

水を飲めば源を思うべし

2022年の秋, SDGs の推進に資する地方自治体の取り組みを研修するために京都府亀岡市を訪れた。亀岡市といえば, 京都の奥座敷とされているが, 以前, 香港とアメリカの学生たちと一緒に常徳寺京都国際禅堂へ座禅をしに行ったことがある。真冬の禅堂での修行は身体的にも精神的にもかなり厳しいものであったが, 見事な雲海が見えて私にとって思い出深い場所だった。

今回は駅から徒歩で保津川下り乗船場に行って, 亀岡市長桂川孝裕氏と保津川遊船企業組合元理事長豊田知八氏より保津川の歴史や現状について説明を受けた。昔, 木材を組んだ筏を保津川に流して京都まで輸送していたが, 今日において川下りは, 亀岡市と京都市にとって重要な観光資源となっている。ちなみに, 保津川の本名が桂川であり, 亀岡流域の保津地区から保津峡の区間だけ保津川だという。

私たち一行は舟に乗り, 亀岡から嵯峨まで16km に及ぶ保津川を下った。峡谷と紅葉の絶景を満喫しながら, ペットボトル・タイヤ・レジ袋などのゴミも拾っていった。「飲水思源」(水を飲めば源を思うべし) という四字熟語があるが, 桂川の源は京都市左京区広河原・佐々里峠にあり, 終点は宇治川と木津川との合流地点にある。この合流地点は京都府と大阪府の境界付近にあり, 淀川の起点となっている。淀川は大阪湾に注いでいる一級河川であるが, 保津川からペットボトルを流してみたら, 一日くらいで大阪湾まで流されたという実験結果がある。

つまり, 深刻化する海洋プラスチックゴミ問題の解決の糸口は, 海だけでなく, 山にもあると思われる。そこで, 亀岡市はプラスチックゴミの減量に力を入れ始めた。国では, 2020年7月からレジ袋有料化を義務づけていたが, 亀岡市では, 2020年3月の議会において, 全国で初めてのプラスチック製レジ袋配布の禁止規定を可決した。これが「プラスチック製レジ袋の提供禁止に関する

168

条例」である。

　レジ袋配布の禁止は，3R（Reduce, Reuse, Recycle）の中の「Reduce」に属している。一方，SDGsからみれば，「ごみを極力出さない社会」という亀岡市の取り組みは，「エネルギーをみんなに，そしてクリーンに」「働きがいも経済成長も」「つくる責任，つかう責任」「海の豊かさを守ろう」「パートナーシップで目標を達成しよう」というゴールに関連している。例えば，ゴミの減量は結局ゴミ処理費用の削減のみならず，将来世代にとって負担となる「ゴミ処理施設」を新設しないことにつながり，河川の環境保全は海の豊かさを守ることにもつながる。

SDGsと幸福論

　ところが，SDGsはただ環境保全・CO_2削減だけではなく，「貧困をなくそう」「飢餓をゼロに」「ジェンダー平等を実現しよう」というゴールもある。さらに重要なのは，SDGsはずっと変わらないものではなく，時代によって変化するものである。そもそも，SDGsは2001年に策定された8つのミレニアム開発目標（MDGs）の後継として，2015年に国連サミットで採択されたものであり，また，2025年からは5年間の検討期間に入る予定である。

　おそらく，現存の17ゴールよりさらに増えるかもしれない。しかし，根本的な問題としては，SDGsの最終のゴールは何であるか，これについて再検討しなければならない。私見では，それは個人の物理的には豊かな生活ではなく，むしろみんなの精神的な「幸福」であると考える。そもそも「幸福」とは何か。「最大多数の最大幸福」という功利主義的な考えでいいのか。違う文化圏において「幸福」は違ってくるのか。人間以外の生き物にとって「幸福」とは何か。要するに，私たちは未来の生き物と人間の「幸福」のために何をすべきなのかが問われている。

　東日本大震災のあと，「幸福論」の復権という動きがある。震災以前の価値観をそのまま維持していいのか，それとも新しい価値を創生したほうがいいのか。例を挙げると，明るい未来のエネルギーとしての原子力発電は，立地自治体に「豊かな生活」を約束したが，原発事故が多くの「不幸」を生んだと言わ

第Ⅱ部　社　会

ざるを得ない。放射性廃棄物つまり核ゴミの処理方法が確立されていないなか，原子力を持続可能なエネルギーとして認めるべきか，これについて私たちは真剣に考えなければならない。

　柳田國男は，「それでいて我々がまずどうにかせねばならぬのは，少数篤志の家の愉快よりも，他の大変な多数の者の幸福ということである」（柳田1979：37）と書いている。地球上の「誰一人取り残さない（leave no one behind）」という理念を掲げている SDGs は，国・地方自治体・大手企業の要員たちがバッジをつけて推進するものではなく，社会全体の改革ではじめて実現するものだと筆者は信じている。

6　幸福になるために

　『14歳からのSDGs』という本の中で，グレタさんのことを「世界をリードする環境活動家」として紹介されながら，「子どもでも誰でも，変化を起こすことはできる」（水野谷 2022：37）という発言も引用されている。「SDGs がめざす世界へ，子どもも大人も，日本人も世界中の人々も少しでも変化を起こせば，いまは遠くにみえる SDGs がめざす世界に，思ったよりも早く到達できるかもしれません」（水野谷 2022：172）。「誰一人取り残さない」という理念から，一部のエリートが熱論する SDGs ではなく，中高生でも高齢者でも自由に SDGs を考えることが求められる。ただし，例えば「幸福」とは何かを問わずに，「幸福になるための諸目標」を設定しても意味がないというのは自明である。安易なレトリックにならないように，物事の本質を深く検討しなければならない。日本のグローバル環境主義のレトリックと現実についての議論を取り上げたが，リーダーとしてアピールする前に，解決されていない課題を「解決した」とせず，現実に真剣に向き合うことが極めて重要だと思っている。現場の真実を知るためには，巡礼することが一つの可能性である。

第**9**章　巡礼の現場で SDGs を考える

注

(1)　「温暖化に16歳少女『絶滅の始まりに』国連での涙の訴え」（2019年 9 月24日）
（https://news.tv-asahi.co.jp/news_international/articles/000165112.html）（2023年
3 月31日閲覧）。

(2)　「リオデジャネイロ地球サミット国連環境開発会議の概要」（https://publications.
gc.ca/Collection-R/LoPBdP/BP/bp317-e.htm）（2023年 3 月31日閲覧）。

(3)　「恋人の聖地プロジェクトとは」（https://www.seichi.net/about/）（2023年 3 月
31日閲覧）。

(4)　「恋人の聖地　ハートの湖＆ハートランド城」（https://www.seichi.net/sanctuary/
post-21623/）（2023年 3 月31日閲覧）。

(5)　「恋人の聖地　恋路島を臨む親水公園」（https://www.seichi.net/sanctuary/post-
2828/）（2023年 3 月31日閲覧）。

(6)　原文：「第125回国際オリンピック委員会（IOC）における安倍晋三内閣総理大臣
のプレゼンテーション」（https://japan.kantei.go.jp/96_abe/statement/201309/07ioc_
presentation_e.html）（2023年 3 月31日閲覧）。

　　日本語訳：「安倍総理の東京オリンピック招致演説に関する質問主意書」
（https://www.shugiin.go.jp/internet/itdb_shitsumon.nsf/html/shitsumon/a193055.
htm）（2023年 3 月31日閲覧）。

参考文献

岡本健（2018）『アニメ聖地巡礼の観光社会学』法律文化社。

カーソン，レイチェル／青樹簗一訳（1974）『沈黙の春』新潮文庫。

高橋哲哉（2012）『犠牲のシステム　福島・沖縄』集英社新書。

田中正造（2004）『田中正造文集』（一・二）岩波文庫。

永野三智（2018）『みな，やっとの思いで坂をのぼる』ころから。

西田幾多郎（1996）『西田幾多郎随筆集』岩波文庫。

水野谷優編著（2022）『14歳からの SDGs』明石書店。

柳田國男（1979）『木綿以前の事』岩波文庫。

和辻哲郎（1979）『古寺巡礼』岩波文庫。

Taylor, Jonathan（1999）"Japan's global environmentalism: rhetoric and reality,"
Political Geography, 18：535-562.

第10章
SDGs 未来都市かめおかのチャレンジ

桂川孝裕

1　将来ビジョン

地域の実態①——地域特性

地理的条件——都市からの好アクセス，盆地上の田園地帯を包む濃霧　亀岡市は，京都市の西方約20km，京都府中央にある亀岡盆地に位置する。近年におけるインフラ整備の進捗により，市内中心部（亀岡駅）から京都駅までJR快速で19分，また，京都縦貫自動車道や国道9号・372号・423号などの幹線道路により大阪・兵庫・京都の中心部と結ばれ，車で1時間圏内に1,500万人超が居住する好立地となった。

市域全体で自然が豊かであり，市の森林面積は1万5,100ha（京都府会議資料：2023年12月26日現在）と，市面積の7割を占める。また，市域の中央部には北から東に貫流する一級河川の桂川（保津川）が流れ，河川周辺の平地部に農地が広がり，その中に点在する社寺林などの樹林が景観上のアクセントとなり，一種独特の田園風景を醸しだしている。耕地面積は2,720haと京都府全体の1割を占め，古来より大嘗祭の奉祝田を務めてきた歴史から，「京都府の穀倉地」⁽¹⁾と称される。後述の「地域資源」でも言及するように，11月から3月の朝方に，放射冷却現象により市域全体を包み込む濃霧が発生することが本市の気候的特徴である。

人口動態——人口減少・高齢化，若者の転出超過　本市の人口は2001年の9万5,890人をピークに減少を続け，2023年3月1日時点で8万6,989人。この傾向が続いた場合，2030年に約7万7,000人，2040年に約6万6,000人にまで減少し，

国より高い減少率で推移することが推計されている（国立社会保障・人口問題研究所 2018）。人口減少の要因として，自然減及び社会減が同時に発生しており，特に社会減は2000年以降継続してきたが，2021年から転入超過となる。府内移動は転入超過，府外移動は転出超過となっており，府内では一定の人口吸引力があるが，進学・就職に伴う10代から30代にかけての若年層の転出超過が多い。さらに，人口の再生産力を示す若年女性人口（20〜39歳）は国・府より低い水準で推移しており，合計特殊出生率は改善傾向にあるものの国より低い。有配偶女性（15〜49歳）1,000人当たりの出生数である有配偶者出生率も国・府を下回っているため，結婚し，子どもを持った後に転入する世帯が多いベッドタウンだといえる。

産業構造——京都市のベッドタウン的な特性　市の産業別就業者数の割合（2020年10月1日現在）[(2)]は，第3次産業が67%，第2次産業が24%，第1次産業は4%と，全国平均にほぼ等しく，サービス産業化が進んでいる。京都府で3番目に大きい人口規模を有することから，市内の生産額上位の業態は，人口規模に比例した小売業等がおよそ半分を占める。この点は，居住人口の13%あまりが京都市に通勤通学する「京都市のベッドタウン」として発達してきたゆえの産業構造といえる。反面，外貨獲得に成功している産業が少なく，今後の人口減少が長期的に続く中で，本市の経済規模の縮小が危惧される。

　地域経済を見ると，地域経済循環率は2018年時点で67.5%と府内15市中4番目に小さく，「地産地消」ができていないことがうかがえる。また，付加価値額ベースの総生産額，工業製品出荷額及び年間商品販売額は，それぞれ2,144億円（2013年），1,295億円（2016年），877億円（2014年）[(3)]であり，他市と比較して地域の生産力は大きくない。これらの一因としては，①隣接する京都市のベッドタウンゆえに昼夜間人口比率が2015年時点で86%と小さいこと，②製造業は市内総生産，全事業者の2割強を占めるなど重要産業ではあるが，産業クラスターの形成や企業の立地集積が進んでおらず，域内生産に資金が還流する仕組みがつくられていないことが挙げられる。結果として，消費が域外に流出（2018年では93億円の流出）し，投資の49%に相当する288億円が域外に流出している（2018年）。

第10章　SDGs 未来都市かめおかのチャレンジ

地域資源——芸術，霧，スポーツ，スタジアム，観光，自然，農産物

（芸術，霧）亀岡市に活動拠点を有する京都芸術大学，私設美術館，地域で活動しビジネス上の発信力をも有する芸術家集団が居住し，ネットワークを形成している。上記の「地理的条件」で紹介したように，市域全体を包む濃霧が本市の特徴であり，「洗濯物が乾かない」「髪が濡れる」など市民にとって厄介な存在であった。しかしながら，山から見下ろす霧の景観は雲海のごとく美しく，大地においては霧を生み出す寒暖差が美味しい農産物を育み，霧の元となる豊かな水源は保津川下りに代表される自然観光を生み出すなど，霧は亀岡固有の豊かさにつながるアイデンティティである。この霧を象徴として，本市の魅力をとらえ直す「かめおか霧の芸術祭」を2018年度から開催している。

（プロスポーツ，スタジアム）国が進める「スタジアム・アリーナ改革」の第一号として，府立京都スタジアムが2020年1月からJR亀岡駅北口で開業している（2023年はJ1所属の京都サンガF.C.のホームスタジアム）。商業機能を備えた球技専用競技場として年間集客は30万人規模であり，亀岡市民のみならず全国メディアへの発信力も高い。

（観光）本市は世界的観光地の京都市に隣接し，京都府内で観光客が4番目に多い（2019年では340万人）[4]。特に，三大観光と称される湯の花温泉，保津川下り，嵯峨野トロッコ列車は，2019年でのべ180万人超が利用し，国内外に訴求する自然体験型の観光地として地位を確立している。しかし，2020年からの新型コロナウイルスによる感染拡大により，観光客が激減した。

（自然，農産物）天然記念物のアユモドキやオオサンショウウオ，保津川が象徴する豊かな自然資源を有する。また，亀岡市の農業は亀岡牛・ブランド米のほか，府内全体の生産の7割を占める「京野菜」で知られる。ふるさと納税寄付金受入れ額でも，2017年より4年連続で府内トップであり，2023年3月末で寄付額も35億円相当，その4割以上が農畜産物によるものである。

地域の実態②——今後取り組む課題

スタジアム——JR亀岡駅周辺での消費・投資・イノベーション拠点づくり

上記の「地域資源」で述べたとおり，府立京都スタジアム（球技専用競技場）が

175

第Ⅱ部 社　会

2020年1月にJR亀岡駅北口で開業したところ，当駅北口周辺において生活インフラの整備が進み，民間投資によるホテルやマンション・戸建て住宅，飲食施設の建設が順次行われ，本市も緑地公園を整備するなど着実にまちづくりが進んでいる。旧城下町を有し，これまでの市内中心部であった駅南口の居住・商業エリアとも結合させ，定住人口の確保や商業機能の強化（事業者誘致）を進め，イノベーションを促し，上記の「産業構造」で見られた消費・投資の流出を食い止めていく必要がある。

　また，スタジアム周辺は，トロッコ亀岡駅，保津川下り乗船場など年間のべ140万人以上の観光客が訪れるものの，これら観光客の多くは市内で消費することなく，京都市にトンボ帰りしてしまい，「地域が稼げる観光」になっていないとの積年の課題がある。

　市域及び本市以北に観光客の取り込みを行うゲートウェイとして，スタジアムを含むJR亀岡駅周辺の商業活性化を図るため，周遊性確保に向けた地域交通体系の再編なども必要である。

高齢化したベッド　上記の「産業構造」で述べたとおり，本市は「京都市の
タウンからの産業転換　ベッドタウン」として発達してきたために，人口規模に依存した産業構造をもつが，今後，人口減少・高齢化の長期化が見込まれ，外貨を獲得できる産業に乏しい中で，経済規模の縮小が危惧される。

　そのため，上記で述べた消費拠点の稼働による市外客の取り込みを進め，商業機能を確保すると同時に，人口規模に依存しない製造業や情報通信・IT産業の振興に向け，事業者の誘致や育成，起業家の移住を進め，イノベーションを促す必要がある。

農業の維持　本市は，府内耕作地面積の1割を占める有数の農業地帯であるが，耕作放棄地率は全国平均の半分以下にとどまるなど，農業地盤の強さが特徴である。しかしながら，農業従事者の高齢化，水田経営の担い手減少により，耕作放棄地率は増加傾向にある。

　これまで本市が進めてきた大規模圃場整備による耕作地の集約化，スマート農業の導入による農作業の効率化及びブランド農作物の栽培など，全国的に進められている農業の収益性の確保策は今後も重要な課題であると同時に，農業

176

第10章　SDGs 未来都市かめおかのチャレンジ

地盤が強い本市だからこそできる「農業をめぐるコミュニティの強化」に関する施策も推進していく必要がある。また，環境を重視した農業を進めていくため，国が策定した「みどりの食料システム戦略」に掲げられる2050年までに目指す姿として，有機農業の取組面積の割合を25％（100万 ha）に拡大することや化学農薬の使用量の低減，化石燃料を原料とした化学肥料の低減などを目指すため，オーガニックビレッジ宣言を2023年 2 月12日に発表している。

　今後，市内に数多くある直売所の振興や消費者との交流拠点づくり，観光体験との連携，市内飲食事業者や食品加工業との連携による高付加価値化，移住プログラムと合わせた新規就農者の獲得などを進めていく。

世界に誇れる環境先進都市の実現　　ごみ収集量は減少傾向にあるが，焼却施設の寿命や埋立て処分施設の受入れ限界量にできる限り近づけないようにし，ごみ処理に伴う10億円超の財政負担を抑制することが課題。また，「自然の恵みを生かした地域資源」の象徴たる保津川は，漂着するプラスチックごみによる汚染が恒常的に発生している。こうした背景から，内陸部の自治体として初となる「海ごみサミット」を2012年に開催したほか，2018年12月13日に「かめおかプラスチックごみゼロ宣言」を行い，2030年までに市内から排出される使い捨てプラスチックごみをゼロにすることを目指している。国より11カ月早くレジ袋の有料化を実施し，全国初のプラスチック製レジ袋の提供禁止に関する条例の制定（2020年 3 月24日）をはじめ，全国から注目される先導的な取組みを多数行っており，経済・社会・環境の三側面の統合的向上を目指す環境省の2019年度事業「地域循環共生圏づくりプラットフォーム構築」事業団体の一つに選定されている。世界に誇れる環境先進都市の実現に向け，まずは上記宣言において目標として掲げた社会像の実現を目指している。

　このような環境政策に対しては，事業者の協力が不可欠であり，持続可能性を担保するためにも，地域課題となっている民間投資の呼び込みが必要。特色ある地域ビジネスモデルを形成することで産業集積をはかり，雇用や所得を生み出し，行政の補助金に依存せず，多様な事業主体が環境経済政策に参画できる地域社会を目指す。

177

第Ⅱ部　社　会

子育てしやすい
まちづくり
　若年層の流出や合計特殊出生率の低下から人口減少が進む中，第5次亀岡市総合計画において『人と時代に選ばれるリーディングシティ亀岡』を目指す都市像として，重点テーマの一つに「子育てしたい，住み続けたいまちへ」を掲げている。

　また，「子どもの未来は，わがまちの未来。子どもの未来は，日本の未来。子どもを応援することが持続可能な輝かしい世界につながる」ことから2022年8月22日に「子どもファースト宣言」を行い，子どもの笑顔があふれるまちを目指している。

　子どもに優しいまちづくり，子育てに優しいまちづくり，子どもを本気で応援するまちづくりの取組みをより一層重点的に行い，京都府内№1の子育てサポートのまちを目指す。

2030年のあるべき姿──ピンチをチャンスに

　ピンチをチャンスに。地域経済，農業及び環境分野をはじめ地域課題に積極的に挑戦し，複数の領域をつなげ，持続可能なエコシステムを創り出す。亀岡市に対するネガティブなイメージの象徴であった霧を，地域固有の魅力へと変えてきたように，地域課題の解決に向けた取組みそのものをテーマとする「かめおか霧の芸術祭（後述の自治体SDGsモデル事業）」を通じて，ヒト・モノ・カネ・情報のあらゆる資源をつなぎ，イノベーションが湧き起こるまちとする。

　持続可能なエコシステムの創出に向け，亀岡市が目指す要素は，次の4点である。

　①市民が社会的につながり，商業・投資・イノベーションが活発な都市
　　スタジアムからJR亀岡駅周辺での商業・投資拠点が確立している。職業を問わず創造性を求める人材──芸術家やクリエイター，イノベーションを進める起業家，志をもつ実業家──を中心に多数の者が滞在。通常の商業店舗に加え，市内外からの人々の目的地となる店舗やアナログな工房，デジタル領域のイノベーションを進めるラボが存在し，にぎわう街の中心部に市内どこからでもアクセスできる都市にする。市民や事業者が地域経

済やコミュニティに参画し，再生可能エネルギーや地元産品の「地産地消」に取り組み，特色ある製品による外貨獲得を進め，市の財政構造を支える強い産業構造を実現する。

②農業や自然とともに暮らす都市

　国土保全や食の安全の観点から，土地の豊かさを象徴する農業や魅力あふれる自然景観を維持すべく，その体験を価値化する観光事業や芸術を農業と合わせて振興し，共感する人々を集め，強い農業コミュニティを維持する。また，スマート農業にも積極的に取り組み，亀岡の農の魅力の発信や農産物の販売を大都市や海外向けに行い，持続的に資金を調達する。

③ごみを極力出さない社会

　上記の自然環境を保全する観点からも，プラごみゼロを目指す。先進的な環境関連テクノロジーを積極的に取り入れ，誰もが取り組める資源化の仕組みづくり，排出源対策，回収強化など，市民・事業者・行政の三者連携を進めることで，ごみを徹底的に減らし，ごみ処理費用を大幅に削減し，将来世代にとって負担となる「ごみ処理施設」を新たにつくらない地域社会を実現する。また，「①市民が社会的につながり，商業・投資・イノベーションが活発な都市」で言及した地産地消を，プラスチック容器包装の削減や交通に伴う CO_2 排出抑制の観点からも進めていく。

④すべての子どもたちが光り輝く笑顔あふれるまち

　地域の中で子どもを優しく温かい目で見守り，亀岡ならではの様々な体験ができる環境づくりを応援をすることで，子どもたちが故郷を思う気持ち，住み続けたい，帰ってきたいまちとしての思いを育てるとともに，子育てを応援することで，一人より二人，二人より三人，もう一人生み育てたい，そんな思いが持てる魅力的で可能性のあるまちを実現する。

　特にガレリアかめおかと JR 亀岡駅，その中間にある市役所（子育て世代包括支援センター：Bcome+）を結ぶゾーンを「子育てコリドー（回廊）」と

第Ⅱ部 社　会

位置づけ，ゾーンごとに役割を明確にして連携することにより，地域住民
が一緒に子育てできるまちの実現を目指す。

2030年のあるべき姿の実現に向けた取組み

市内中心部での消費拠点の確立と　京都スタジアムを核とする JR 亀岡駅北地区
複数領域でのイノベーション　で2022年に竣工した区画整理事業と合わせて，
駅南地区での街路を中心とした再整備を進め，公園・緑地など「人が集う公共
空間」の創出を図る。ローカル5G や映像技術・データ解析設備を含め，最新
鋭の設備が整備された京都スタジアムでは，デジタル・テクノロジー領域での
イノベーションが行われる一方，スタジアム周辺では，日常の中で創造性を求
める者が滞在し，通常の商業店舗に加え，市内外からの人々の目的地となる店
舗・工房・ラボが多数存在し，にぎわう街の中心部にさらに多くの方が訪れる
魅力ある市街地を形成する。

市民が社会的につながり，　職域を問わず人と人とをつなぐアート活動やテクノ
強固な経済圏で暮らす都市　ロジーを通じて，市民や起業家が地域経済やコミュ
ニティに参画することに加え，地域への関心を高めることで，再生可能エネル
ギーや地元産品の「地産地消」に取り組み，特色ある製品による外貨獲得を進
め，市の財政構造を支える強い産業構造を実現する。

農 業 や 自 然 と　国土保全や食の安全の観点から，土地の豊かさを象徴する
ともに暮らす都市　農業や魅力あふれる自然景観を維持すべく，その体験を価
値化する観光事業やアートを農業と合わせて振興し，共感する人々を集めたコ
ミュニティをつくる。

　またスマート農業にも積極的に取り組み，亀岡の農の魅力の発信や農産物の
販売を大都市や海外向けに行い，持続的に資金を調達する。

ごみを極力　自然環境を保全する観点から，2018年12月に「かめおかプラス
出さない社会　チックごみゼロ宣言」を行い，2030年までに市内から排出され
る使い捨てプラスチックごみをゼロにすることを目指している。

　先進的な環境関連テクノロジーを積極的に取り込みつつ，誰もが取り組める
資源化の仕組みづくり，排出源対策，回収強化など，市民・民間事業者・行政

の三者連携を進めることで，ごみを徹底的に減らし，ごみ処理費用を大幅に削減し，将来世代にとって負担となる「ごみ処理施設」を新たに造らない地域社会を実現する。

　また，2018年に本市と関連企業の共同出資で設立した京都府内初の地域新電力会社「亀岡ふるさとエナジー」を通じて，再生可能エネルギーの地産地消も進める。

2　自治体SDGsの推進に資する取組み

自治体SDGsの推進に資する取組み

芸術祭から生まれた亀岡発のアップサイクル製品生産支援　厳しい安全基準により，年数経過の中で使用ができなくなった廃棄予定のパラグライダー生地を回収・解体後，パッチワークのように縫製し，「亀岡発のアップサイクル製品」としてフライバッグ（エコバッグ）づくりを第一弾として進める。また，天然のミツロウを用い，抗菌作用を保ちながら繰り返し使えるラップを開発したaco wrap（事業者）が環境先進都市を目指す本市の取組みに共感し，2019年に移住してきた例に見られるように，こうした環境面でのイノベーションを掲げ発信することで，同様の商品開発や起業（共感する起業家の移住も含む）を促進する。

城下町エリアの空店舗を活用した「まちなか」プロジェクト　亀岡駅南口から広がる旧城下町エリアでは，「かめおか霧の芸術祭」事業と合わせて一定期間，店舗を活用。既存の営業店舗内に芸術作品を飾り，ギャラリーとするほか，新規出店を希望する複数の若手事業者を募り，空店舗を活用した期間限定の企画出店を行う。

事業者の誘致とデジタル×テクノロジー領域でのイノベーション拠点設置　府立京都スタジアムの10年間の指定管理会社であるビバ＆サンガ社が大学，企業，行政と連携し，スタジアム4階に，VR技術などを駆使したスポーツ及びテクノロジー分野でのイノベーション拠点を創設（2021年4月以降）。

　また，本市にキャンパスを有する京都先端科学大学と本市が協働し，新設の

第Ⅱ部　社　会

工学部を中心とする大学改革と製造業振興の拠点となるオープンイノベーションの場（OICK：Open Innovation Center Kameoka）を同キャンパス内に設置（2023年5月15日）。行政的な施策として，大手事業者向けには，現在進めている企業団地の土地区画整理事業と連動させ，生産拠点等を新設または増設した企業に対する企業立地奨励金により誘致を図る一方，起業家に対しては，亀岡市創業支援助成金の交付により市内での新規創業を支援し，地域経済の活性化を促す。

観光や芸術祭との接続（魅せること）による交流人口の拡大　自治体SDGsモデル事業の一環。食と農を軸としつつ，農家やアーティスト，職人との交流・弟子入り体験により付加価値をつける「Harvest Journey Kameoka」観光プロジェクトのほか，建築デザイナーや芸術家，料理人・農家が協働して生み出したキッチン付きの移動式屋台「やおやおや」を直売所や畑に配置し，様々な角度から農業の魅力を発掘し，農家と消費者の交流を生み出すプロジェクトを通じて，農業に関する交流人口を取り込む。特に，「1万人に1回来てもらう」のではなく，「100人に100回来てもらう」コンテンツとして農業プログラムを開始し，共感する人材を集め，農業コミュニティの新陳代謝を図る。

地域ブランド農産物の認定制度の創設　自治体SDGsモデル事業の一環。有機野菜を取り扱う農家や八百屋，流通業者や研究者が参画する「京都オーガニックアクション（KOA）」，及び持続可能な食の消費と生産を主要研究テーマの一つとする国立研究所である「総合地球環境学研究所」と連携し，健康や環境保全の観点から地域独自のブランド認定基準を確立し，亀岡産野菜の付加価値を高める。

地元飲食店や加工品製造会社，給食現場とのタイアップ　農業産出額は，京都府内では，京都市を除くと福知山市，京丹後市に次いで高いため，芸術祭事業や地域独自のブランド認定の発信力を用いながら，外貨獲得を目指し，6次産業化に取り組む。品目別では，特に野菜や肉用牛の産出額が高く，品目そのものに加え，飲食店や食料品加工業とのタイアップを振興する。併せて，食の地産地消を推進することが，生産者・消費者の同時育成につながることから，給食における食糧自給を推進する（市内の特産玉ねぎを用いた石井食品株式会社との

182

第10章　SDGs 未来都市かめおかのチャレンジ

コラボ食品，2019年）。

スマート農業の推進　農業従事者の高齢化や未熟練の新規就農者の増加が見込まれる中で，テクノロジーを積極的に活用する。特に，これまで本市が実証事業として参画してきた行政・生産者・企業・農業団体のコンソーシアムによるスマート農業の普及を推進。「圃場管理の省力化」「栽培管理の精度向上による増収・高品質化」に向け，技術や機械導入を進める。

国内初のレジ袋禁止条例　「2030年のあるべき姿の実現に向けた取組み」において述べた「かめおかプラスチックごみゼロ宣言」（2018年12月13日）を具現化する第一歩として，「プラスチック製レジ袋の提供禁止に関する条例」を2020年3月24日に亀岡市議会で可決し，2021年1月1日から条例施行を行った。生活の中で最も身近で，使い捨てにされやすいプラスチック製品の一つであるレジ袋の取扱い見直しを通じて，誰もがプラスチックをめぐる生活様態と意識を変革するように促す。事業者と消費者が一体となって，エコバッグを持参して買物をすることが当たり前の地域社会づくりを進める。

市内イベントでのリユース食器普及促進　保津川市民花火大会，亀岡光秀まつり，かめおか eco マルシェ，保津川の日など，市内の主要イベントにおいてリユース食器の普及促進に努める。また，2020年1月に竣工した府立京都スタジアムにおけるリユース食器の導入を進め，エコスタジアムとしての取組みを市内外に広く発信し，使い捨てプラスチックの発生源抑制と環境意識の醸成を図る。

エコウォーカー（参加型ごみ拾い）事業の実施と参加呼びかけ　2020年3月以降，ウォーキングをしながら気軽にごみを拾う「エコウォーカー」を募集している。2023年11月現在1,700人の登録があり，清掃活動参加を広く市民に呼びかけている。プラごみゼロを実現するには，市民一人ひとりの協力が不可欠であり，目に見えるまちの環境美化の実現に向け，まちに散乱するプラスチックごみをはじめポイ捨てごみを拾う市民参加型の事業を行う。

「リバーフレンドリーレストラン」プロジェクト　保津川を守るために行った「かめおかプラスチックごみゼロ宣言」に賛同し，食器類は再利用可能なものを使用／マイカトラリー持参の市民には特典を付与するなど，使い捨てプラ

183

第Ⅱ部 社　会

スチックごみの削減に向けて取り組む市内飲食店を「リバーフレンドリーレストラン」として認定する。市として積極的に広報支援し，誰にでもわかりやすい事業者参画型の取組みとすることにより，市全体の環境意識の醸成を図る。

「亀岡のおいしい水」
プ ロ ジ ェ ク ト　使い捨てプラスチックの中で大きな割合を占めるペットボトルの削減に向けた取組み。京都府内で唯一，厚生労働省が設置した「おいしい水研究会」から「おいしい水」として認定された亀岡の水道水（豊かな自然が育んだ地下水を水源）を給水できるリフィルステーションを公共施設等に設置。さらに，協力飲食店とも連携し，英国発の無料アプリ mymizu（UNDP「ソーシャル・イノベーション・チャレンジ日本大会2019」受賞企画）を活用しながら，給水スポットを地図上に表示し，市内で手軽に水を入手できる環境を整え，マイボトル普及を進める。

情報発信

　①メディアを通じた発信力の高い環境政策（レジ袋提供禁止条例などプラごみゼロに向けた動き）及び②視覚的に伝えやすい「かめおか霧の芸術祭」という２つの事業との連動を軸に，各取組みを連携させて発信していく。

域内向け　芸術祭事業は，2021年度だけで，延べ１万人超が参加するなど，市民向けの発信力が着実に高まりつつある。自治体 SDGs モデル事業において確立させる芸術祭のプラットフォーム上で SDGs に取り組み，市のHP や公式 Facebook 及び公式 LINE アカウントを通じて発信する。

　また，2019年において，芸術祭事業の一つとして，デザイナーの奥村昭夫氏（ニューヨーク ADC 賞をはじめ国内外で受賞多数）の指導の下，４カ月にわたり20名の市民参加による連続ワークショップを通じ，本市のプラごみゼロ理念を発信するブランドマークを作成。自治体 SDGs モデル事業として，当該ブランドマークを活用した統一的なデザイン及び認定基準のもと，2020年度からは，市内各所（飲食店，小売店，駅などの交通要所）でプラごみゼロ啓発を展開する。

　さらに，上記事業に加え「フライバッグ」の製作ワークショップや「やおやおや」など市民参加型の芸術祭コンテンツをアーティストと協働で展開し，市民が「楽しみながら」参加できる環境を整える。

第10章　SDGs 未来都市かめおかのチャレンジ

域外向け　「フライバッグ」については，本市と協働しながら生産を進める
THEATRE PRODUCTS が2020年6月3日から8月24日まで国立
新美術館で開催された展覧会「FASHION IN JAPAN 1945-2020──流行と社
会」に未来のファッションアイテムとして出展，来館者及び専門メディア向け
に強烈に発信される。2020年度において，パラグライダー生地のアップサイク
ル製品としての販売を本格化し，商品流通による広告効果も生まれてきている。

　環境，農業，地域観光など多様なコンテンツを抱える芸術祭全体の恒常的な
情報発信としては，本市にゆかりのある専門の映像・WEB クリエイターがプ
ロジェクトチームに入り，制作を行う。

　また，Google 社と内閣官房が進めるデジタル人材派遣制度の一環として技
術活用の判断や助言を行う協議を進め，2020年4月以降，デジタルマーケティ
ングに長けた人材が月に数回，本市役所に訪れ，観光振興施策等の企画立案・
実行・改善提案などを行い，オンラインマーケティングやデータ分析のもと，
市の発信力の強化に取り組んでいる。

　さらに，レジ袋提供禁止条例をめぐり，本市の環境政策に注目が続いており，
本市自らが各媒体への広報・周知を積極的に行い，ニュース性の高い新規の取
組みを続け，環境政策を起点に本市の SDGs に係る取組みの国内認知度を高め
ている。

3　推進体制──各種計画への反映

第5次亀岡市総合計画（2020年度策定）

　2021年4月からスタートした第5次亀岡市総合計画において，目指す目標を
「人と時代に選ばれるリーディングシティ亀岡」とし，SDGs に係る本取組み
を反映した。具体的には，まちづくりの「基本構想」を受けて各施策を体系化
する役割をもつ「基本計画」において，SDGs に係る本取組みを10年間行われ
る重点事項の一つとし，施策の明確化及び複数施策の相互連携を図る。さらに，
進捗管理のあり方を定め，下位におかれる各行政計画の更新時に順次反映して
いる。

185

第Ⅱ部　社　会

第2期亀岡市総合戦略（2020年度策定）

　上記総合計画とならび，2021年4月からスタートした第2期亀岡市総合戦略において，SDGsに係る本取組みを反映した。特に，地方創生において求められる自立性及び官民協働の観点から，各取組みが5年間の戦略期間の中で，官民の適切な役割分担のもとで展開していくためのビジョンを定めた。

第3次亀岡市環境基本計画（2021年度策定）

　本市のSDGsに係る取組みの主軸は，プラごみゼロをはじめ環境先進都市を目指す取組みである。この点，環境政策の体系及び今後10年間の数値目標や取組みなど全体像を定める環境基本計画を2022年3月に策定し，本市のSDGsに係る取組み（環境面）に向けた各種施策の時間軸及び数値目標の設定，効果的な実施のあり方を定めている。

かめおか脱炭素未来プラン（2022年度策定）

　亀岡市は2021年に「かめおか脱炭素宣言」を表明し，2050年までに温室効果ガスの排出量実質ゼロを目指している。

注

(1)　農林水産省「作物統計調査」（令和4［2022］年），e-Stat（政府統計の総合窓口ホームページ）（https://www.e-stat.go.jp/statsearch/files?page=1&layout=datalist&toukei=00500215&tstat=000001013427&cycle=7&tclass1=000001033085&tclass2=000001201820&cycle_facet=tclass1%3Atclass2&tclass3val=0）（2024年1月4日閲覧）。

(2)　「令和4年版亀岡市統計調書」（https://www.city.kameoka.kyoto.jp/uploaded/attachment/32323.pdf）（2024年1月4日閲覧）。

(3)　RESAS「地域経済分析システム」（https://resas-portal.go.jp/）（2024年1月5日閲覧）。

(4)　「令和元年京都府観光入込客調査報告書」（https://www.pref.kyoto.jp/kanko/research/documents/tougou.pdf）（2024年1月9日閲覧）。

第10章　SDGs未来都市かめおかのチャレンジ

参考文献

国立社会保障・人口問題研究所「日本の地域別将来推計人口」（平成30［2018］年推
　　計）（https://www.ipss.go.jp/pp-shicyoson/j/shicyoson18/6houkoku/houkoku.
　　pdf）（2024年1月4日閲覧）。

第11章
EV 普及はユーザーも含めた協働の SDGs

姉川尚史

1　誰のための電気自動車（EV）普及なのか

一人ひとりの地球温暖化対策

化石燃料を大量消費する内燃機関から EV の転換は，地球温暖化抑制のため必要な取り組みであることは論を俟たない。我が国の二酸化炭素排出量の割合でも17％を占める自動車のゼロエミション化は不可避かつ喫緊の取り組みである。2015年頃までは EV の製造販売に消極的であった世界中の自動車会社も，近年では EV の製造販売に積極的に取り組み始めている。

しかしながら，我が国では EV の年間販売割合は 1 ％にも満たず，これを転換するためには自動車会社のみの努力だけではなく，電力会社をはじめとして他産業の協力が必要である。さらには自動車を使用するユーザー一人ひとりの意識改革も必要である。

本章では筆者のこれまでの EV 普及活動の紹介を通じ，100年に一度と言われる自動車産業のイノベーションを成功させるために必要な異業種間，売り手と使い手間の協働の重要性について述べる。

2　2000年頃の EV 事情

蓄電池の性能不足と航続距離不足

1900年代の初頭には EV が隆盛の時期もあったし，これまでに何度も EV の販売が試みられた。1990年代までは鉛電池が使われていたため，電池の寿命が

第Ⅱ部　社　会

図11-1　LA空港に駐車中のEV-1
出所：筆者撮影。

図11-2　LA空港の非接触誘導式普通充電器設置場
出所：筆者撮影。

短い上に蓄えられる電気量が少なくガソリン車に比べて航続距離が短いために普及には至らなかった。航続距離の課題を解決するには，高性能な蓄電池の出現を待たなければならなかった。

　90年代の後半には鉛電池に代わってニッケル水素電池が現れ，EVの実用化の可能性が出てきた。GMが開発して市場に投入したEV-1はニッケル水素電池を使用し，ユーザーから一定の支持を得ていた。筆者はカリフォルニア州の状況を調査に出向いた際，ロスアンゼルスの空港の駐車場でEV-1が充電しているところを見ることができた（図11-1）。空港にはEVの充電のための低出力の普通充電スタンドが多数設置されていた（図11-2）。

ZEV規制の功罪

　ユーザーの支持があったにもかかわらず，GMは2003年にEV-1の製造を中止してしまう。この背景にはカリフォルニア州が制定したZEV（Zero Emission Vehicle）規制がある。

　ZEV規制は1998年に発効したもので，州内で一定台数以上自動車を販売するメーカーはその販売台数の一定比率をZEVにしなければならないと定めていた。大気汚染の解消を目指したもので，自動車メーカーに対して強力にZEV開発を促すものであったが，EV市場での覇権を狙っていたGMは，他社がぼんやりしている間に差をつけたいと考えていたので，規制に強制された

190

第11章　EV普及はユーザーも含めた協働のSDGs

図11-3　非接触誘導式3kW充電器
出所：筆者撮影。

図11-4　接触式7kW充電器
出所：筆者撮影。

他社のEV市場早期参入を心よく思っていない面もあった。

　さらにカリフォルニア州は，充電規格の選定において致命的な過ちを犯した。当時はまだ急速充電器はなく，EV-1は3kWの電磁誘導式の充電（図11-3）を採用していた。この方式は当時日本でも採用されており，日米間で事実上の標準となっていた。ところが，この充電方式に対してFord Motorsが異なる充電方式（接触式の7kW，図11-4）をカリフォルニア州が標準として採用するように提案したのである。当時FordはEV-1に対抗する自社開発のEVは持っていなかったが，先行するGMを足止めする意図があったと思われる。そこで充電時間が短くなるメリットをCalifornia Air Resource Board（CARB）に対してアピールし，充電インフラの標準規格の変更に成功した。

　CARBのこの決定はEVの開発で出遅れていたFord Motorsを利するものであり，他社に先んじてEV開発を進めていたGMはカリフォルニア州に梯子を外された形になり大いに失望した。GMはEVへの意欲を削がれてしまってEV-1の製造中止，さらにはGMを含む自動車メーカーとカリフォルニア州の間でZEV規制をめぐる法廷闘争に発展し，2000年代初めのEV普及の可能性は消えてしまった。行政の不用意な充電規格への介入がEV普及の可能性を消してしまった悪しき事例として記憶されるべき出来事である。

　筆者は2001年にサクラメントで開催された全米のEVシンポジウム（EVAA）においてGMがCARBに対して猛烈な抗議をしている姿を目撃したが，この

191

第Ⅱ部　社　会

経験が後に急速充電インフラの開発に取り組むきっかけとなった。そして，充電インフラについて，いずれの自動車メーカーに対しても中立な立場である電力会社などが運営することが適切との考えを持つに至った。

公共の場所には急速充電器が必要

2000年代の初め頃，東京電力（以下，東電）は件の3kWの充電方式の日産ハイパーミニを試験導入したが，60kmの走行に3時間もかかるという遅い充電で致命的に使い勝手が悪かった。3kW程度の充電は家庭や事業所など駐車時間が長い場所では有効であるが，移動途中で利用する公共の充電器としては充電時間が長すぎてまったく適していない。このような低出力普通充電方式の規格争いをすること自体，当時の公共充電インフラの貧弱さを示している。そして，充電器自体も首都圏に6台しか設置されていないという状態であった。

しかし電池切れを恐れて電池を大量に搭載するとなると，車両価格が高くなってしまい普及は望めない。そこで考えたのが急速充電器である。急速充電器が方々に置かれていれば，息継ぎをしながら長距離運転ができるようになり，搭載する電池量も減らせる。搭載されている電池は一台毎のコストであるが，急速充電器は大勢で使い回すので経済的にも有利である。当時パソコンなどに利用され始めていたリチウムイオン電池は，大出力で充電しても傷みにくいという長所があるので，急速充電インフラがあればEV普及の大きな助けになると考えられた。

3　急速充電に求められる要件

本格普及のための道筋

これまでの鉛電池は寿命が短いことや，冬場に極端に性能が落ちることが課題であり，EVには性能の良いリチウムイオン電池を使うこと。しかし，リチウムイオン電池は価格が高い。当時のリチウムイオン電池は1kWh 20万円以上していて200kmの航続距離のために必要な電池量は30kWhで500万円以上することになり，市場性はまったくない。量産されれば電池の価格も低下して

第11章　EV普及はユーザーも含めた協働のSDGs

いくであろうが，どうやって量産まで道筋をつけるかが課題である。

　最初のターゲットとして適当なのは，企業が社員の移動用に使っている小型車両である。配達業でもなければ移動した先で仕事があるので1日の移動距離は長くはならない。東電も移動用の軽車両を多数使っているが，1日の走行距離は50km以下が大半である。これで搭載する電池を10kWh程度に抑えることができる。この辺りの考えは日産ハイパーミニのコンセプトと同じであるが，これに加えて急速充電ができるようにする。リチウムイオン電池は他の電池に比べて急速充電に耐えることができるし，急速充電が可能になれば電池切れの心配を解消して行動範囲を広げることができる。

　まず隗より始めよということで，東電の業務車両のためのEVを開発することにした。東電での使用状況が良ければ，同様な業務車両を持つ企業に横展開できる。業務車としてEVの評価が良ければ自動車会社が一般ユーザー向けに製造販売してくれることにつながる。この流れが加速し量産化効果で電池の価格が低下して，本格的な普及につながる。これが当時考えたEV本格普及までの道筋である。

急速充電器に求められる安全性

　将来多くのメーカーから多様な電池を搭載したEVが登場することを想定すると，急速充電器はそれらすべてに充電ができるようにしなければならない。多様といっても，電池システムの電圧や電流は電気安全の観点から上限が必要で，電圧500V，電流100Aを目安として開発することにした。したがって最大出力は50kWとなる。

　ユーザーが容認できる充電の待ち時間を30分と想定すると最大25kWhが充電できる計算である。これは乗用車サイズのEVでも150km走行できる電気量である。10kWhしか搭載していない小型EVであれば15分程度でフル充電できる。実際は搭載している電池のサイズや電池性能の制約によって充電電流は次第に絞られるためもう少し時間が掛かるが，日産ハイパーミニが充電に3時間も待たなければならなかったことに比べると大幅に実用性が高まる。

　充電器の設計時に特に注意したのは安全性である。家庭で毎日使っている電

第Ⅱ部 社　会

図11-5　矢崎総業が制作したCHAdeMOコネクタ
出所：筆者撮影。

気のコンセントは電圧100Vで電流15A，1.5kWが最大出力である。これに対して500V，100A，50kWの急速充電器は感電事故などのリスクが高まるので慎重な設計が必要である。しかも一般ユーザーが公共の場所で使用するので乱暴な取り扱いをされてしまう恐れもあり，充電器は常にベストの状態ではない。開発した充電器には安全性を確実にするために，電気を流す前にEVとの間でお互いの状態の健全性を確認しあう機能と充電が開始された後も常時異常の発生を監視し続ける機能を備えた。さらに，この監視手段はアナログとデジタルで二重化して異常を見逃す可能性を小さくしている。

　当時はまだ急速充電器自体は実用化されていなかったが，直流の大出力コネクタはトヨタ自動車と矢崎総業が開発済みで国内で規格化されていた。CHAdeMO急速充電は，このコネクタを利用して通信ピンの役割を若干修正しただけで，そのまま使うことができた（図11-5）。まだEVが本格的に現れる前であるにもかかわらず，来るべきEVの時代に備えて開発をしてくれていた先人の先見性と努力に心から感謝するところである。

電池を痛めないCHAdeMO方式

　新規開発の中心となったのは，EVと充電器の間の通信方法とその内容である。蓄電池はそれぞれの特性や状態に応じて充電を適切に行わないと電池寿命を損ねてしまう。最悪の場合は発火などの事故を招く。リチウムイオン電池は特に発火しやすいので注意が必要である。さらに，リチウムイオン電池といってもすべての電池が同じ性能ではない。電池の形状，電極の材料，電解液など

★ **EV**が自分の電池の特性や状態に基づき**充電電流を決定し**充電器に指示

★ **充電器**はEVから送られてくる充電指令に従って直流電流を供給

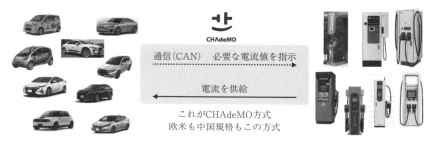

図11-6 CHAdeMO方式の概念図

出所：筆者作成。

の組成によって許容できる充電速度に差があるし，電気の残量や温度によっても電池を傷めずに充電できる電流値は変化する。一般に，充電が進んで満充電状態に近づいてくると電流を絞らないと電池を傷めてしまう。また，温度が低い時や40度を超える高温になると充電速度を緩めないといけない。

　結局，充電できる最大の電流値はEVの種類や状態によって充電中も時々刻々変わるのである。だからといってどの電池もどのような状態や環境であっても電池を傷めないようにゆっくりした充電をするようでは，そもそもの急速充電の価値が薄れてしまう。そこで，それぞれのEVの状況に応じて，最速の充電をする方法を考案した。電池の性能や現在の状態は，車両に搭載されたマイコンが把握管理している。充電可能な最大電流値を車両側が決定して，その値を時々刻々充電器に伝える。充電器はその値を受け取って，求められた電流で電気を供給する。これが現在使われているCHAdeMO方式の基本原理である（図11-6）。

　この方式について日本国内では特許化し，現在CHAdeMO協議会が保有している。パテント料は無料で，CHAdeMO協議会に参加すれば国内外のだれでも使用できる。現在世界中で使われているEV用の急速充電の規格は，コネクタ形状や通信方式が異なる複数の規格があるが，すべてがこのCHAdeMO方式を使っている。

第Ⅱ部　社　会

なお，通信方式ついては，車両内の通信方式として広まっていた CAN 通信を採用した。これはドイツのボッシュ社が発明したもので，内燃機関車の内部での通信に広く標準として使われている技術である。内燃機関車の車内は激しくイグニッションノイズが発生しているので，ノイズが大きな環境でも通信が安定して行えるという優れた特徴を持っている。技術の選択においては，メードインジャパンにかかわらず優良な技術を選ぶように心がけた。

4　東電の社用車の開発

世界初の急速充電可能な EV

　EV を開発するといっても電力会社で EV の設計製造ができるわけではないので，EV の開発に協力してくれる自動車会社を探さなければならない。同時に性能が良い EV 用のリチウムイオン電池を製造してくれる電池メーカーも探さなければならない。

　しかしながら，基本的に自動車会社にとって EV は従来の内燃機関を中心に築き上げた産業に大変革を迫るものなので，積極的に取り組む会社はなかった。自動車会社が本気でなければ，電池メーカーも EV 用のリチウムイオン電池を開発する意欲は湧かない。日本国内には自動車会社も電池メーカーも複数あったので，一社一社訪問して EV や電池の開発をお願いして回った。モーターショーなどでコンセプトカーの EV を見つけ，その会社を訪ねるという感じであったが結果，ほとんどの会社から断られた。そのような中で，富士重工業と三菱自動車の 2 社は自ら EV の研究開発に取り組んでいたこともあって，相談に乗ってくれた。

　いろいろな調整は必要であったが，2005年から富士重工業との間で急速充電が可能な EV の共同開発を行うことになった。当時の富士重工業三鷹研究所では EV などの新しい技術開発を意欲的にリードしていた松井冨士夫副所長が NEC との間で EV に適した安全性の高い電池を開発中で，それが東電用 EV の共同開発につながった[1]。

　ベース車両には軽のガソリン車として開発されていた R1 を用いて，群馬県

第11章　EV普及はユーザーも含めた協働のSDGs

図11-7　R1のEVへの改造作業
出所：筆者撮影。

太田市にある小さな作業場で10台の車両を手作業でEVに改造することから始まった。東電の若手社員も何人かこの改造に直接従事した。電力会社に入社して自動車を造る仕事に関わるとは思っていなかったので戸惑ったと思うが，彼らは慣れない作業に真剣に取り組んでくれた（図11-7）。

EV制作中に東電会長になっていた田村滋美氏が視察に訪れ，「10台では少なすぎで100台は必要ではないか」と富士重工業に台数の増加をお願いしてくれた。しかし，手作業での改造で100台の制作は難しく，結局最初の製造は30台ということになった。

完成したEVはR1eと名付けられ東京電力の営業所を中心に配置された。使い勝手データの集積という目的に加え，走行中にEVであることをアピールして普及につなげる目的もあった。しかしガソリン車を改造したEVであるため，外から見るとEVであることがわからない。そこで外装をEVだとわかるように塗装し直すことにした。デザインは大学時代の友人で工業デザイナーとして有名になっていた山中俊治さんにお願いした。本来なら相応の報酬をお支払しないとならないところであったが，同級生ということに甘えて破格の値段で引き受けていただいた。山中氏がデザインしたR1eと急速充電器は2007年3月のジュネーブモーターショーで富士重工業のブースに展示された。EVがほとんど展示されていない時代であったこともあり大変注目された。国内でも2006年度の環境大臣賞を受賞するなどEVの認知度を上げる大きな効果があった。

第Ⅱ部 社　会

電池だけではなく，モーターやインバーターもすべて新たに設計製造したので，試作の費用はそれなりに高額であった。量産化されていないとすべてのものが高額になる。100台や1,000台程度ではとても量産効果は出ないので，先の道のりが大変である。まずは，東電の業務車両，続いて同様な車の使い方をしている会社の業務車両，それから一般の近距離利用の軽自動車と展開し，量産効果を大きくしていくというのが方針の第一歩であった。

急速充電器初号機は町工場から

EVと同時に急速充電の開発も並行して進めなければならなかったが，こちらも製造していただける会社を探すのに苦労した。5kW程度の小さな電池を充電する装置は普通に販売されていたが，EVの影がまったく見えない時期に急速充電器を作ってほしいと頼んでみたものの，大概の会社で断られてしまった。温暖化対策としてEVは必ず必要になりますという話をして回った結果，新横浜にあるハセテックが試作を引き受けてくれることになった。ハセテックは規模が小さな会社ではあったが，パワー半導体を用いたインバーターの製造技術を持っており，当時の社長の千村正氏がEVの将来性に賭けて制作を決断してくださった。

他の会社から断られた中で引き受けていただいたにもかかわらず，ここで東電側に少し問題が発生した。ハセテックのことがあまり知られていなかったので，筆者の上司が名前のある大きな会社に頼んだ方がよいのではないかと心配したのだ。他の会社はやる気がないと説明しても了解は得られず，困った筆者は正直に千村社長に状況を伝えて相談した。随分失礼な話であるので憤慨されるかと思っていたが，社長は筆者をある製品の製造場所に案内してくれた。この製品は大手の電機メーカーからの依頼で製造している製品で，最終的にその製品は東電の重要な変電所に収められることになっていたのだ。

この情報のお陰で上司の了解を得ることができて，世界初のEV用急速充電器の製造につながった。残念ながらパイオニアであったハセテックの充電器は現在，価格競争の中で製造台数が少なくなって，2010年頃に製造された初期モデルがリプレース時期を迎えたこともあり，市場での数が減少している。全国

第11章　EV 普及はユーザーも含めた協働の SDGs

を巡っていてこの初期モデルに巡り合うと，開発初期の苦しい時代が思い出されて大変懐かしい（図11-8）。

ハセテックの充電器でもう一つ思い出されるのは，2008年の洞爺湖サミットの際に会場に出展したサミットモデルの製造である。開発の初期には機能重視で，そっけない直方体の金属ケースに充電器は収まっていた。EV 普及の PR 活動として展示会に出展するために魅力的な外見にしたいと考えた。この時も山中俊治氏にデザインをお願いした。大変スタイリッシュで目立つデザインであったが，コンパクトで縦長の形状の中に充電器回路を収めるのにハセテック社には大変な苦労をかけた。予算も限られていて申し訳なかったが，サミットの期日は容赦なく迫ってくるので，開発担当者は厳しい毎日であったと思う。

図11-8　青森県よこはま道の駅のハセテック充電器
出所：筆者撮影。

サミットモデルの開発中に，千村社長から「完成した充電器にハセテックという社名を表示してよいか？」という打診を受けた。紛れもなくハセテックが作ったものであるので「もちろん結構です」とお答えしたら，大変にありがたがられたのでこちらが困惑してしまった。通常大きな会社の下請けで製造した場合，社名を表示することは認められないそうである。ハセテックの社長から「天下のサミットに社名を表示した充電器が陳列されるのは大変名誉なことで，皆それを励みに期日に間に合うように頑張っている。この過程で社員が成長してくれるので，会社にとってお金では得られない財産となる」と仰っていただいた。充電器の技術的な面だけではなく，千村社長からは様々な貴重なことを学んだ。

このサミット用に制作した急速充電器は，その後，東京駅近くの新丸ビル地下駐車場，越谷レイクタウンのイオンモールなどで公共充電器として使われた。

第Ⅱ部　社　　会

使われなくても価値がある急速充電器

　2006年の夏頃から，完成したEVを東電の事業所に配備し始めた。意外かもしれないが，当時の東電の社員は皆EVを敬遠していた。それは，過去に性能不足のEVを無理に使わされた経験から，社員の間にEVは実用的ではないという認識が浸透していたのである。それを打ち消すため，EVを配備した事業所毎に時間をかけて性能の説明を行わなければならなかった。事業所への急速充電器の設置も並行して進めていった。

　配備する前に事業所の持ち場の広さを調べ，1日の移動距離は50km以下で問題なく利用できる事業所を選んで配備していった。さらに事業所には急速充電器も設置したが，初期のEV使用実績は期待を大きく下回るものであった。頭の中では目的地まで往復できるとわかっていても，電池切れが気になって使われなかったのである。

　そのような中2008年に横浜の事業所において，大変興味深い結果が得られた。横浜事業所が担当する営業地域は東西15km，南北10km程度の狭い範囲であったが，近距離の移動であってもEVの使用は敬遠されていた。事業所が営業地域の東の端にあり，どうしても電池切れが心配で使えないという声を受けて，急速充電器を事業所から離れた西側に設置したところ，EV使用頻度は格段に上昇した。しかも，驚くべきことに設置した急速充電器はほとんど使われていなかったのだ。いつでも急速充電ができるという安心感が，電池の積載量を増すことなくEVの使い勝手を改善したのである。この状況について国内外に発表したところ，急速充電器がもたらす効果として大変注目された。EV使用者の航続距離への不安を表す英語Range Anxietyもここから生まれた（図11-9）。

　急速充電器の必要性を述べておいて矛盾するようだが，EVの一番の強みは家庭や事業所など，夜間駐車している場所で充電できることである。ここに通常のコンセントがあれば充電できてしまう。3kW程度の充電であっても一晩かければ，楽に30kWhの充電ができてしまう。30kWhといえば通常の乗用車クラスであれば200kmぐらいは走れる充電量である。タクシーのような業務用でもなければ一日200km以上走る人はほとんどいない。すなわち，大部分の人たちにとって急速充電器も大量に電池を抱えて走ることも不要なのだ。こ

200

第11章　EV普及はユーザーも含めた協働のSDGs

2007年10月　急速充電器の増設前
月間走行距離203km

2008年7月　急速充電器の増設後
走行距離1,472km急増

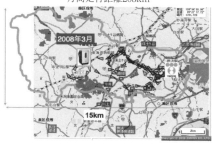 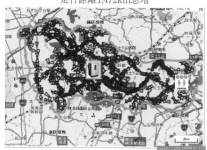

図11-9　急速充電器設置が設置されると利用率が大幅に増加
出所：筆者作成。

のことはEVユーザーが知ってほしいことであるが，EVを利用し始める前では理解が難しいことでもある。航続距離の不安を解消して安心感を醸成するために急速充電器が役立つことを示す結果は貴重な実績であった。

適地は待ち時間を有効に使える場所

　急速充電器の設置場所として，どこが便利であるかは思案が必要な点である。ガソリンスタンドは大きな道路沿いにあって便利な立地という点で一つの候補である。高速道路であれば，必然的にサービスエリアのような場所になる。皆が使える駐車場も候補である。

　一方で，給油と違って30分ほど滞在することを考えれば，その間の時間が無駄にならない工夫が必要になる。ショッピングモールなどの商業施設では滞在時間が長いので，充電の待ち時間は問題にならない。また，大きな商業設備は全体で使っている電力量が大きいので，50kW程度の急速充電器が増えても新たに受電設備の増設などをしなくてよいという強みもある（図11-10）。

　開発段階であったが，多くの企業に協力に支えられて急速充電器の試験設置を行うことができた。その後の使用実績から24時間利用が可能な場所，幹線道路からのアクセスが便利な場所，充電待ち時間をムダにしない場所などが適している仮説が証明された。現在，コンビニ，ホームセンターなど多くの商業設備に急速充電器が設置される状況につながっている（図11-11）。

第Ⅱ部　社　会

図11-10　イオンレイクタウンの充電器
出所：筆者撮影。

図11-11　新丸ビル地下駐車場の急速充電器
出所：筆者撮影。

神奈川県庁から首相官邸へ

　まずは当社の業務車両でしばらく実証を続けていく予定であったが，R1eや急速充電器をイベントやメディアで紹介すると多くの関心を集めた。

　R1eから約1年遅れであったが，三菱自動車がEVの開発に本腰を入れてi-MiEVという軽自動車を制作した。開発の途中に三菱自動車も急速充電の必要性を理解してくれていたので，i-MiEVはCHAdeMO方式の急速充電ができるようになっていた。そして，R1eと同様に東電の業務に使用して評価を行う共同研究が始まった。

　東電の研究所は神奈川県にあるが，当時の神奈川県知事の松沢成文氏がEVに関心を持ってくださったことと神奈川県大気水質課の穂積克宏氏達が尽力してくださり，R1eとi-MiEVを神奈川県庁で使われることになった。さらに県庁の玄関には急速充電器も設置された。他にも神奈川県の大きなイベントに呼ばれ効果的な宣伝につながった。

　2007年6月には経産省自動車課が開催した首相官邸でのエコカー展示会に参加することができた。当時の安倍晋三首相に急速充電を実際に体験していただきたかったので，官邸地下から電源ケーブルを前庭まで伸ばして充電器を仮設した。本来官邸のような場所は管理が厳しくて電源の融通などは難しいことであるが，官邸の設備管理の皆さんが便宜を図ってくださり，実際の充電を総理に体験していただくことができた（図11-12）。

第11章　EV普及はユーザーも含めた協働のSDGs

図11-12　首相官邸にて当時の安倍首相が充電

出所：筆者撮影。

図11-13　洞爺湖サミットに展示されたR1eと急速充電器

出所：筆者撮影。

　2008年7月に開催された洞爺湖サミットには，富士重工業がR1eの後継車両として製造したプラグイン ステラ，i-MiEVに加えて，ハセテックが突貫工事で製作した洞爺湖サミットのための特別モデルの充電器も出展された（図11-13）。

　サミットへの出展に先立ち，日本EVクラブの主催で東京から洞爺湖まで急速充電で息継ぎしながらR1eとi-MiEVで走行する「洞爺湖キャラバン」というイベントを行った。

　急速充電器があれば，東京から北海道まで走られることを示すことが目的であった。当時はまだ東北地方や北海道には急速充電器は設置されておらず，急速充電器をトラックに積載して先行し，自動車ディーラーやイオンショッピングモールなどに仮設した。充電場所ごとにイベントを開催して，多くの方に最

203

第Ⅱ部　社　会

新のEVと急速充電器を見せることができた。この時に設置場所の協力をしてくださった企業の方の多くは，後に充電器を設置されている。

　2008年9月には，当時皇太子殿下であられた天皇陛下が東電の研究所でEVに試乗され，急速充電器もご覧になった。驚くぐらい多くの方々に関心を持たれたのは，やはり環境に良い乗り物というEVの魅力のお蔭だと思う。残念ながら，富士重工業はEVの市販にはつながらなかったが，三菱自動車のi-MiEVは2009年に一般販売が開始された。この頃は間違いなく日本のEVが世界に先行していたのである。

日産リーフの登場

　残念ながら富士重工業の経営上の問題でR1eは市場で販売されるには至らなかった。一方で2009年になると日産自動車のEV開発が本格化してきた。カルロス・ゴーン氏がEVを開発すると主導し，普通乗用車クラスのEVが開発されることになる。日産リーフの登場である。NECと富士重工業の間で開発されていた電池は日産リーフに採用されることになり現在も使用されている。現在に至るまで市場での発火等の事故もなく，寿命も安定しており，初期のEV普及を支える電池となった。NECトーキンの時代から先駆的に安全なリチウムイオン電池の開発に取り組んでおられた関係者の努力の賜物と敬意を表するところである。

　日産自動車にもCHAdeMO急速充電の利便性を理解してもらい，開発中のEVに採用されることになって緊密な連携がとられることになった。自動車会社にとっては急速充電インフラが整備されるかどうかはEVが順調に売れるための条件であるので，誰がどのような計画でインフラ整備を進めるのかは重大な関心事である。筆者は先に述べたように自動車会社間の摩擦をなくすために充電インフラは電力会社が主体的に行うべき事業と考えていたが，この後の原発事故で東京電力のEV普及のための活動はすべてが難しくなる。

　一方で，事故前に急速充電や電池のリユースビジネスの可能性を方々で講演していたところ，話を聞いて関心を持たれた企業が急速充電や電池リユース事業を開始してくれた。2010年には住友商事と日産自動車がフォーアールエナ

第11章　EV普及はユーザーも含めた協働のSDGs

図11-14　フォーアールエナジー株式会社の浪江事業所開所式
出所：筆者撮影。

ジー（以下4R）というリチウムイオン電池のリユース事業を立ち上げた。4Rは2018年に震災後の復興促進のために福島県の浪江町に大規模なリアセンブルの拠点を設置してくださった。筆者の当初の構想の一つが復興の支援につながったことは大きな喜びである。4Rはまだ使用済電池が出てこない時期に設立した会社であり、これまでは大変厳しい経営であったと思うが、今後の大きな飛躍を願ってやまない（図11-14）。

2012年にジャパンチャージネットワーク（JCN）が住友商事と日産自動車と共同で設立された。高速道路などの急速充電インフラ設置を進めたパイオニアである。2014年には、トヨタ自動車、ホンダ、日産自動車、三菱自動車と中部電力が中心となり、充電器の設置に加えて課金認証決済サービスを行う合同会社日本充電サービス（NCS）が設立された。現在日本では再び急速充電の運用は電力会社を中心に行うようになったが、EV登場初期の難しい時期に急速充電事業を担われた住友商事や自動車会社に心から感謝する。

5　急速充電器の世界展開

急速充電の必要性を世界中に説明行脚

国内では三菱自動車に続いて日産自動車のEV参入で盛り上がりを見せ始めたが、次の課題は海外を盛り上げることであった。東電は国内しかも関東地域

第II部　社　　会

に特化した電力会社なので海外にネットワークを持っている人材が少ない。筆者自身も海外の知人は原子力関係者だけであった。人事部門に掛け合って，東電のワシントン事務所で仕事をしていた青木浩行氏をEVチームに加えてもらった。この後，地球を何回も回るような海外行脚を彼と二人で行うことになる。

　自動車会社では，アメリカのGM, Ford Motors, 欧州のVolkswagen（VW），BMW, Daimler, Audi, Fiat, 中国のBYDなどを訪問しCHAdeMO方式の利点を説明して回った（図11-15）。GMにはまだEV-1を制作した技術者が残っていた時期で，彼らがCHAdeMO方式急速充電を高く評価してくれたことに手応えを感じた。当時新興EVメーカとして立ち上がりつつあったテスラ社も訪問し，急速充電の価値を説明した。まだ，サンフランシスコの空港近くに粗末な工場しかなかった時代である。テスラ社はイーロン・マスク氏の方針なのであろうが，他社に頼らず何でも自社でやり遂げるとういう考えで，急速充電器も自社開発して自力で設置していくことになった。

　自動車会社に加えて，将来充電インフラを運営してくれるであろう電力会社にも急速充電インフラの必要性をPRして回った。アメリカのPG & E, SCE, NRG, カナダのHydro-Quebec, フランスのEDF, スペインのEndesa, ドイツのRWE, イタリアのENELなどで，海外の電力は青木氏のネットワークを頼りに展開していった。PG & Eとは協働して北米で初の急速充電器をカリフォルニア州のバカビルに設置した（図11-16）。Hydro-Quebecで長らくEVに携わっていたセルジ・ロア氏はIEC（International Electrotechnical Commission）の標準化活動で急速充電部会の議長を務めるなど，長くCHAdeMOの普及に協力してくださった。

　日産自動車はフランスのRenaultと提携していたが，自社としても世界にリーフを販売していく計画だった。三菱自動車はi-MiEVの技術をフランスのPSAに提供していた。このような状況から，急ぎ海外の充電器メーカーを育成する必要があった。そのため，東電研究所のEVチームメンバーたちは，欧米の充電器メーカーの要請に応えて現地に出張し，技術移転を行った。研究者である上に英語が得意でない者も多かったが，EV普及の大目的のために不安を抱えながらも海外に出向いてもらった。結果，片言の英語と回路図と身振り

第11章 EV普及はユーザーも含めた協働のSDGs

図11-15　中国深圳市のBYD工場でのCHAdeMO説明会
出所：筆者撮影。

図11-16　バカビル市に設置された北米第1号のCHAdeMO充電器
出所：筆者撮影。

手振りで何とかなったようである。後年，この頃CHAdeMO急速充電器を作り始めた会社を訪問すると，皆一様に当時のことを懐かしそうに話して感謝してくださる。彼らは現在でも大切なCHAdeMO協議会メンバーである。

CHAdeMO協議会の設立

個々に会社訪問しているのでは間に合わない状況になり，CHAdeMO方式の急速充電を世界に広めるために協議会を設立することにした。過去のGMとFord Motorsの充電インフラでの争いを見ていたので，不要な規格争いは避けたかった。ビデオデッキのβとVHSの規格争いはよく知られているが，その反省の上に世界的な標準団体であるBlu-ray Disk Associationという国際的な協議会が設立されている。これに倣った機能を担う組織体としてCHAdeMO協議会を設立した。設立総会は2010年の3月15日で，初代会長には当時の東電の会長の勝俣恒久氏が就任した。もちろん自動車会社間の摩擦が

207

第Ⅱ部　社　会

図11-17　CHAdeMO 設立総会の様子

出所：筆者撮影.

生じないようにとの配慮からである。設立時の会員数は158社，海外企業も19社参加していた。現在は世界の50カ国から530を超える団体が参加している（図11-17）。

　CHAdeMO という名前は協議会設立時にネーミングデザイナーとして高名である横井恵子氏がつけてくださった。DoCoMo など数々の有名な会社の名前を考案された方で，CHAdeMO には Charge & Move と「充電中にお茶をどうぞ」という意味が込められている。CHAdeMO のロゴデザインは，いつもの通り山中俊治氏が作成された。充電でバッテリーが笑顔になることを表現したデザインである。

6　CHAdeMO 展開への妨害

間に合わせの CCS 規格

　世界標準となるためには，アメリカでは SAE（Society of Automotive Engineers），欧州では IEC において標準として認められる必要がある。IEC においては，セルジ・ロア氏らの活動により，IEC61851-24にいち早く CHAdeMO が DC 充電の規格として認められた[2][3][4]。

　SAE は自動車の規格を定める機関でデトロイトにある。筆者には本来縁遠い機関であるが，EV の急速充電の規格として CHAdeMO 規格を認めてもらうために何度もデトロイトに出向いた。日産自動車や三菱自動車という立場で

第11章　EV普及はユーザーも含めた協働のSDGs

はなく中立な規格団体としての提案であったが，標準化となると事業と密接に関係してくるのでGM，Ford Motors，Daimlerの代表が結託してCHAdeMOの標準化を阻止する動きをした。当時EVを製造販売していたのは日本の日産自動車と三菱自動車だけだったので，CHAdeMOを標準として受け入れるのは日本企業を利することになると考えたらしい。2001年に低出力の充電規格でFord Motorsに足を引っ張られて憤っていたGMが10年後に同じことをするというのも皮肉なことである。

　彼らが対抗として提案したCCS（Combined Charging System）規格は，CHAdeMOの基本原理であるEVが指令を出し充電器が応えるという点は同じであったが，コネクタ形状や通信方式が異なっていた。コネクタ形状は，急速充電と普通充電を合体させたもので，この瓢箪型の形状はコンボと呼ばれた。この歪なコネクタ形状の誕生には情けない事情がある。当時の海外自動車会社は真剣にEVを作るつもりはなく，ガソリン車を改造してカリフォルニア州のZEV規制で要求される最小限のEVを生産することしか考えていなかった。改造作業を最低限で済ませたいので，ガソリン車の車体に元々開けられている１つしかないガソリン注入口に普通充電と急速充電の２つのコネクタを押し込みたい。それには，２つのコネクタを合体させてコンパクトにする必要があったのだ（図11-18）。合体させてもまだCHAdeMOのように独立したCANの通信線を配置するスペースはなかったので，電力線搬送通信PLC（Power Line Communication）を採用して専用通信線を省略した。PLCは電力線の上に信号を重畳させるので，どうしてもノイズの影響を受けやすい。特に充電器のような交流から直流に変換する装置は原理的に大きなノイズを発生するのでPLCは不向きである。この通信方式の変更が後々もCCSの安定した動作を妨げる原因になる。

　また，普通充電コネクタがアメリカと欧州の規格が異なっているので，それに急速充電コネクタを合体してしまうと自動的に米国仕様（CCS1）と欧州仕様（CCS2）は異なる２つの規格となってしまう（図11-19）。敵の敵は味方というだけで，欧米が結託して性能が劣る規格を統一規格と称するのは，真剣に利便性を向上してEVを販売していくという姿勢がまったく感じられず嘆かわしい。

第Ⅱ部　社　会

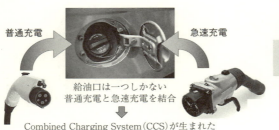

図11-18　普通充電と急速充電を無理に押し込んだ設計
出所：筆者作成。

図11-19　CCSは欧米で異なる仕様
出所：CHAdeMO協議会ホームページより。

先行者を打ち負かす正攻法は，よりよいEVを作って市場の競争に勝っていくことであり，標準化を使って足を引っ張ることではない。自動車を生み出し普及させたドイツやアメリカの自動車会社の誇りを取り戻してほしい。

原発事故による活動の停滞

　2011年3月11日は欧州各地を訪問して急速充電を紹介する出張の初日で，パリに居た。朝起きると津波の映像がニュースで流れており仰天した。その後，原発事故が深刻化していく様子がインターネットで伝わってきて，会議に身に入らなかった。直ちに帰国することも考えたが，久しく原子力部門から離れている自分が役にたつとも思えず，当初の予定通りノルウェー，フィンランド，エストニア，ドイツ，イタリアと欧州各国を訪問して回った。二度と欧州に来ることはできないと思い，説明にも力が入った。この出張はその後，ノルウェーが欧州でのEV普及のリーダーとなったこと，フィンランドの電力会社のFortumやイタリアのENELが欧州有数の急速充電器の運営会社になったこと，エストニアではCHAdeMO急速充電器が大量に設置されたことなどにつながり，無理をして当初の予定をこなした価値はあったと思う。帰国後，筆者は原子力部門に復帰し，EV普及の活動から離れることになる。

　欧州勢はその後もEVの製造販売は不熱心であったがCCSを欧州の標準とするように政治に働きかけ始める。先行する日産自動車と三菱自動車の足を引っ張るためにはあらゆる手段を使う方たちである。2013年には欧州議会から

第11章　EV普及はユーザーも含めた協働のSDGs

「CCS2以外の急速充電器を設置してはならない」との欧州指令の原案が公表された。CHAdeMO充電器の設置を禁止する指令である。これに対し欧州のCHAdeMOメンバー達が連携して反対活動を展開してくれた結果，指令は「新たに設置される充電器にはCCS2が必ず1つは取り付けられていること」とトーンダウンされた。この結果，一つの充電器にCCS2とCHAdeMOのコネクタの両方が取り付けられた充電器が普及していくことになる。

罰金を使った CHAdeMO の排除活動

　欧州自動車メーカーが本格的にEVを開発するようになったのは，2015年にVWのディーゼル車排気ガス不正が発覚した後である。

　この排気ガス不正とは以下のようなものであった。車の排気ガスが規制値を満足しているかどうかの確認を，スポーツジムのランニングマシーンのような台の上に車を乗せて運転して計測する。この機械の上ではハンドルが切られないことに注目して，ハンドル操作が長時間ない場合には試験が行われていると車のコンピュータが認識し，排気ガスがきれいになるように燃料噴射の調整を行う仕組みである。単なる試験結果の改竄というものではなく，このような仕組みを車に組み込むことは，会社ぐるみで実行しなければできない不正である。この不正は，アメリカの大学生が実際の運転中に排気ガスを計測する装置を開発して計測したことで露見するに至った。この技術に基盤を置くべき会社の恥ずべき行為でVWの経営陣は総退陣となり，新たな経営陣はEVの開発にコミットすることになったのである。

　VWはアメリカにおいて約5,000億円の罰金を科せられ，この罰金の使途の一つとしてEVの普及に費やすようにとの命令を受け，VWはEVの急速充電器を設置するElectrify Americaという充電器運営会社を設立した。転んでもタダでは起きないElectrify AmericaはCCSの設置を重点的に行い，CHAdeMO充電器は申し訳程度にしか設置せず，罰金を使ったCHAdeMOの排除活動を始める。CHAdeMO協議会は米国政府やカリフォルニア州政府に抗議したが，そもそも自国の自動車メーカーを優遇したい政府は，CHAdeMO協議会からの抗議を聞き流して不正を行った会社が有利になるこ

211

第Ⅱ部　社　会

とを容認している。嘆かわしいことであるが，これが厳しい国際競争の現実である。

7　CHAdeMO の進化

中国と共同での Chaoji 開発

2009年4月に日産自動車が中国の武漢市や東風自動車と EV の協力協定を提携した。筆者も締結の場に志賀俊之日産 COO とリーフ開発責任者の立石昇氏に随行した。日産自動車の中国への技術提供は大変歓迎され，現在まで良好な関係を維持できている。

当時中国はまだ EV 大国ではなかった。北京オリンピックで使われた EV バスを見学したが，急速充電ではなく電池交換方式であった。大きな工場のような場所に電池交換設備があり，大掛かりすぎてこのような設備を多数設置するのは難しいし，運用にも多数の人がいて苦労しているように見受けられた。

直後の6月には後に世界有数の EV メーカになる BYD の深圳工場を訪問し，日産自動車，国家電網（中国国営，世界最大の電力送配電会社）も加わった場で，CHAdeMO 方式急速充電の紹介を行った。BYD には急速充電器の試作品が設置されていたが，実際には高出力の充電はできていなかった。CHAdeMO 方式には大変興味を持ってもらえたが，そのまま採用されることにはならず少しピン配置の変更がなされ，現在の中国標準規格（GB/T）につながっている。しかし，通信方式も含めて基本的な設計は CHAdeMO と同じである。どうして CHAdeMO をそのままを採用しないのか尋ねたことがあるが，「歴史的に中国は日本の先生だったから，そのまま日本の発明を受け入れるのは面目が潰れるので悪いけれど理解してください」と言われた。このように言ってもらえた方が，CCS の陣営よりもずっと好感が持てる。

その後，中国は国策として EV の普及を進め，2022年の EV 販売台数は530万台を上回り日本の約6万台を大きく引き離して EV 先進国になっている。急速充電器の基数も47万基（日本は8,000基）が設置されている。自動車販売台数が5倍であることを勘案しても，EV は日本の10倍，充電器は5倍の設置状況

212

第11章　EV普及はユーザーも含めた協働のSDGs

図11-20　中国CECと統一規格（Chaoji）策定の協定締結
出所：筆者撮影。

である。

このように世界をリードしている中国であるが、2018年に国家電網を中心とした中国電力企業連合会（CEC）からCHAdeMO協議会に対して相談が持ち込まれた。GB/T規格とCHAdeMO規格の将来の統一を図ろうという提案である。CCSでCHAdeMOの世界標準構想をかき乱されていたので、この提案は歓迎し共同して将来の統一規格（Chaoji）の開発が始まった（図11-20）。協定締結の際に、どうして欧米のCCSではなくCHAdeMOをパートナーに選んだのか理由を聞いた。中国は国内のEVメーカーや充電器メーカーが増えて、それらの良好な互換性を維持するのに苦労しているそうで、CECはCCSやCHAdeMOの状況を調査した上でCHAdeMOの良好な互換性に魅力を感じてパートナーとして選んだそうである。CHAdeMOメンバーが技術仕様書の改訂、認証制度の遵守など努力を継続していることの成果でありメンバーに感謝するところである。

EVから電気を取り出す

CHAdeMO急速充電器のみが実用化しているV2Xという技術がある。V2XとはVehicle to HomeとVehicle to Gridの総称で、EVの電池に蓄えた電気を家庭や電力網が必要な時に放電する機能である。V2Xは停電時の非常用電源に加えて、太陽光発電の自家消費の拡大、再生可能電源が増加した時の電力網の安定化に寄与する技術である。EVは自動車自体のゼロエミッション化だけ

213

第Ⅱ部　社　会

図11-21　被災地で支援活動に使われた i-MiEV
出所：三菱自動車㈱撮影。

ではなく，電力のエロエミッション化を進める上での障害を取り除くことにも貢献することができる。

　この機能の開発の発端は2011年の東日本大震災である。発売初期であったが，現地で被災者の支援に EV は重宝して使われた。電力網も津波や地震で被害を受けたが，部分的には給電が維持できていたことや電力網の復旧はガソリンスタンドなどのインフラの復旧よりも迅速に進んだ結果である（図11-21）。被災地で活躍する EV を見て，EV から電気を取り出して他の用途に使えればさらに有効な支援ができるとの現地からの要望により開発が始まった。CHAdeMO 協議会に参加する自動車会社，充電器メーカー，電力会社が協力して規格策定を迅速に行った。2013年には双方向充電器の市販が開始され，規格の文書化も2014年に完成している。

　V2X を実用化するためには，EV の電池を傷めることがないこと，充電器の高い効率，系統電力に悪影響を与えないため安定した電圧，周波数と低いノイズなどに留意する必要がある。自動車会社が中心となり規格作成が行われている CCS 陣営と異なり，自動車会社，充電器メーカー，電力会社などが協力して技術仕様の策定を行っている CHAdeMO 協議会の面目躍如というところである。

　今後も CHAdeMO 協議会は，EV ユーザの利便性向上を最優先にして，会員企業間で協力して課題を克服しながら EV 普及に貢献したい。

8 EV の経済性を上げるために

電池をたくさん積んで走るのは不経済

　日本では2015年頃に国が大型補助金を付けてくれたことで，現在約8,000基の急速充電器が設置されている。EV の普及活動に復帰後の2019年に日産リーフを購入し，日本全国の充電器事情の確認を兼ねて走り回ることにした。現在4 年ほど経過したが，毎年 3 万 km，累積12万 km を走っている。これまでの急速充電回数は1,000回になる。一週間程度を掛けてのロングドライブも，東京・北海道間，東京・鹿児島間などを数回走っている。コロナの影響がなければもっと頻繁に走る予定であったが，一応日本全国をカバーするように走って充電器の使い勝手を確認して回った。

　そこで改めてわかったことであるが，筆者の日産リーフは電池が62kWh と大きいタイプで電池の積み過ぎになっているということであった。一人でロングドライブしていると，トイレ休憩や食事の必要もあるので，一日に走れる距離はせいぜい600km 程度である（ちなみに東京・大阪間500km，東京・盛岡間530km）。高速道路のサービスエリアには50kW クラスの急速充電器が設置されているところが多い。それらを利用しながら，日本中の高速道路では不安なく走り切ることができた。充電のために停車を余儀なくされたことはなく，休憩の間に充電しているという感覚であった。

　函館から襟裳岬を経て釧路まで619km を走行した日の記録を紹介するが，長距離ドライブにもかかわらず電池残量が半分以下になっていないことがわかる（図11-22）。充電器を調べるために走っていることから少し充電の頻度は多めになっているが，この日だけが特別なのではなくすべての日で電池残量は半分以下にならなかった。サービスエリアは大体50km 間隔で設置されているので，二つ飛びぐらいで充電していれば電池残量を減らすことなく長距離ドライブができる。

　結局，半分の電池が仕事をしていないということで，余分に240kg の荷物を運んでいたことになる。流石に電池の量をきっちり半分にしてしまうと電池残

第Ⅱ部　社　会

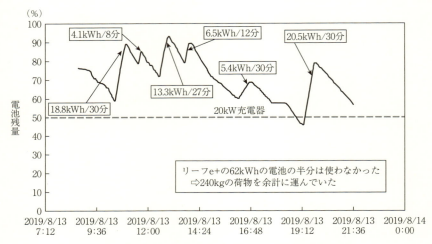

図11-22　函館から襟裳岬経由で釧路まで走行時の電池残量の変化
出所：筆者作成。

量がギリギリで気が休まらないだろうが，急速充電器を上手に使えば，電池積載量を3分の2の40kWhぐらいに減らしても日本中長距離ドライブできるということである。実際，愛媛と岡山で充電中に千葉や栃木のナンバープレートをつけたリーフに出合ったが，彼らは40kWhのリーフであった。

パワーシェアリングによる経済的な充電器

　最近になって，充電に行くと先客が使用中である頻度が上がってきているのを実感している。今後の本格的なEV普及に備えて，急速充電器の増設を急がねばならない。

　一方で一部の自動車メーカーから急速充電器の出力を高めてほしいという要望もある。これは，過剰な電池の大容量化競争のツケ回しであり，最終的にはEVユーザーの経済的負担増につながってしまう。EV仲間の声を聞いても，出力増加よりも台数増加の要望が圧倒的である。

　充電サービス会社のe-Mobility Powerは，EVユーザーの多数の声を尊重して基数の増加に重点を置くことにしているが，工夫して高出力化と台数増加を両立させる方法を考えた。6台の子機を配置した200kWや2台同時に充電で

200kW充電器を子機6台でシェアリング　　180kW充電器を2台でシェアリング

図11-23　高出力化と経済性を両立させるパワーシェアリング充電器
出所：筆者撮影。

きる180kWの充電器（1台の最大150kW）の導入である（図11-23）。

　現在の電池の性能では，充電が進むにつれて充電電流を下げないと電池を傷めてしまうため，充電の後半では充電器の出力は低下している。したがって，EVに対して一対一の充電器では後半は充電器の出力に余裕が生じて無駄になっている。一対複数台の充電器であれば，後続のEVが充電を始めた時には先行して充電しているEV向けの出力は少ないので，後続のEVは問題なく大きな出力で充電できる仕組みである。

　EVに搭載する電池も急速充電器も最終的にはユーザーが負担するコストになるわけであるから，どちらも稼働率を上げる工夫をしてEVの経済性を上げていきたい。

EV化にはドライバーも変革が必要

　高速道路での長距離ドライブを重ねていて実感したことであるが，電池の積載量や急速充電器によらずに簡単に航続距離を伸ばす方法がある。それはゆっくり運転することである。高速道路の左車線の多くは80km/h制限になっているが，多くのドライバーは100km/hで走っている。高速運転時の走行抵抗はほぼ空気抵抗で，これは速度の二乗に比例して大きくなる。そのため80km/hと100km/hでは4割もの差になり，航続距離も同じだけ差が生じることになる。

第Ⅱ部　社　会

　筆者はいつも80km/h走行を心掛けている。環境のために我慢しているのではなく，ゆっくり走ると視野も広がって周りの景色を楽しめる。自然を楽しみながら運転することで電費が良くなりさらにCO_2の排出量は削減できる。サービスエリアには周りの景色が素晴らしい場所が多い。旅先の風景を楽しんでいると，充電なんかあっという間である。

注

(1)　Kazumasa Arai, Takafumi Anegawa (2006) Evaluation of Small Electric Vehicle of New Concept with Mn-Li-ion Battery: EVS-22 in Yokohama.

(2)　Takafumi Anegawa (2019)「急速充電技術の国際標準化に関する将来展望」*Journal of Society of Automotive Engineers of Japan,* 73 (10), 33-38.

(3)　灰田武史・多田栄治 (2015)「チャデモ協議会の現況と今後の活動（第1回）チャデモ協議会の創設と基本充電器規格成立への取り組み」*Smart grid : technical journal,* 5 (1), 56-62頁。

(4)　青木裕行 (2012)「世界標準を目指すCHAdeMO（チャデモ）」『電気協会報』(1045), 11-16, 日本電気協会。

> **特別寄稿**

第12章
SDGs の外にある社会課題とは何か
──少子化を題材に──

藻谷浩介

1 SDGs の内包と外延

SDGs の言及範囲

　SDGs は，持続可能な発展を目的に，国際連合に加盟するすべての国の賛成を得て選定された努力目標だ。しかしそのような成り立ちからして，SDGs の言及範囲には，2つの制約がかかっている。

　制約の第1は，すべての国の合意，という条件が産んだものだ。この条件ゆえに SDGs は，経済の発展状況に大きな相違のある国々すべての関心事項の，いわば最大公約数となっている。そのため，自国の持続可能性の向上にとって重要な事項であっても，SDGs に盛り込まれなかったものが，とりわけ世界の少数派である経済先進国において生じているものと考えるべきだ。経済の成熟が著しい日本は特に，自らにとっては優先度が高くても，中進国や途上国にとっては劣後と考えられて SDGs から外された項目に，よく注意を向ける必要がある。

　制約の第2は，SDGs の基本構造自体に起因するものだ。SDGs は，持続可能性を優先するのか，それとも経済成長を優先するのかという原理的な対立を，「持続可能な発展」という言葉でくるんで止揚しようとする試みである。つまるところ，持続可能性を増すが成長は損なう行動や，成長を生むが持続可能性は損なう行動を排除し，両者を同時に達成できるような，これまた最大公約数的な領域だけを，SDGs として推奨するというわけだが，そのような領域は，実際にはどの程度の広さを持っているのだろうか。そもそも持続可能性と経済

第Ⅱ部　社　会

成長は，両立するものなのだろうか。

本章のスコープ

　そのような全体像の理解に立ちつつも，本章には紙数の制約がある。そこで以下では，SDGs の外側にありながら日本の持続可能性にとって見過ごせないトピックとして，少子化を取り上げる。皆さまが SDGs の全体像を，その外側にあるものを含めて構造的に把握する際の，せめてもの一助となれば幸いだ。また「そもそも持続可能性と経済成長は，両立するものなのだろうか」という問いに対しては，拙稿「ポスト資本主義と『里山資本主義』」(『神奈川大学評論』第99号，127-137頁，2021年）をご参照いただきたい。

　なお筆者は学者ではなく，学界での議論の蓄積について知見を有しない。そのため，論文を参考文献に引いて議論を補強するスタイルを取ることができない。他方で筆者は，事柄の事実としての蓋然性や，論理面での整合性には，学者と同等もしくはそれ以上に注意を払う者である。ということで以下は，科学的・論理的な思考をベースにした，一種のエッセイとしてお読みいただきたい。

2　全世界の国々の合意から漏れたもの

「窒素とリンの循環不全」の欠落

　SDGs を最初に目にしたときに，筆者が「なるほど」と感じ入ったのは，「安全な水の確保」（目標6）だった。日本においては一般的には困難がないが，世界のほとんどの国では（そして実は日本でも首都圏に限定すれば）深刻な課題である。特殊に降水に恵まれた日本の，良くも悪くもガラパゴスな姿を，この目標の存在は教えてくれた。

　それとは逆の方向で勉強になったのが，欧州環境庁（EEA）が2020年4月17日に出した環境負荷報告書の記述だ。その中で最も危機的な状況にあるとされた環境問題は，CO_2の排出でも生物多様性の喪失でもなく，「窒素とリンの循環不全」だったのだ。この課題は，SDGs には入っていないし，日本でも一般に認識されていない。しかし実際には，欧州だけでなく世界中で，そして特に

日本で，深刻な環境負荷となっている。

　この課題を短く解説すれば，化学肥料の主要成分である窒素とリンが，土壌内に過剰に蓄積されて地下水を汚染し，健康問題を引き起こすというものだ。窒素に関しては，肥料だけでなく，トウモロコシなどの家畜飼料に豊富に含まれているタンパク質が分解されて生じ，糞尿を経由して土壌内に蓄積するという経路もある。

　本来は窒素もリンも，自然界に普通にあるものだ。しかし無機の鉱物としてではなく，生物の死骸や排泄物などの有機物の組成成分として存在する。降水の豊富な日本や欧州では，床下など水に流されにくい場所に微量に蓄積したものを活用してきた歴史があるが，肥料の原料とできるほど豊富に採掘できる場所は，主に乾燥地帯に限られている。ということで，日本や欧州で化学肥料を使うということは，外国から窒素やリンを輸入し，自国の土壌に撒くということなのだ。加えて特に日本の場合，窒素分（＝タンパク質）を豊富に含む家畜飼料のトウモロコシはほぼ全量が輸入であり，さらに家畜糞尿を堆肥にして肥料に用いるシステムも普及しているため，畜産によっても不可避に，土壌内に飼料由来の窒素が撒かれる結果となる。

　これらがすべて川に流され，海に環流するのであれば問題はない。だが特に地下水内に蓄積したものについては，循環せずにとどまる傾向がある。筆者の見聞の範囲でも，国内有数の養豚地帯である茨城県の北浦周辺で，湖水や地下水の硝酸窒素による汚染が問題となっている。

　しかしこの循環不全は，SDGs では取り上げられなかった。理由は明解で，人口増加で食料不足に悩む多くの途上国や中進国は，肥料の利用を制限するような目標を是認し難かったのである。ということで EU 環境庁は独自に，この問題に対して警鐘を鳴らしたわけだ。他方で日本では，食料不足が課題となっているわけではないにもかかわらず，この問題自体があまり認知されているようには見えない。なぜだろうか。

　これに限らず日本では，挙げられている何かのトピックの中身を深く掘り下げることが好まれる一方で，何がそこに挙げられていないか，漏れ落ちているものは何かというそもそも論が流行らない。全体像を構造的・網羅的に考えて，

第Ⅱ部 社　会

漏れをチェックするという思考態度に乏しく，何かと「盲点」が多すぎる議論をしがちなのである。「How」を論ずるのが大好きで，その前にあるはずの「What」や「Why」という視点がお留守になりやすい，ということもあるだろう。「What」を限定列挙したSDGsを見て，その列挙を権威としてそのまま受け止め，すぐに好きな「How」の話に入れることを喜んだ向きも多かったのではないか。

「少子化」の欠落

　ということで「窒素とリンの循環不全」は，「SDGsが持続可能性の問題を網羅している」と何となく考えがちな人にとって，正に「盲点」であり，抜け落ちている「What」である。同様に日本において「盲点」になっているものとして，他には何が挙げられるだろうか。

　筆者は，特に日本（および東アジア）においては，「少子化」が社会の持続可能性への最大の脅威とだと考えている。そこで以下では，少子化とはどのような脅威なのか（What）を論じることとしよう。なお，少子化にどのように対処するのか（How）という話には立ち入らないことをあらかじめお断りしておく。「異次元の少子化対策」が典型だが，どういうことが起きているのかという理解のないままにいきなり対処策に入ると，まずもって対処には成功しない。「少子化の話＝対処策」と短絡される方は多いと思うが，以下はその方々を満足させる内容ではない。

3　少子化とは何か——基礎的な確認

「出生率」と子どもの数の減少

　議論を進める前に，ここで少子化の定義を確認しておこう。おそらく多くの論者が，少子化とは出生率（合計特殊出生率）の低下のことだと考えるのではないか。同じように高齢化とは何かと問われれば，高齢化率の上昇のことだと，やはり多くの人が考えるだろう。あるいは平均寿命の上昇＝長寿化であると思う人もいるかもしれない。だがそういう理解のまま，「少子化対策」の話に入

第12章　SDGsの外にある社会課題とは何か

ってしまうと，いっかな実効性のある対処策は出てこなくなる。

　少子化とは文字通り，子どもの数（統計で見る場合には 0 ～ 4 歳の乳幼児の数とした方が実態に即する）の減少であり，合計特殊出生率はその一要因に過ぎない。保育園や学校の定員割れをもたらすのも，15年後以降に若者の減少をもたらすのも，そして70年後以降に高齢者の減少と医療福祉負担の減少をもたらすのも，すべて現在の乳幼児の数の減少である。そしてこれらの現象が，要因の一つに過ぎない合計特殊出生率と直接連動するわけではない。

　ちなみに少子化をもたらす他の要因としては，親世代の数（＝15～45年前の乳幼児の数）があり，多くの国では乳児死亡率も影響を及ぼす。新生児数ではなく乳幼児数の方が実態に即するのは，乳児死亡率が高い国では両者の乖離が大きいからだ。なお日本の新生児は1974年から減り始めたので，親世代の数の減少が長期的に決定しており，仮に合計特殊出生率を向上させることができたとしても，少子化自体を食い止めるのは困難である。

「高齢化率」と高齢者数の増加

　高齢化も，高齢者（筆者はこれを70歳以上と定義している）の数の増加であって，長寿化はその要因の一つに過ぎない。他の大きな要因は，70年以上前の多子化（少子化の反対）である。そしていずれにせよ，高齢化率の上昇は，高齢化の結果ではあるが要因ではない。また年金の所要額や医療介護サービスの需要は，高齢者の数の増減に伴って増減するものであり，高齢化率の増減には原理上も実際にも連動しない。

　「高齢化率は，支えられる側の数を支える側の数で割ったもの」という説明があるが，そうであれば高齢者の数を，総人口ではなく現役世代の数で割るべきではないか。しかも実際の現場では，元気な高齢者が衰えた高齢者を支えることがごく当たり前に行われている。さらに言えば世界一高齢化した日本の福祉財源は，直接間接に，日本が海外から稼ぐ経常収支黒字によって賄われており，これは国内の人口が減れば減少するというものではない。つまり「高齢化率」なる謎の数字の出番は，高齢化を考える政策論の場には存在しない。高齢化問題を論じるには，高齢者の数を基に先に需要を計算し，それに見合った供

223

第Ⅱ部　社　会

給をどうするかは別の次元の話として考えるのが当然だ。

「少子高齢化」という表現の誤り

　さらに重要なことだが，誰もが口にする「少子高齢化」という現象も，世には存在しない。少子化と高齢化は別々に進行しているもので，両者を一括りにすることは事態の把握を混乱させ対処を誤らせるだけだからだ。だが実際には，前述のとおり意味の乏しい数字である「高齢化率」が上昇することを，漫然と「少子高齢化が進んでいる」と描写する人が多いのだろう。

　気をつけるべきだが，日本に（世界にも），高齢化率が上昇していない地域はほぼ存在しない。だが，すべての地域で「少子高齢化」が止まっていないのかといえば，そうではない。「少子化は止まらない（＝乳幼児は減っている）が，高齢化は止まった（＝高齢者の数が増え亡くなった）地域」や，「高齢化は止まらないが，少子化は止まった地域」というものは，全国あちこちに存在する。こうした現象に気づかない人は，高齢化率なる，分子と分母が独立変数の構成比ばかりみているうちに，変化が分子で起きているのか，分母で起きているのかを，確認する習慣を失ってしまったのだろう。微積分を駆使するうちに，小学生でもわかる分数の意味がわからなくなった人というのは，特に経済学者の中に数多いので，他学の論者は注意が必要だ。

　ここまできちんと読んでくださった方には，「What」の確認をせずに「How」の議論に入る愚かさが，理解いただけたものと思う。以下では，乳幼児の絶対数の減少という事態がどこでどのように進んでいる結果，どのようなことが起きるのか，「What」をさらに認識していく。繰り返すが，「How」の話には入らない。

　なお以上のように書くと，「少子化の定義はどこに書かれていましたか」「参考文献は何ですか」と問われることがあるが，筆者が統計数字を見ながら自分で考えたのであり，筆者にとっての参考文献はない。しかし仮に宇宙人が考えても，思考が客観的・論理的である限りは同じ結論になるだろう。こういうごくごく基本的な論理については，生数字を見ながら自分の頭で，本質論を見出す思考習慣が必要なのではないだろうか。

第12章　SDGsの外にある社会課題とは何か

4　少子化は持続可能性の脅威か

なぜ少子化は問題視されて来なかったのか

　というような定義を前提に，少子化の実態とインパクトについて数字を論じるべきところ，その前に「なぜ少子化は問題視されてこなかったのか」についても，触れておきたい。

　一言でいえば，「子どもの多さこそが社会の持続可能性への脅威であり，少子化は歓迎すべきこと」という意識が，特に戦後の日本では根強かったからだろう。今でも年齢でいえば50歳前後から上の，団塊世代・団塊ジュニア，およびその間に挟まれた世代の，特に男性の間では，そのような考えが暗黙の裡に共有されているように感じる。

　「子どもの多さこそが社会の持続可能性の脅威」という考えは，国内の人口爆発を海外侵略で解決しようとした戦前の日本の失敗の教訓であったし，農村の団塊世代が工場労働者として都市に吸収される過程で様々な公害問題・都市問題が生じたという，戦後の経験を通じて強化もされた。さらに最近は，地球環境に対し人間活動が与える負荷の自覚から，「増えすぎた人間が，戦争も飢餓もなしに減っていく少子化という現象は，好ましいものだ」という認識が，表では語られないままに広まっているようにも思える。

　ところで筆者も，「増えすぎた人間が，戦争も飢餓もなしに減っていく少子化という現象は，好ましいものだ」という認識を，地球全体に関しては持っている。まだ少子化が始まっていない国々（アフリカなどに多い）でも，早く少子化が起きてほしいものだと願ってもいる。そうすれば今ある世界の戦乱の，非常に多くが消滅するだろう。日本の場合にも，20世紀前半のように周辺国を侵略し植民する可能性は，少子化が進んだことで完全に消えた。

　なぜ少子化が戦乱を減らすかといえば，生存に必要なエネルギー（食糧含む）の不足を防ぐからだ。江戸時代は化石燃料を用いない循環再生型の社会だったが，その後半の1世紀半の間は日本の人口は少子化の著しく進んだ江戸への男性人口の流入もあって3,000万人前後で一定し，たまに飢饉はあれども戦乱の

225

第Ⅱ部　社　会

ない社会となっていた。その後現在までに発展した各種技術を勘案すれば，今後もざっくりその2倍の6,000万人程度は，この国土で生産される食糧で養えるのではないかという感触を，筆者は持っている（これはあくまで銀行屋の世界で「めのこ」と呼ぶ「感触」であり，論理的に詰めた数字ではない）。ということで筆者は，そのあたりの水準までの少子化は，むしろ食料自給率を高めて，日本の持続可能性に資するものだと考えている。

適正な人口規模はどの程度か？

　筆者が最近聞いた極論には，「人間は食物連鎖の頂点にあるのだから，その個体数は捕食される側よりも少ないのが自然だ」というものがあった。この見解に従えば，食物連鎖の頂点にある狩猟・採集者としての人間種の，この列島で生存可能な限界数は，縄文時代の日本の人口（数十万人）程度となってしまう。しかしこれは，事実の科学的な考察とは言えない。人は農耕や再生可能エネルギー利用技術という技術を手にしたことで，狩猟・採集以外のエネルギー源を持つようになったからだ。

　江戸時代後半には前述のとおり，3,000万人前後が日本列島に持続して生存していたが，この数字自体が，食物連鎖の頂点にある生物の個体数としては異常に多かったことを認識せねばならない。さらに化石燃料の利用が本格化した明治以降に，日本の人口はさらに急増し，終戦時で7,200万人，その後には1億2,000万人台にまで増加したわけだが，仮に化石燃料の利用をやめたとしても再生可能エネルギー利用技術は残る。したがって，日本列島に持続して生存可能な人口が，食物連鎖の頂点にある生物の個体数（前述の通り縄文時代で数十万人程度）にまで下がることはないだろう。

　それはともかく以下では，現在の人口の半分の6,000万人程度まで少子化が進むのは，日本の持続可能性を高めるものだと仮定しておこう。にもかかわらず筆者は断言する。少子化は日本の社会・経済の持続可能性への，目下の最大の脅威なのだと。付け加えれば少子化は，中国，韓国，台湾という東アジア諸国・地域にとっても，顕著な脅威である。それどころか，欧州やロシア，東南アジア，南北米州，インドなどにとっても，早晩目に見える脅威となってくる

ことだろう。「過ぎたるは及ばざるがごとし」というのは，少子化のためにあるような言葉なのだ。

　以下，国際連合人口部のホームページからエクセル形式でダウンロードできる2022年版の人口推計＆予測の数字を基に，少子化のこれまでと今後を説明する。同推計＆予測には，前提を変えていくつかのバージョンがあるが，以下では一貫して，国境を越えた人の移動を勘案したケース（移民を計算に入れていないと勝手に考える方がいるので，よくご注意されたい）で，出生率を中位で推測したバージョンを使う。補足的に，国内に関しては住民登録者数（外国籍の日本在住者含む）も参照する。皆さんもそれぞれ，こうした動きが脅威なのか脅威ではないのかを，ご自分で考えていただきたい。

5　世界中で減り始めた乳幼児数

途上国でも始まった少子化

　足元の少子化を最も端的に示すものとして，2017年と22年を比較しての乳幼児数（0〜4歳）の増減を確認しよう。2017年の0〜4歳は22年には5歳を超えているので，この数字は言い換えれば，2012年から17年までの5年間と，2017年から22年までの5年間と，どちらが出生が多かったかという状況を示す。毎年の新生児の数ではなく，5年おきの乳幼児の数を見るのは，特定年の短期的な要因（戦乱や飢饉など）の影響をなるべく排するため，および乳児死亡率が高い国では新生児数と子どもの数が必ずしも連動しないためである。

　さて国連人口部の推計では，世界の263の，国と国に準じる地域の数字が挙げられている（国に準じる地域とは，おおむね英米仏蘭などの海外領土とお考えいただきたい。連邦国家内の州や共和国などの数字はない）。263の国・地域のうち，2017年と22年を比較して乳幼児数が増えたのは，ちょうど100の国・地域であり，163の国・地域では乳幼児数が減少している。そもそも全世界合計の数字が，△3.9％（以下，△は減少を表す）だった。これはおそらく，多くの日本人がまったく想定していない結果ではないだろうか。

　国連では世界の国々を，アジア，欧州，アフリカ，北米，中南米，大洋州の

第Ⅱ部　社　会

6つに大きくエリア分けしているが，その中で上記数字が増加していたのはアフリカのみだ。もう少し細かく22の地域に分けた数字もあるので，その中で乳幼児が増えた場所を列挙すれば，北アフリカ以外のアフリカ（西，中央，東，南），中央アジア，メラネシアのみである。

　だがこのように書いても，多くの人にはこの数字のインパクトは伝わらないだろう。以下のように書き換えると，少しは驚いていただけるだろうか。2017年と22年の乳幼児数を比較すると，日中韓台などの東アジアや欧州はもちろん，東南アジアやインド，中近東でも，そしてアメリカや南米，豪州でも，減少が起きていた。繰り返しになるが，典拠しているのは，移民を勘案した数字だ。「移民を受け入れない限り日本の少子化は止まらない」というようなことを漫然と考えている多くの日本人には，しっかりと認識してもらいたい。

　さてプラスマイナスだけでなく数字の大きさを比べると，日本の減少率は△15.2％。年間に３％が失われているということなので，等差級数的に考えれば，三十数年続くと乳幼児がいなくなってしまうペースだ。非常に深刻な水準であると言ってよい。しかしこれでも世界では悪い方から28番目で，上には上がある。ワースト５には，ウクライナ（△33％），韓国（△27％），中国（△26％）が入っている（他の２国はサンマリノとマーシャル諸島）。ちなみにロシアは△20％，ロシアを除く欧州は△11％，アメリカは△６％，西アジア△３％，インド△５％，東南アジア△３％，中米△８％，カリブ海諸国△４％，南米が△５％だ。

　数字を見ておわかりのとおり，ここまで乳幼児が減った要因としては，2020〜21年（日本と中国では〜22年）に各国で行われた，新型コロナウイルス対策の影響が大きいだろう。とはいえ対策が撤廃されれば問題が解消するということにならないのが，少子化問題の特質だ。仮に今後に合計特殊出生率が回復したとしても，一度子どもが減ってしまった部分は，そのまま残って将来に親世代を減少させる。中国を例に取れば，極端なゼロコロナ政策が極端に出生を減らしてしまったことは明らかなので，22年末に突然の撤廃を行ったのだろうが，すでに５年間で乳幼児数に４分の１もの減少が起きてしまった以上，15〜20年後に新成人が４分の１減ることは確定した（中国の場合，人口が多すぎて，移民受け入れによる数字の改善はほぼ期待できない）。

228

第12章　SDGsの外にある社会課題とは何か

　アメリカの場合にも，15〜20年後に新成人が6％減ってしまいそうなところ，移民受け入れで何とかしようということになるだろう。だがアメリカへの移民の主たる供給元である中米やカリブ海諸国でも，この時期に出生数の減少が起きていた以上，その時期に従前の流入水準は期待できない。唯一の若者供給源はアフリカということになるわけだが，そのように話が進むのだろうか。

日本の大都市地域でも進む少子化

　同時期の国内の地域別の数字を住民登録数（外国籍の人を含む）で見ても，東京都心23区や福岡市が△8％，大阪市が△9％といった状況になっている。これらの大都市には，コロナの時期を含めて若者の流入が続いていたのだが（コロナで流入は少しだけ弱まったが，大幅なプラスであったことに変わりはなかった），にもかかわらず乳幼児の数は減っていたのだ。外から若者（移民含む）が流入すれば少子化対策になるというのは，まったく事実に反する勘違いである。実際のところ，東京などの大都市は，流入した若者が地方にとどまっていた場合に比べてより子どもを持てなくなる場所，つまり日本の人口を減らすブラックホールのような場所として機能し続けている。[1]

コロナ後も続くマイナスインパクト

　とはいえコロナ対策の終了とともに乳幼児数が回復すれば，世界の多くの地域で，マイナスは一時的な段差として終わるかもしれない。そこで，同じ国連推計＆予測により，2022年と27年を比較した乳幼児数の増減率を計算してみよう。

　全世界合計の数字は，2017〜22年に△3.9％だったものが，2022〜27年には△1.5％まで緩和されるとされている。だがそれでも減少は減少だ。また，世界263の国・地域のうち，2022〜27年で乳幼児数が増えるのは，88の国・地域とされており，2017〜22年と比較してさらに11減る計算だ。差し引き175の国・地域では乳幼児数の減少が見込まれる。つまり，コロナ対策で過度にマイナスになった部分は是正されるものの，コロナ以前からトレンドとしてあった少子化自体は，さらに広がりを見せていくという分析になっている。

第Ⅱ部　社　会

　アジア，欧州，アフリカ，北米，中南米，大洋州の6つのエリアの中では，アフリカに加え，北米と大洋州が微増に転じる。22の地域に分けると，北米と豪州・NZが増加となるが，南アフリカと中央アジアが減少に転じ，アジアや中南米での減少基調はむしろ強まる傾向だ。さらに言えば，本当に北米の乳幼児数がプラスになるかについて，筆者は懐疑的である。そもそもこの国連推計＆予測の数字自体が全体に甘めであるうえ，アメリカで起きている著しいインフレ，それに伴う生活費や教育費，健康保険料などのさらなる高騰は，いわゆるチャイルド・ペナルティ（＝「子どもを持つことによって受ける罰」，具体的には各種の出費増を指す）を増やし，かの国での少子化を加速させるものと予測されるからだ。

6　少子化の本当の脅威——十数〜数十年後の若者の減少

世界中で始まる若者の減少

　さて，足元の少子化は，乳幼児が若者になる十数〜数十年後に，経済の中心を担う世代を減少させる。筆者は独自に，15〜44歳を若者，45〜69歳を中年，70歳以上を高齢者と定義しているが，この若者（15〜44歳）の数の変化は，次世代の出生数や，各種の消費に大きな影響を与える（言い換えれば，45歳を過ぎた人はほぼ出生数に影響しないし，消費水準も若者に比べれば下がるという見立てだ）。そこで同じ国連予測＆推計により，2022〜47年の四半世紀の，若者（15〜44歳）の数の増減率を見てみよう。

　全世界合計の数字は，＋9.8％と予測されている。だがその中身を見ると，世界263の国・地域のうち125の国・地域で若者が減少し，138の国・地域で増加するということで，2極分化の傾向が顕著だ。アジア，欧州，アフリカ，北米，中南米，大洋州の6つのエリアで見れば，世界の増加を引っ張るのはアフリカ（75％増）のみで，もともと人口の少ないオセアニアが微増，他は減少となっている。

　もう少し細かく22の地域に分けても，欧州と南北米州はすべての地域が減少だ。アジアでは，西，中央，南，東南アジアで増加が戻るとされているが，東

230

アジア（中日韓台）は△27％もの大幅減少とされている。さらにその内訳を見れば、中国が△27％、日本は△24％、韓国は△42％で、台湾が△36％だ。なお日本の減少がまだしも軽度に見えるのは、ピークだった1991年から22年までにすでに29％も減ったからで、ピーク時からの下落スピードの比較では、日中韓に大きな差はない。東南アジアでも、経済先進地域で少子化が著しいシンガポールとタイは共に△27％。訪日外国人研修生の主力を現時点で担っているベトナムは△10％。南アジアでもインドは△1％で、詮ずるところこれまでのようなアジアの勢いは、大きく削がれていくことになるだろう。

繰り返しになるが、この国連推計＆予測の数字自体、全体に甘めであることには注意を要する。世界的なインフレ傾向の中での、いわゆるチャイルド・ペナルティの増大が、さらなる少子化を生んで、十数〜数十年後の若者をさらに減らすことは、じゅうぶんに想定しておく必要があるだろう。

アフリカについても、これから75％もの若者の増加を受け入れるキャパシティはあるのだろうか。雇用や所得といった経済現象の話ではなく、単純に淡水の供給や食糧生産が足りないのではないかと危惧される。言い換えれば、淡水や食糧がボトルネックとなって、戦乱や飢饉が生じ、予測どおりの人口増加は起きなくなる公算が強い。そうしたシナリオを避けるためには、所得の再分配を効果的に行うことにより庶民の生活水準を向上させて、アジア各地で起きたような少子化をアフリカでも起こすことが必要となる。

流入超過にもかかわらず減っている大都市圏の若者

日本国内の状況について付言すれば、「若者が流入する都会は持続するが、過疎地は消滅に向かう」という総括はまったくの間違いだ。東京以下の都会では少子化が著しすぎて、地方から流入する若者の数では、自らの少子化による若者の減少分を補えていないからだ。以前にも見た住民登録者数（外国籍含む）によれば、東京都心23区に居住する15〜44歳の若者の数は、2017〜22年に△3％。大阪市、福岡市も同様に△3％である。

何が起きているのか理解できない人のために、東京都心23区について内訳を述べれば、2017〜22年に15歳を超えた者が32万人。2017〜22年に23区外から転

第Ⅱ部　社　会

入してきた15〜44歳が差し引き37万人（コロナにもかかわらず大幅な転入超過だった）。合わせて69万人の増加になると思いきや，2017〜22年に45歳を超えた者が81万人いたので，15〜44歳は差し引き△12万人となったのである。この間に45歳を超えた若者が81万人いたのに対し，それより30歳若い，つまり子どもにあたる世代が半分以下の32万人しかいなかったことが，都心23区の若者を減らす原因となった。自らの著しい少子化を，地方からの若者の上京では補えなかったわけだ。

　何にしても，世界の社会経済の様相は，人口過剰（人の押し付け合い）から人口不足（人材の取り合い）へと，向こう20年ほどの間に大きく変わってくるだろう。

7　持続可能性への脅威としての少子化

絶滅危惧種並みの人口減少をどう見るか

　とはいえこのような若者減少が，どうして「持続可能性」への脅威となるのか。お判りにならない方がおられるかもしれない。ではその方は，絶滅危惧種についてどう考えるのだろう。1991年から2022年までに，すでに15〜44歳の若者が29％減った日本では，ここから四半世紀の間にさらに若者が24％も減っていく。1991年から2047年での通算では46％減だ。この数字と，多くの絶滅危惧種の生物とは，何が違うのだろうか。極端な少子化＝持続可能性への脅威，という図式は，どんな生物種でも同じである。

　この危機感を持たない人は，もしかすると，人間の場合にはどこかで少子化が止まるので（おそらく止まると筆者も考える），そこで問題は解決すると思っているのだろう。例えば少子化が人口半減程度のところで止まるのであれば，若者の減少は，時期を限った経済混乱を生むだけで収まることになる。とはいえ，問題はその「時期」がどのくらい続き，混乱のインパクトがどれだけ大きいかということだ。例えば疫病や戦乱や気候変動で人口が半減するというような事態と，少子化で人口が半減するというような事態を比べてみても，原因の違いによるパニック発生の有無といった違いはあれど，経済に対するマイナスイン

232

パクトにさほどの差はない。前者が気になるが後者は気にならないというのは，全体像を踏まえて客観的に考える姿勢を欠いた態度である。そして前者は映画の中でしか起きないが，後者は静かにではあるが現実に起きているのだ。

人口減少がもたらす「規模の利益」の縮小

　現代の工業社会では，多くの供給は労働者数が減少しようとも機械やAIによって行うことができる。しかし需要の数量は，需要者数の減少に伴って機械的に減らざるを得ない。不動産も耐久消費財も商業も過剰になっていく。加えて人口減少は，規模の利益の喪失をもたらし，これによって人口の縮小以上のペースで経済が縮小してしまう。これは日本の過疎地では高度成長期からすで起きてきたことであり，90年代半ば以降は日本全体で「デフレ」（実態は需要数量の減少に伴う価格の値崩れ）が生じている。やがて世界中が日本の過疎地のようになっていく。この点については，筆者の著作（[藻谷 2010；藻谷・NHK広島取材班 2013]の中の「最終総括」の章，[藻谷 2020]の中の筆者執筆の章）で詳述しているので，ぜひご参照されたい。これらでは，今回は触れない「How」の部分，すなわち対処策についても触れている。

　ちなみに大学で教えられている近代経済学は，供給をボトルネックとして構築されている。そのため，その枠組みに囚われている者にはこの問題が見えず，「人口が減っても生産性さえ上げられればGDPは増やせる」などといった空論が語られ続けている。だが『デフレの正体』の第七講で書いたとおり，GDPの主要部分は人件費なので，人口減少で労働者の数が減れば，計算上の生産性は上昇しても，GDPは下がってしまう。100の理屈を言っても，現実に90年代半ば以降の日本では，そのような状態がずっと継続してきた。そして同様の傾向はこれから，著しい若者減少に見舞われる中国や韓国で，そして世界で，強まっていくことになるだろう。

第Ⅱ部　社　　会

8　人権問題としての少子化

集団の問題とは別に存在する「個人の問題」

　以上では，主として経済の観点から少子化の問題を書いてきた。しかし最後に経済以上に重要な視点にも触れておこう。少子化は，経済問題である以前に人権問題なのである。

　世の中には子どもが欲しい人もいれば欲しくない人もいるし，欲しいけれど産めない人，欲しくないのに産んでしまう人もいる。それで平均して大人2人に子ども2人が産まれるように，DNA が出来上がっている。このように想像を超える年月をかけて進化してきた遺伝的な本能と，人類史から見ればほんの一瞬の中で出来上がった「常識」とは，区別されなくてはならない。日本の少子化は，半世紀前というごくごく最近に始まった社会的現象であり，2人の個体が平均して2人の個体を残すというヒトの遺伝的な本性に，何か変化が起きた結果ではない。

　それなのに大人2人に子ども1人しか産まれなくなってきているとすれば，本当は子どもが欲しい人の相当数が，いろいろな事情から産むのをあきらめているということになる。つまり人権が損なわれているわけだ。少子化を経済問題だとか国力の問題だとかにする前に，まずは人権の問題だと捉えなければ，適正な対処はできない。より端的にいえば，「子育てはムリそうだからと，本能に反して生殖をあきらめている人の増加」が，少子化の直接の原因なのであり，そのこと自体，人類史から見ればほんの最近登場した「親が自分で子育てすべし」という「常識」の生んだ，深刻で広範な人権侵害なのである。

　そのような生物学的視点を欠いた者たちが，少子化という日本社会全体の失敗を，LGBTQ の人たちのせいだと「他責」することがある。だが LGBTQ も，太古から人類の一部に備わった本能の発露に過ぎない。考古学や文化人類学が明らかにしてきたことだが，ヒトは，一夫一婦制を基本としつつも，集団の中で子育てをする生物種だ。ほとんどの動物では子どもの面倒を見るのは親だけ（種によって母親だけ，父親だけ，両方の場合がある）なので，親が死ねば子も死ぬ。

234

だが人間は，両方の親が子育てもするが，親が死んでも集団で孤児を育てる。それどころか歴史上の偉人には，むやみに孤児が多かったりする。

　ここから先は私見だが，間違ってはいないだろう。ヒトという生物種の存続には「自分が子どもを持たない分，他人の子育てを効率的に手伝える個体」の存在することが有利であり，それゆえLGBTQの人が一定頻度で生まれるように進化したのだ。その証拠にLGBTQの人の中には，「生殖はしたくないが，子育てはしたい人」が普通にいる。本能に従えばまったく生殖したくない彼ら・彼女らに無理に生殖を求めることは，人権侵害だ。しかしその中の，本能に従えば子育てはしたい人たちに子育てを許さないのもまた，人権侵害なのだ。遺伝上の親が育てられない子どももそれこそ無数にいるのだから，両者のマッチングを妨げるのは本能から考えてナンセンスだ。

　繰り返すが，ヒトの子育ては，集団の中で多様な主体が多様な濃度でかかわるのが本来の姿だ。育つ側からいえば，集団の中で多様な育ち方があるのであり，何かデフォルトの「正しい育ち方」があるのではない。本来そういうものであった子育てや成長を，核家族を構成する親の自己責任だけの話に矮小化させて，周囲の他人や社会から切り離してしまったところに，少子化の基本原因があるだろう。憲法には「親の子育ての義務」が定められているが，それに拘泥することが実は，子どもの側の「育つ権利」の侵害となっているのではないか。

お金よりも「本能」の肯定

　政府は「少子化対策」を，すぐにお金の話にしてしまう。だがアベノミクスで「景気対策」に突っ込んだ何十兆円の，1割でも全国で少子化対策に使っていれば，状況は少しは緩和されただろうか。いや，「子どもの声がうるさい」という高齢者の苦情で児童公園が閉鎖されるような町では，問題はお金以前のところにあるだろう。空港や高速道路や工場なら，騒音源の方を閉鎖するのではなく，隣接住居に防音工事を行う。公園周辺でそうしないのは，未だに空港や道路や工場の方が，子どもより大事だと思っている高齢男性が意思決定を行っているからだ。

第Ⅱ部　社　　会

　これからの日本では，ヒトの本能を直視し，子どもは騒ぐものであること，子育てのあり方は多様でよいことを，認めなければならない。ひとり親でも養親でも，未婚でも同性婚の夫婦でも，意欲と愛情を持つ者が周囲のサポートを得つつ子育てするのは当たり前だと宣言しなくてはならない。「婚姻関係にある同姓の実の両親が子育てをすべきである」との，ヒトの本能を無視した限定は忘れよう。夫婦別姓や同性婚を認めるのは当然だ。

　やらねばならないことを先延ばしするほど，事態は悪化する。経済のためだとか国や地域のためではなく，自分の欲求のために産む人を増やせるか。その一点が，事態の解決のカギを握っている。

注

(1)　東京ブラックホール論。増田寛也編著（2015）『地方消滅――このままでは896の自治体が消える』中公新書，巻末の増田×藻谷対談などを参照。

参考文献

内田樹編著（2018）『人口減少社会の未来学』文藝春秋。

藻谷浩介（2010）『デフレの正体――経済は「人口の波」で動く』（角川 One テーマ21）角川新書。

藻谷浩介・NHK 広島取材班（2013）『里山資本主義――日本経済は「安心の原理」で動く』（角川 One テーマ21）角川新書。

藻谷浩介監修・Japan Times Satoyama 推進コンソーシアム編（2020）『進化する里山資本主義』ジャパンタイムズ出版。

World Population Prospects（2022）Population Division, Department of Economic and Social Affairs, United Nations（https://population.un.org/wpp/）（2023年10月12日閲覧）.

第Ⅲ部

経　済

第13章
ICT で健康をどう守るのか

辻　正次

　2019年12月に勃発した新型コロナウイルス感染症は，発生後３年半後の時点で全世界の累積感染者数は約６億7,770万人，死亡者は約690万人と，100年前のスペイン風邪以来の被害をもたらした。日本ではそれぞれ3,400万人，７万5,000人と比較的少なかったが，これは普段からインフルエンザや風邪の対策にマスクを使用するという習慣が役立ったともいわれる。平素からの疾病予防の重要性を示唆している。

　一国での疾病や健康状態は，その国の経済状況に比例するといわれている。豊かな国であれば，医療機関や保健所などの疾病の予防や防止に対して十分な対応が可能である。2000年代以降のグローバルでの経済発展の結果，世界銀行の定義による低所得国（発展途上国），つまり，年間１人当たり所得が約1,000ドル以下であるのは，世界の196カ国のうちアフリカやアジアを中心に46カ国となっている。多くの国が中所得国へと発展した。しかしこれは，必ずしも飢餓や様々な疾病で苦しむ人々が減少したことを意味しない。先進国へ難民として流出する人々は絶えないし，一部の地域では新しい感染症が次々に発生している。その一方で，経済的に豊かな先進国でも，豊かさゆえの疾病，例えば糖尿病等の生活習慣病が大きな社会問題となっている。

　このような中，グローバルでの気候変動，貧困，健康など社会問題を解決し持続可能な開発や多様性・包摂性のある社会の実現を目指す SDGs は，17のゴールと169のターゲットを設定している。目標の順序は重要性と見なすと，「すべての人々に健康と福祉を」との目標は，貧困，飢餓に続いて３番目に挙げられている。この意味で健康は現在のグローバルな課題であるといえる。

　本章では，健康や医療の問題を根本的に解決するものとして疾病の予防や健

239

第Ⅲ部　経　済

康維持を，最新の科学技術であるIT（情報技術）を用いて実現しようとする取組みを取り上げる。しかし，技術のみで健康の維持が実現できるものではなく，健康維持が持続的に実施される仕組みについても検討を加える。

1　医療問題の現状と解決の方向性

まず現在の日本での医療課題を概観し，地域でその解決を図るための基本的視点を検討する。

医療問題

日本の医療問題が深刻化し，医療制度の再構築が叫ばれて久しい。その背景には，医療を取り巻く日本の経済社会の構造変化があるが，それは以下のように要約できる。

急速な高齢化と医療費の増加　高齢化の進行は，高齢者世帯や独居老人の増加といった人口動態的な構造変化をもたらし，疾病構造の変化とそれに伴う医療費の変化，特に糖尿病，心疾患，高血圧，脳卒中という生活習慣病関連の医療費を増加させ，その予防が喫緊の課題となっている。[1]

2020年度に医療機関に支払われた保険診療による国民医療費は42兆9,665億円，前年度の44兆3,895億円に比べ1兆4,230億円，3.2％の減少となっている（厚生労働省 2022a）。人口1人当たりの国民医療費は34万600円，前年度の35万1,800円に比べ1万1,200円，3.2％減少した。新型コロナウイルスにより，感染を避けるために医療機関に行くことを控えたことが原因である。

年齢階級別にみると，0〜14歳は2兆1,056億円（4.9％），15〜44歳は5兆129億円（11.7％），45〜64歳は9兆4,165億円（21.9％），65歳以上は26兆4,315億円（61.5％）である。その内訳は循環器系疾患が約4兆8,000億円（24.2％），新生物が3兆1,000億円（15.7％）となっている。65歳以上の高齢者医療費は継続的に増加していて，全体の60％を占めるまでになっている。高齢化に加えて，医療技術が進歩し治療費が膨張したのも要因である。

これらの疾病を完全に予防や治癒することは不可能であるが，適切な生活習

240

第13章　ICT で健康をどう守るのか

慣の確立と医学的診療によって現状維持や重症化を防止することは可能である。

医療従事者の地域間偏在　医療機関は労働人口の集中する都市部に集中するようになり，過疎地域での医療体制は崩壊に直面している。特に，産婦人科医不足の地域が著しく，産婦の救急車受入れのたらい回しや県外出産が社会問題となっている。

医療従事者の働き方改革　日本の医療保険制度の特徴として，患者は基本的にどこの医療機関でも自由に受診できる。患者が大病院は医療サービスの質の面から優良であるとの思い込み大病院に殺到する傾向が醸成したことには間違いない。その結果，大病院の専門医が一般患者をも治療することになり，その疲弊につながっている。医療従事者の働き方改革が求められる所以である。

　以上要約した日本の医療問題を受けて，これらの解決には ICT（情報通信技術）の応用が必須である。現在国を挙げてデジタル・トランスフォーメーション（Digital transformation：DX）に取り組まれている。DX とは ICT の利活用を通じて，人々の生活をあらゆる面でよりよい方向に変化させ，ビジネスモデルや組織を変革することである（Stolterman and Fors 2004）。これまでの ICT の活用は，迅速な意思決定，業務効率化など，今あるもの改善するためにデジタル化であったが，DX は IT を「手段」として，今ないものを生み出す，つまりイノベーションを創生するものである。医療分野での DX は MDX（Medical digital transformation）と呼ばれている。本節では，MDX により日本の医療問題をどのように解決するのか，特に生活習慣病に焦点を当てて検討を行う。

生活習慣病予防の考え方

　生活習慣病とは，食事や運動，休養，喫煙，飲酒などの生活習慣と関係し，それらに由来する疾患の総称である。例えば，①食習慣に由来する疾病：糖尿病，肥満，高脂血症，高尿酸血症，循環器病，大腸がん，歯周病等，②運動習慣に由来する疾病：糖尿病，肥満，高脂血症，高血圧症等，③喫煙による疾病：肺扁平上皮がん，循環器病，慢性気管支炎，肺気腫等，④飲酒が原因のもの：アルコール性肝疾患等が挙げられる。がんや心臓病，脳卒中は，厚労省の

241

第Ⅲ部　経　　済

定義では生活習慣病に含まれる。これらの生活習慣病に関わる医療費は，国民医療費の30％にのぼっている（厚生労働省 2022a）。主要な生活習慣病ごとの医療費の割合を2019年度のデータで見ると，入院費については①脳血管障害が37.1％と最も高く，次いで，②虚血性心疾患28.4％，③糖尿病12.5％となっている。入院外の医療費構成割合をみると，①糖尿病が31.8％，次いで，②高血圧症25.3％，③高脂血症18.2％となっている（健康保険連合会 2023）。

　生活習慣病は，運動，食事に加えて，適切に健康管理を行えばある程度予防は可能である。生活習慣病の予防方法としては，①健康維持と疾病予防，②疾病管理による病状悪化防止がある。患者や高齢者の生活習慣病のリスクに対応して，健康維持や病状悪化阻止策を講じることができる。リスクの階層化とは，生活習慣病につながる兆候のある者を抽出し，医療機関での治療の状況を加味して，被保険者一人ひとりのリスク度合いの順位づけを行い，階層に分類することである。リスク階層は図13-1に示したが，緊急度・重篤度に応じて「高リスク層」「中リスク層」「低リスク層」「健康層」の４つに階層化している。①高リスク層はすでに生活習慣病が悪化し，入退院を繰り返す患者や糖尿病が悪化し人工透析を開始したような患者層をいう。②中リスク層では，適切な治療や疾病管理がなされないと高リスク層に移行するおそれのある人々である。③低リスク層とは，定期健康診断や特定健診で要注意と判定されたもので，定期的な検診や飲酒・喫煙といった健康に害を与える習慣を直すことが求められている。メタボ検診等はこのような階層をターゲットしている。特段の症状等が見られない健康層も，健康増進を図らないと高いリスク層へ移行するおそれがあり，適度な運動や食事等に配慮する必要がある。

　生活習慣病の医療費削減効果が最も大きいのは，高リスク層への働きかけである。糖尿病患者の年間平均治療費は約25万〜30万円程度であるが，人工透析まで進行すると，年間600万円に上昇する。重症化を防止することの医療費への効果は最も大きい。しかし，すでに高リスク層に入った患者を低いリスク層に引き下げるのは困難である。人工透析患者を透析なしにするには腎移植しかない。しかし，健康層の人々が定期的に運動し，健康管理を行い，健康にとどまられせる方がはるかにコストは少なく，効果も大きい。健康層の人々にいか

第13章 ICTで健康をどう守るのか

図13-1 リスク階層
出所：筆者作成。

に平素の生活習慣が重要か認識させ，持続的に健康に配慮するように行動を変容させるかが重要となる。行動変容の直接効果は小さいかもしれないが，後年の疾病予防や重症化予防にもなり，高リスク層への移行を阻止，遅延させる効果をもつ。

2 スマート健康ポイント制度

健康層や低リスク層にターゲットを当てるのが，健康ポイント（健康マイレージ）制度である。これは，2014年からの実証実験を経て，2016年5月に策定された厚生労働省のガイドラインに始まる。現在では，スマート健康ポイントとしてデジタル化が進み，住民がスマートフォン（以下，スマホ）からアクセスできるようになっている。本来の目的である健康維持から，地域経済の活性化や地域コミュニティ活動の維持までを包括するようになり，地域の情報基盤となり，多くの自治体で活用されている。

仕組み

日々の生活において，健康行動を継続的に実行することは困難である。人々に健康を意識させ，健康的な生活を過ごすように行動変容を促す仕組みが健康ポイント制度である。住民や健保組合の被保険者がプログラムに登録し，指定の活動を行うと定められたポイントが与えられる。ポイントを一定期間内で蓄積し，貯まった得点により様々な特典が受けられる。健康行動にアワード（報

第Ⅲ部　経　済

奨）というインセンティブ（動機）を付けるのがこの制度の特徴である。[3]

　管理運営主体としては，当初は自治体や健保組合のように，住民や組合員が健康になれば医療費支払いが削減できる主体が中心であった。今日デジタル技術の進展によりスマート技術によりシステム構築が容易になり，地域の活性化に意欲的な NPO や企業，特に地域銀行等が参画するようになってきた。

　自治体型健康ポイントでは，運動教室，ウォーキング，体操といったイベントへの参加，定期検診，体組成測定，血液検査，自動車から公共交通機関への利用，さらに健康的な食事といった健康的な活動にポイントが付けられている。これら以外にも，清掃や防犯，防災といった地域活動に広がっていて，ユニークな地域活動にポイントを付けられている。

　一方ポイントの蓄積により与えられる特典も，以前は健康グッズ，地元特産品，地元商店街の割引券といった健康や地域活性化に寄与する商品やサービスが多かった。また，健保組合型健康ポイント制度では，ポイントの獲得方向もより多種多様で，しかも組合員の健康活動に用いられている。他方，特典の利用についても，商品の割引価格での購入，旅行券，ホテル宿泊券といった以前企業が社員向けに提供していた保養施設の利用に準じたものある。

　スマート化の進展によって，住民基本台帳ネットワークシステム（住基ネット）をはじめ，スマホで使えるアプリの各種のソフトが開発されている。獲得されたポイントを地域通貨として地域のスーパー，商店，コンビニでの支払時に用いられている。現在では，スマート健康ポイントは，ポイントの取得から使用まで，地域コミュニティの中で完結するようになり，地域活性化の重要な手段となっている。[4]

健康ポイント制度の効果

　以上説明した健康ポイント制度の意味は次のように要約できる。

① 健康活動の見える化

　ウォーキング，禁煙・禁酒の取組み，体重，BMI，体脂肪率といった生活習慣病に直結する健康データをインターネット，スマホ上で簡単に記録・閲覧で

第13章 ICTで健康をどう守るのか

きるほか，自らの健康状態をリアルタイムで知ることで継続的な健康管理が行うことができる。

② 健康ポイントの地域での活用

貯まったポイントは，健康グッズの交換等から通常の地域の商店でも使用でき，取り組む住民数の増加につながっている。地域通貨として使用している自治体も多い。

③ 健康コミュニケーション

ソーシャル・ネットワーキング・サービス（SNS），歩数ランキング，イベント開催など，地域住民や同僚と共に励まし合いながら健康づくりに取組むことができる。

健康ポイントの経済効果

このような健康ポイント制度が，当初の目的である医療費をどれだけ削減したであろうか。新潟県見附市の健康づくり教室の医療費削減効果を例にみてみよう。この教室での健康づくり支援では，介護予防・メタボリックシンドローム予防を行っており，その成果は健康づくり教室に参加した人と参加しなかった人の2群で比較して，医療費がどのように推移したかを求めている。プログラム導入後3年で，医療費が年間1人当たり10万円程度抑制されたという（図

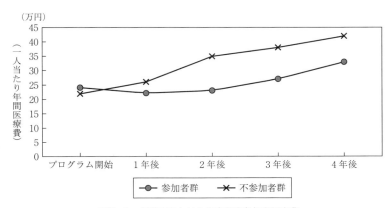

図13-2　見附市における健康教室参加者医療費

出所：Smart wellness city（http://www.swc.jp/about/about1/）（2023年9月1日閲覧）．

第Ⅲ部　経　済

13-2参照）。しかし，この2群比較では，削減額と健康づくり教室に参加したことの因果関係が厳密に証明されていないのが問題である。参加者が元来健康的であったかもしれず，そのような可能性を排除できていないのである。

健康ポイント制度やその基礎となっているデータヘルス計画では，厳密な事業評価を義務づけているが，実際それに適ったような評価を行っているところは皆無といってよい。

次節では，特定の医療費削減プログラムが実際に医療費を削減したか，あるいはどれだけ削減したかを厳密に推定した事例を紹介する。

3　生活習慣病に対する在宅健康管理システム

本節では，筆者らのこれまでの研究を基礎に1990年代で日本が世界に先駆けて大規模に実用化したICTを用いた在宅健康管理（テレケア）システムを紹介し，その医療費削減額を導出する（明松・辻・新田 2011；明松・辻 2013；Akematsu et al. 2013；辻 2019a）。

在宅健康管理システム

在宅健康管理システムは図13-3で示したが，在宅の高齢者や患者と自治体や医療機関の保健センターとをインターネットで結び，使用者の健康状況を保健センターがモニターするICTを活用するシステムである。機器としては①在宅端末機器と②サーバからなり，前者は使用者の各家庭に設置され，後者は保健センターに設置されている。在宅端末は，血圧，脈拍，心電図，血中酸素等などを自動的に測定し送信する。また，体重や体温などは住民により測定され入力される。問診機能を持つものもあり，質問は画面上に現れ，Yes, Noいずれかのボタンを押して回答できる。音声による対話機能のついているものもある。使用者が測定し伝送してくるデータを，保健センターの保健師や看護師が定時的に確認し，異常が認知された場合は担当医に転送し，適切な指示を仰ぐことができる。また，健康データは保健指導や相談の際の資料としても用いられる。

246

第13章　ICTで健康をどう守るのか

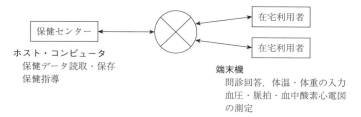

図13-3　在宅健康管理システム
出所：明松・辻（2013）；辻（2019a）。

　在宅健康管理システムは，1992年に厚生省（当時）に医療器具として承認された（株）ナサ・コーポレーションの「うらら」が嚆矢である。その後家電や健康機器メーカーが同種の端末を販売した[(5)]。これらは医療機器としては比較的安価であり，高齢者が使用することを前提として使用方法が簡略化されていることもあり，2000年頃には全国100近い自治体により，約1万1,000台が導入されている（辻 2002）。

在宅健康管理システムの目的──福島県西会津町の例

　福島県西会津町2005年4月1日時点における人口は8,838人，2,949世帯，高齢化率は38.23％であったが，2022年現在では人口5,834人，2,542世帯，高齢化率45.43％となっている。豪雪といった自然環境による高齢者の冬季の運動不足，あるいは食習慣を原因とした脳血管疾患による死亡率が全国平均よりも高いことが町の課題であった。1985年の西会津町民の健康状態は，①脳血管疾患の死亡率＝SMR（Standardized mortality ratio：標準化死亡比）は，176.7（全国を100），②平均寿命（1983～1987年）男性73.1歳（全国74.8歳）県下88位，女性80.0歳（全国80.5歳）県下69位であり，県下では短命の町，③国保税1人当たり4万9,363円で，これは全国平均4万3,357円を上回り町の負担となっていた。

　町役場では1993年4月に「健康の町宣言」を行い，それ以降「百歳への挑戦」をテーマに，町民の健康意識の向上を図ると同時にトータルケア体制の整備を進めた。健康講演会，健康祭りの開催，町民健康カレンダーの配布，さらにはCATV等による健康増進のための情報提供等を行った。各種健診事業の

第Ⅲ部　経　　済

充実に加えて，「百歳の挑戦」という町民大会が開催され，糖尿病，脳卒中，心疾患，肺がん等への周知対策が進められた。さらに高齢者運動教室の実施，健康運動推進員の育成等に取り組んでいる。脳血管疾患や脳卒中の予防を目的として，1994年にうららが300台，ホスト・コンピュータとともに導入された。

在宅健康管理システムによる医療費削減効果

　以下は，明松・辻（2013），辻（2019a）に従って，2002年から2010年の9年間の医療費の推移を検討する。分析には，レセプトに含まれる生年月日，入院・外来の類別，主疾病名，主疾病診療開始年月日，主疾診療実日数，診療点数を用いた。

　サンプルとして，システムのユーザ（処置群）と非ユーザ（対照群）に二分した。分析に用いたユーザ数は91人，非ユーザは118人，平均年齢は両群とも75歳である。9カ年で一回でも通院したことのある生活習慣病は，心疾患が16.3％，高血圧51.7％，糖尿病12.0％，脳疾患8.1％である。

　図13-4は全疾病の外来診療費の9カ年の推移を，図13-5は4つの生活習慣病（心疾患，高血圧，糖尿病，脳疾患）の診療費合計の推移である。縦軸は，年間の診療報酬の点数である。全疾病の医療費（図13-4）では，2008年まではユーザの方が非ユーザより医療費は大きくなっているが，それ以降はほぼ同額である。これは加齢によるものと思われる。一方，生活習慣病（図13-5）で見ると，全期間でユーザの方が非ユーザより医療費は小さくなっていて，在宅健康管理システムの効果を示唆している。

　具体的な生活習慣病の医療費の削減額に関する統計的な推定手法と結果は明松・辻（2013），Akematsu et al.（2013）等を参照願い，以下では結果のみを要約する。

　　結果1：生活習慣病の医療費はユーザ群の方が，年間1人当たり2万
　　　　　　5,538円から3万9,936円少ない。
　　結果2：生活習慣病で治療を受けているユーザ群については，非ユーザ群
　　　　　　よりも，高血圧症では年間1人2万1,272円，心疾患では5万

第13章 ICTで健康をどう守るのか

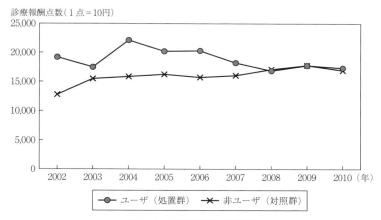

図13-4　外来診療費（全疾病）
出所：明松・辻（2013）；辻（2019a）。

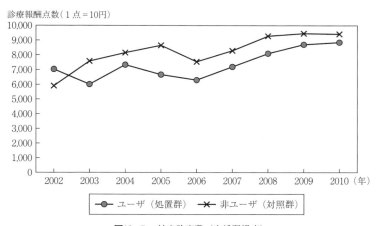

図13-5　外来診療費（生活習慣病）
出所：明松・辻（2013）；辻（2019a）。

第Ⅲ部　経　済

8,766円が削減された。脳疾患と糖尿病については有意とならなかった。

結果3：在宅健康管理システムを長く使用し続けるほど，生活習慣病の医療費の削減効果はより大きくなる。

　以上の9カ年の長期データではサンプル数が少ないので，得られた結果も少ない。それでも，テレケアの長期的な医療費削減額は，短期のそれより多いことが統計的に示された。ちなみに，2002年から2006年間の短期データでの分析結果は次のとおりである。

結果1：生活習慣病の医療費では，在宅健康管理システムのユーザ群は非ユーザ群よりも年間約1万5,302円少ない。

結果2：システムを1年間利用すると，生活習慣病の医療費は約1万3,719円削減できる。

結果3：在宅健康管理システムを長く使用し続けるほど，生活習慣病の医療費の削減効果はより大きくなる。

結果4：生活習慣病を治療しているユーザについて，全医療費の削減額は，高血圧症をもつユーザでは年間1人2万1,859円，糖尿病では3万7,640円，心疾患では3万9,081円となった。脳疾患については有意とならなかった。

　9カ年のデータではサンプル数が少なく得られた結果も少ない。それでも，長期的な医療費削減額は，短期の5年間より大きいことが統計的に示された。また学術的には，筆者が用いたパネルデータ分析は，在宅健康管理システムが医療費を削減するとの因果関係（内生性）をも満たす点が特徴となっている。

西会津町の事例から示唆

　西会津町のテレケアの特徴は，1994年から2010年代半ばまで継続的に運用された点にある。同町の保健センターには6，7人の保健師が勤務していて，こ

250

第13章　ICTで健康をどう守るのか

れは住民数からみて比較的多く，きめの細かいサービスが提供されている。月に一回保健センターから利用者に月刊レポートが送られ，住民はこれを日々の健康管理に役立てている。また，異常値が見られた場合には本人に通知される。保健師の家庭訪問や電話等による健康相談が住民の安心感をもたらしている。常時600人以上のユーザがいて，高い利用頻度や長い利用期間を誇っている。その要因は，地域住民の健康を守るという自治体のトップのリーダーシップと，それを実践した保健センターの保健師のきめ細かいサービスに尽きる。[7] 単に高価なICTシステムのみでは住民の健康を守られないことを示している。

オンライン診療

オンライン診療とは何か　　在宅健康管理システムに続く技術が，2010年代後半に出現したオンライン診療である。厚生労働省の2023年3月の「オンライン診療の適切な実施に関する指針」では，「遠隔医療のうち，医師—患者間において，情報通信機器を通して，患者の診察及び診断を行い診断結果の伝達や処方等の診療行為を，リアルタイムにより行う行為」と定義されている。

　オンライン診療がこれまでの遠隔医療と異なるのは，スマホやタブレットといったモバイル通信機器を用い，リアルタイムのコミュニケーションを通じて，診察や疾病管理が可能になった点である。従来の遠隔医療では，実施に当たって専用の医療機器を準備し，通信設備やシステムを構築する必要があり，巨額の資金が必要であった。またそのシステムを自由に使いこなすためには，それなりの専門知識が求められた。しかしオンライン診療では，ICTを用いてのシステムが格段に簡素化され，どのような医師や患者でも簡単に実施できるようになった。例えば，医師・患者の双方がスマホ上にアプリをダウンロードすれば，システムが自動的に作動し，そのアプリ上で予約・診療・処方・決済といった一連の診療が可能となっている。オンライン診療のアプリも多くのソフトウエア企業が開発し，市販されている。そのスタンダードな実施の流れは以下のようである。

　まず，患者側はスマホ，タブレットを準備し，診療所側はそれらに加えパソコンを準備するのが一般的である。診療所側が行うことは以下である。

251

第Ⅲ部　経　済

① 予約枠を開け，患者の予約を待つ

　診療所側は，予約画面でどの時間帯が空いているかがわかるように入力を行う。次に，患者側はそれを確認して，自分の都合のよい時間を入力する。

② オンライン診療開始

　患者側は予約の時間になれば，スマホなどでアプリケーションを開き，通信を開始し，医師の診療を受ける。

③ 処方箋の発行

　診療が終了すれば，処方箋を書き，患者が薬を購入できるようにする。これには院外と院内の2つの処方の方法がある。前者の場合，患者宅と薬局に処方箋を郵送する。処方箋を受けとった患者は，その薬局で薬を購入することになる。事前に都合のよい薬局をあらかじめ選択することができる。後者の院内処方の場合では，薬を直接患者に郵送することができる。

④ 会　計

　診療が終了すればアプリが自動的に患者が支払う料金を示し，患者はクレジットカード等で直ちに支払いを行う。

　以上のように極めて簡単に開始，実施できるのである。このような状況が実現した背景には，ICT の技術的な発展に加えて，1990年代から始まった遠隔医療での様々な経験の蓄積が挙げられる。

オンライン診療のメリット

以上のように簡便に実施できるオンライン診療であるが，オンライン診療の患者にとってのメリットは，以下のように要約できる。

① 自宅や外出先での診察

　インターネット環境がある場所であれば，病院・クリニックまで足を運ばずに自宅や外出先からも利用できる。したがって，治療と仕事等の両立が可能で，治療の中断や放棄がなくなる。特にこれは，慢性疾患患者の治療や疾病管理にとって極めて重要となる。常時慢性疾患患者の状況を把握

252

第13章　ICTで健康をどう守るのか

でき，その重症化を予防することができる。

② 待ち時間の短縮

　診察が予約制になり，待合室等での待ち時間がない。また，会計や処方薬の手配もオンライン上で行うため，待ち時間がない。

③ 院内処方であれば，薬が自宅に届く。院外処方の場合，処方箋が自宅に届き，それをもって薬局に行き薬を受け取ることができる。都合のよい薬局を選ぶことができる。

④ 院内感染・二次感染のリスク

　病院へ行く必要がないので，他の患者と接触することによる二次感染の心配がない。

他方，医療機関側のメリットとして，次の点が挙げられる。

① きめ細かい診断や治療

　対面診療では，医師は診察時のみしか患者を診ないので，その診療を受けて次の処置が決まる。また，診察や投薬の結果は次の診療まで待たなくてはならない。しかし，オンライン診療では，原則的に24時間医師は患者と向き合うことができるので，リアルタイムで病状チェックや診察，投薬の結果を把握できる。この結果，常時患者の状況に即した治療を行うことができる。

② 診察の効率化と医師の働き方改革

　オンライン診療と対面診療の組み合わせにより，診察の効率化を図ることが可能になる。例えば，オンライン診療の時間は患者の希望により決められるので，それを対面診療の空いた時間に挿入することができ，診療時間を効率的に使用することが可能である。医療従事者は最も勤務時間が長いことから，医師の働き方改革を側面から支援するものである。

　他方，デメリットとしては，患者には特にないが，医師側に以下のようなものがいわれている。

253

第Ⅲ部　経　済

① 限定的な診療効果

　オンライン診療は，治療後の患者の状況をモニタリングするという点ではどのような診療科でも実施し，ある程度の効果が期待できる。しかし，触診といった治療行為は不可能であり，この意味ですべての疾患でオンライン診療を実施できるわけではない。対面診療との比較では，オンライン診療は不利である。

② 実施の規制やルールが明確ではない

　医療については，患者の安全性確保が最優先される。例えば，診療中に発生した突発的な事態に対して対面診療では直ちに対応することができるが，オンライン診療ではできない。これが理由から，オンライン診療や遠隔医療では，様々な規制が設けられている。また，ICT 機器やシステム，情報のセキュリティについて，一般の医師の知識は少ない。

③ 診療報酬

　オンライン診療では，これまでの電話再診による診療報酬のみが加算（月70円）されるだけであり，改正が求められていた。[8]令和 4 年の医療費の改定では，「情報通信機器を用いた診療」において詳細に規定されるようになった（厚生労働省 2022a）。これまでの包括的なオンライン管理料が廃止され，医学管理料，在宅管理料，外来栄養食事指導料といったように項目別に新設されている。また，医療従事者等により実施されるカンファレンスへのオンライン参加も認められた。しかし，これもまだ十分でなく，さらなる改定が必要である。

AI を活用したオンライン診療

　オンライン診察の今後の展開として AI を活用することが始まっている。中国では，2015年 4 月に平安好医生が「あらゆる家庭のホームドクターに」を目標に掲げ，事業を開始した。アプリ経由の問診をはじめに，オンライン医療や健康管理のサービスをスタートさせ，翌年にはユーザが 1 億人を突破した。2019年 9 月には，登録者数が 3 億人を超えた。実に，中国のネット利用者の 3 人に 1 人が登録したことになる（Futurei OT 2019）。

第13章　ICT で健康をどう守るのか

　平安好医生のアプリは Apple Store からダウンロードすることができる。ログインすると，AI チャットが起動し，ユーザは AI と対話しながら，年齢，性別，症状などを聞かれる。この AI との問診結果を参考にして，患者の疾患領域を専門とするドクターリストが表示される。患者は，医者の評価ポイント，診察を受けたユーザからのコメント，医者の得意医療分野などの情報を確認しながら，自分に適合すると思われる医者を選択する。次に依頼したドクターとの直接チャットが始まり，病状についての詳しい問診がなされる。患部写真をアプリに搭載されたカメラから撮影し，画像送信も行うこともできる。医者は遠隔地にいながらも，患部画像を確認できる。診察結果を伝えられ，対処法や改善すべきポイントなどが伝えられる。診察終了後には，病名，対処法，留意すべきポイントなどが記された要約を受け取ることができる。これだけのサービスで料金は20元（2023年12月現在，一元≒20円）と格安である。

　イギリスではスタートアップのバビロンヘルス（Babylon Health）が有名である。同社のサービス名は「AI ドクター（AI doctor）」と呼ばれる。[9]システム自体は，日本や中国のオンライン診療と同様に，スマホのアプリからサービスを受ける。

　まず，利用者が必要なサービスを選択することから始まる。サービスは診察の予約，健康相談，処方箋，健康管理からなる。健康相談の場合，最初に AI 搭載型チャットボットが出てきて，それに症状を伝えると，症状を即座に分析し，適切な医療診断をしてくれる。診断結果によっては，在宅勤務の医師とのビデオ面談の推奨，医療機関での診察予約まで行ってくれる。

　同社のアプリは，現在世界中の25万人以上に利用され，そのダウンロード数は100万回以上に上っている。同社の特徴は AI にあり，イギリスの MRCGP テスト（研修中の一般開業医師が受けるテスト）を受験させたところ，このテストの過去 5 年間の平均スコアは72％であるが，バビロンの AI のスコアは82％であった。つまり，AI が人間の医師を上回っているのである（Olson 2018）。

　今後オンライン診療のみならず，あらゆる医療分野で AI は用いられ，医療サービスの改善や健康管理や疾病予防，重症化防止に寄与していくと思われる。次節では，このような近未来での医療を概観する。

255

第Ⅲ部　経　済

4　AI，ビッグデータと医療，健康

　IoT の進展により，収集，蓄積されるデータは膨大になり（Big data），それ
を AI が分析するようになる。このようなポスト情報化社会では，医療や健康
はどのように変貌するのかを検討する。

データ駆動型社会（Data driven society）

　これからの社会では，デジタル化の進展とともに増加するデータが，新たな
価値を創出する。サイバー空間と現実空間が高度に融合し，データが新たな価
値を生む新たな経済に移行するのである。健康の維持や疾病予防にもデータを
活用する時代に入ったのである。より多くの医療機関や住民・患者が情報ネッ
トワークでつながると，①そこを流れる情報の共有，②情報化による医療の効
率化，③疾病予防，疾病悪化の予防，治癒の向上へと進化していく。世界の潮
流は医療機関の PC がつながっているかどうかが問題ではなく，より多くの
データをどう収集するか，それを分析していかに疾病を予防するか，いかに住
民の健康を守るかといったところまで来ている（辻 2016）。

　情報は膨大なビッグデータとなり，それと AI が結合すると，情報のフロー
と利活用は次のように高度化する。

情報の収集→蓄積→共有→分析（Analysis）→解決法（Solution）→活用

　つまり，AI を活用してビッグデータを分析し，問題の真の核心を探り当て，
その結果，根本的な解決が可能となる。これまでの情報量では，対処療法的な
対応しかとれないが，ビッグデータと AI により問題の原因を突き止めること
ができ，これは問題の真の解決へと導くのである。これが，ポスト情報化社会
の理論的基礎を与えるビッグデータの経済性（economies of big data）である。
つまり，ビッグデータは医療健康問題の解決につながるのである（Tsuji 2019）。
MDX の基礎にあるのはデータであり，この意味で現代社会はデータ駆動型社

第13章 ICT で健康をどう守るのか

会（Data-driven society）ともいわれる。

医療ビッグデータ活用の事例

それでは実際医療ビッグデータをどのように分析や問題解決に利用するのか，実例をニューヨークの Healthix を例にとって，Population Risk Management（集団リスク管理）見てみよう（辻 2016）。Healthix は地域医療情報を提供する NPO 法人であり，市内の約500の医療機関をむすび，約1,800万人の住民の医療情報を保有している。これだけの大量の個人医療情報はビッグデータと呼んでもよい。このデータベースを基礎においたリスク管理が，Population Risk Management と呼ばれる。膨大な患者の属性をデータベースに格納し，そのデータを分析することができる。患者の個人属性（年齢，性別，住居地域，収入，教育，血液型，現病名，身長，体重，服用薬，既往歴等々）や疾病に関する情報（救急搬送，喘息，心筋梗塞，糖尿病，脳梗塞，脳卒中，再入院等の各種の病歴や現状）を用いて，患者を特定のリスク別にカテゴライズすることが可能となる。例えば，グリコヘモグロビン（HbA1c）がこれだけの値であり，体重や血圧がどれだけであれば，糖尿病に罹患する確率や症状が悪化する確率は何％上昇するといったリスクが計算できるのである。確率の計算は，患者本人のデータの推移や既往症といった情報に加えるのではなく，Healthix が蓄積している全データから推定される。このような確率はデータ数が多くなるほど，疾病が発病する，重症化する確率や時期が正確に推定される。

つまり，ある患者の糖尿病の症状と同じ程度の患者で個人属性が類似した患者を数多く特定化できる，あるいは，1年前に同じ症状であった患者すら特定化でき，その病歴の経過から，もし当該患者が同じ生活を継続したら1年後に症状がどうなるかを正確に予測することが可能になるのである。

今後の医療での MDX のあり方

これまでは，患者中心の医療（Patient-centered medicine）の推進，患者の厚生水準の向上が目的とされてきた。しかし欧米では，これら以上の効果を追求している。それは医療での効率性の向上である。アメリカの場合，メドケアや

257

第Ⅲ部　経　済

メディケイドを除いて，医療は公的な医療保険で支払われない。住民は民間の医療保険に加入し，高額の医療費の支払いに備えている。医療機関も原則的には私的な企業形態をとっている。したがって，医療費機関は，企業と同様に利潤の最大化が経営理念の一つである。DX は通常の企業では，費用の削減や生産性の向上がセットになって実施されていて，IT の導入自体が目的ではないのである。DX は組織風土の改革やイノベーションの創出を生み出す必要がある。

　ICT の利用目的は，疾病の治療や患者の厚生の向上という純粋に医学的なものに加え，病院やクリニックでの医療やそれに付随する各種経営上の効率性の向上がある。しかし医学の分野に限定すると，ICT を使用する医療機関や，ICT の普及を支援するための制度・仕組みを構築する行政と一体になって，医療サービスの公平的供給により大きなウエイトが置かれていたと思われる。これが医療分野での ICT の利活用が，ビジネス分野と大きく異なる点である。ビジネスでは，ICT の活用と経営の効率化は同一のものである。例えば，ICT は①業務プロセスの変革，②新しいビジネスモデルの創出，③新しい価値とサービスの創造に貢献することが挙げられる。今後は医学分野でも，MDX が推進されやすい制度や規制が必要である

5　「すべての人に健康と福祉を」実現する ICT の進展

　本章では，SGDs の「すべての人に健康と福祉を」を実現するものとして，ICT の利活用を中心に検討してきた。本章では，「人々の健康を守る」という視点から，健康への自助，共助，公助を支援する ICT の利活用の進展と，今後のデータ駆動型社会でのあり方を中心に議論してきた。本章では，これまで筆者が ICT 時代以前の1980年代中頃から取り組んできた地域での住民の健康を守る研究，実際の取組み，政策の策定，海外での調査等，様々な場で考えてきたことを基礎としている。医療・健康・介護分野での進歩は，ICT や MDX の発展と軌を同じくしていることは否定できない。先進国と途上国との医療分野での格差は，経済力や技術力の格差が大きい。しかし格差とは，それらの差

第13章　ICTで健康をどう守るのか

ではない。2000年でのブータンのITの調査では，同国のIT担当者が40kmの光ファイバや20台のサーバ調達を一介の教授である著者に依頼したのには驚いた。しかし，その後ブータンが世界第1位の幸福の国であることを知った。経済力や技術力がすべてではない。医療・健康・介護分野でも同じである。住民の健康を求める意欲，医療関係者の患者への思い，これにICT等の技術が一体になることが必要である。また，これを実現する仕組みが求められる。この答えは簡単でない。今後もこの課題に取り組んでいきたい。

注

(1) 生活習慣病の名称は，それまで成人病といわれていた脳卒中，がん，心臓病等を生活習慣に由来するとして名付けられた。1990年代中頃から用いられている。

(2) 「個人の予防・健康づくりに向けたインセンティブを提供する取組に係るガイドライン」（厚生労働省 2016）。

(3) インセンティブ規制については山本（2003）を参照。

(4) 健康ポイントと地域通貨との組み合わせについては，例えば国土交通省（2008）を参照。

(5) 当時日本の在宅健康管理端末は欧米に輸出され，広く利用された。

(6) 西会津町の事業が終了したのは，小泉政権による三位一体改革により予算や人員が削減された結果である。

(7) 成功要因としての関係者の熱意は他国でも見られるものである。明松・辻・新田（2011）参照。

(8) 遠隔医療に関わる診療報酬の経緯については，辻（2019a）を参照。

(9) "AI chatbot"（https://www.babylonhealth.com/about）（2023年9月1日閲覧）．

参考文献

明松祐司・辻正次（2013）「生活習慣病患者に対するテレケアの長期的効果の分析」『日本遠隔医療学会雑誌』9（2），155-158頁。

明松祐司・辻正次・新田幸恵（2011）「在宅健康管理システムに関する国際比較研究——日本，英国，米国の事例から」『日本遠隔医療学会雑誌』7（2），160-161頁。

健康保険連合会（2023）「令和元年度 生活習慣関連疾患医療費に関する調査」（https://www.kenporen.com/toukei_data/pdf/chosa_r03_06_01.pdf）（2023年9月1日閲覧）。

厚生労働省（2016）「個人の予防・健康づくりに向けたインセンティブを提供する取組に係るガイドライン」（https://www.mhlw.go.jp/stf/houdou/0000124579.html）

第Ⅲ部　経　済

（2023年9月1日閲覧）。

厚生労働省（2022a）「令和2（2020）年度 国民医療費の概況」（https://www.mhlw.go.jp/toukei/saikin/hw/k-iryohi/20/dl/data.pdf）（2023年9月1日閲覧）。

厚生労働省（2022b）「令和4（2022）年度診療報酬改定の概要」（https://www.mhlw.go.jp/content/12400000/000911810.pdf）（2023年9月1日閲覧）。

国土交通省（2008）「健康ウォーキング通貨の導入検討とモデルの構築」（https://www.mlit.go.jp/common/000022980.pdf）（2023年9月1日閲覧）。

辻正次（2002）「在宅医療とIT——在宅ケアの定着に向けて」『癌と化学療法』Vol. 29, Sppl. 3, 439-442頁。

辻正次（2016）「地域医療連携ネットワークの海外動向：実地調査から分析」『日本遠隔医療学会』12(2)，172-176頁。

辻正次（2019a）「生活習慣病の医療費に対するテレケアの経済効果に関する実証研究」『Medical Science Digest』2 (9), 80-84頁。

辻正次（2019b）「医療分野でのDigital Transformationにおける医療データの役割」『日本遠隔医療学会誌』15(2), 92-95頁。

山本哲三（2003）『規制改革の経済学——インセンティブ規制，構造規制，フランチャイズ入札』文真堂。

Akematsu, Y., Nitta, S., Morita, K., and Tsuji, M.（2013）"Empirical analysis of the long-term effects of telecare use in Nishi-aizu Town, Fukushima Prefecture, Japan," *Technology and HealthCare*, 21(2), 173-182.

Futurei OT（2019）"Ping An Good Doctor users in era of ehealthcare in Guangxi," September 19（https://futureiot.tech/ping-an-good-doctor-ushers-in-era-of-ehealthcare-in-guangxi/）（2023年9月1日閲覧）.

Olson, P.（2018）"This AI Just Beat Human Doctors: On A Clinical Exam," *Forbes*, July 22, 2018（https://forbesjapan.com/articles/detail/22039/2/1/1）（2023年9月1日閲覧）.

Stolterman, E. and Fors, A. C.（2004）"Information Technology and the Good Life," International Federation for Information Processing Digital Library, *Information Systems Research*（https://doi: 10.1007/1-4020-8095-6_45）（2023年9月1日閲覧）.

Tsuji, M.（2019）"Envisioning a new society transformed by ICTs: The post-information society," *Telecommunications Policy*, 43 (9), 1-2.

第14章
環境配慮行動を促進する諸要因の検討
——2008年と2023年の環境配慮行動調査データの分析結果を中心に——

滋野英憲

1　SDGs目標12の「つくる責任つかう責任」に着目して
——環境配慮行動の観点から——

環境配慮行動を促進する諸要因

　1972年にローマクラブが「成長の限界」と題した報告書を発表して，「人口増加や環境汚染などの現在の傾向が続けば，100年以内に地球上の成長は限界に達する」という予測で全世界に衝撃を与えてから50年が過ぎ，1995年にベルリンで第1回気候変動枠組条約締約国会議（COP1）が開催され約30年，さらに，2015年にはSDGs17の目標が国連で採択され具体的な取り組みが進められて8年が経過している。地球環境保全への社会的関心の高さと実践行動を推進する大きな枠組みでの展開は，産業部門への行動変容を生み出すインセンティブとして機能し始めてきている。例えば，EPAは，カリフォルニアの食品メーカーが廃棄物削減のために導入した環境配慮策によって，年間6,000ドルの節約を実現したというデータを公表している。また，国際再生可能エネルギー機関（IRENA）によると，2030年までに再生可能エネルギーの導入により，雇用創出数が現在の約1,170万人から2,400万人に増加すると予測している。

　しかし，地球温暖化への影響が大きいCO_2排出量の削減につながる「つかう責任」を主に担う消費者が積極的に環境配慮行動を促進する傾向に大きな変化が認められない。その証左として家庭部門（2021年の家庭部門CO_2排出量は2.74トンであり6年間でおおよそ1％の削減——環境省「家計部門のCO_2排出実態調査」より）のCO_2削減に貢献するような大きな行動変容は認められない。

261

第Ⅲ部 経　済

そこで，本章では従来の研究から消費者の環境配慮行動を促進すると考えられる５つの要因（社会的影響，認知的因子，経済的要因，政治的要因，技術的要因）のうち，消費者の環境配慮行動に影響する認知的要因と経済的要因に着目し，それらの要因が環境配慮行動の促進に影響するメカニズムを検証し環境配慮行動を促進する有効な方途を探る。

消費者の意識と行動の乖離

消費者は環境保全の大切さを喧伝するマスメディアからの情報や環境保全を謳った商品販売の拡大のほか地域おける環境保全運動の高まり（余暇時間に地域の環境保全活動に参加する傾向も高まりつつある）などの影響を受け，日頃の生活を通して環境保全を意識する機会が増加しているものと思われる。これらのことを示唆する消費者意識の環境配慮への高まりを報告する調査研究も多く認められる。しかし，一方では現実的な生活行動レベルにおける環境配慮行動の広がりは，意識の高まりほど顕著なものが認めらない実態（「個別の環境問題に対して何らかの貢献をしたいという態度をもつ個人が，実際の行動場面では，エネルギー・資源の消費や環境への負荷が相対的に小さい行動ではなく環境負荷が大きな資源浪費的行動をとっている」）も報告されている。

このような社会的な環境問題への関心の高まりは，環境を配慮する消費意識や消費態度の重要性を喚起させている。しかし，一方ではこの環境を配慮する消費意識や消費態度の高まりが日常生活における消費行動（環境配慮商品の購入，リサイクル活動，省エネルギー対策など）の変化として顕著に表れていないことへの危惧も指摘されている。このことは，従来の消費者行動研究においても示唆されてきた消費者の行動は意識や態度評価のみでは十分な説明が難しく，その間を媒介する他の要因の検討が必要とされてきた課題と符合する。

環境配慮行動の研究においても，従来からの意識や態度研究と同様に環境に配慮する消費者の意識や態度を行動につなげる機能を果たす媒介要因の検討が実施され，これまでに消費者の主観的規範意識の高まりや消費行動の環境保全への有効性認知を高めることの重要性が明にされている。この他，過去の研究事例から環境配慮行動を促進する要因には，主観的規範意識（その行動をすべき

だと考えること），有効性認知（自分の行動が環境改善に影響力があると考えること），反コスト意識（環境配慮行動が面倒だとは思わないこと），制裁可能性（環境配慮行動をしないと近所の人に非難されるのではないかと懸念すること），同調（他の人も行っていると認識すること），共感（他の人への迷惑をかけないよう配慮すること）などが挙げられる。また，一方では消費意識や消費態度の変化と環境配慮行動を媒介する要因が環境配慮行動の内容により異なることも指摘されてきた。

　つまり，消費者が特定の環境配慮行動を自己の知覚マップ（環境配慮行動の容易さ，行動の成果——環境保全への効果と他者からの評価）上にどのように布置し認知しているかにより行動を促進する要因が変化すると考えられ，多くの消費者が環境配慮行動に対して保有する知覚マップの基軸をおおよそ類似するものと仮定し，多くの消費者が環境配慮行動を布置していると想定される代表値に基づき行動を促進する要因の検討が行われてきたと思われる。中でも環境配慮行動の一環であると考えられる環境配慮型商品の購入行動に焦点をあてた研究を展開する場合，消費者の知覚マップの基軸として「商品の品質バランス（環境保全効果と機能性）」「価格バランス（通常の商品と環境配慮商品の価格差）」および「主観的規範意識（環境配慮行動の重要性認知）の高さ」などが想定されてきた。これは，消費者が選択対象とする環境配慮型商品への知覚は消費者の意識や態度の変化と同時に，企業が提供する商品やサービスの中核コンセプトが意識的に環境保全（ISO14000の取得）へと変更されかつ魅力的な商品やサービスの提供がなされることに影響される。つまり，環境配慮型商品の購買促進には消費者と企業のコラボレーションが不可欠であり，消費者が環境配慮商品の選択において私的空間の快適性を抑制することと企業が環境配慮を重視したマーケティング活動へ方向転換を図ることが要求される。

　現在では多くの商品・サービスはすでに環境配慮型のものへと転換され，消費者は環境配慮型の商品やサービスの中からの選択購買を行う状況にある。しかし，私的空間における快適性の抑制を強いる環境配慮型商品を購入する消費者が極めて少ないため，企業は従来の快適性をさらに向上させると同時に環境を配慮した商品・サービスの開発を実現し，生産過程においてもコスト削減と環境配慮を実践し利益を上げるというジレンマの状況に置かれている。

第Ⅲ部 経　済

　その結果，消費者の環境を配慮する意識や態度は「たてまえ」に終始し，環境配慮型商品・サービスの中から快適性を損なわず経済的負担の小さいものが選択されている。消費者がさらに効果的な環境配慮型商品・サービスへと購買行動を変容するためには，消費者個人の快適性追求意識の抑制と同時に新たな環境配慮型商品の購入が明確な環境保全効果を有することが社会的に認知され，それらの行動は消費者の帰属意識の高い集団から賞賛され，逆にそれらから逸脱する行動は非難の対象となる集団規範が強化され，その集団規範も意識されることなく機能している状態が望まれる。

　また，現実の行動変化を喚起するためには，従来の行動パターンに急激な変化を要請するものへの抵抗は強く初期段階から大幅な行動変容に着手するよりも受容されやすいものから徐々に抵抗感の強い行為への変容へと段階的な手法で進められることが望まれる。これらのことを進めていく前段として，消費者の環境配慮行動の実践の実態とそれに影響する要因との関連性を理解することが肝要であり，具体的な消費者の環境配慮行動に対する態度と実践されている環境配慮行動との関連性を通して環境配慮行動実践への一般化が図られていくことが必要であろうと思われる。

2　環境配慮行動を促進する社会規範

　社会規範とは，一定の社会的な価値や信念に従って行動することが求められる規範のことを指す。環境配慮行動を促進する社会規範としては，例えば「エコロジカルな行動はよいことである」という価値観が挙げられる。このような価値観は，人々が環境に配慮した行動を取ることを促す効果がある。実際に，環境配慮行動を促進する社会規範は，研究によっても支持されている。例えば，ノルウェーの調査によると，社会規範が環境配慮行動に与える影響は大きいという結果が得られている（Thøgersen 2004）。また，フランスの調査によると，環境保護に対する社会規範が高い地域では，エコバッグの利用率が高くなる傾向があることが示されている（Laroche et al. 2001）。社会規範が環境配慮行動に与える影響は，個人の行動に影響を与えるメカニズムに関連している。例えば，

第14章　環境配慮行動を促進する諸要因の検討

社会規範に従って行動することは，個人の自己認識に影響を与えることが知られている。すなわち，社会規範に従って行動することで，個人は自分自身が「環境に配慮した人」と認識し，自己肯定感が高まることがある（Schultz et al. 1995）。また，社会規範が共有されている環境では，周囲の人々と同じ行動を取ることが期待されるため，個人は社会的な評価を受けることになります。このように，社会規範に従って行動することが個人の自己認識や社会的な評価に影響を与えることが，環境配慮行動を促進するメカニズムとして挙げられる。また，他者の目に触れにくい社会性の低い行動では便益損失感情が有意となり，他者の目に晒される行動については社会規範の影響が強まることが明らかにされた（松本和晃他 [2012]「環境配慮行動の社会性による規定因の差異に関する研究」『土木学会論文集G（環境）』68(7)，Ⅲ453-Ⅲ461）。

3　環境配慮行動を促進する経済的要因

一方で，環境配慮行動を促進するためには，経済的利得が大きな役割を果たしている。経済的利得とは，環境配慮行動を取ることによって，個人や企業が受ける経済的なメリットのことを指す。例えば，省エネ行動によって電気代を節約できる，リサイクルによって廃棄物処理費用を削減できる，といった具合である。実際に，環境配慮行動を促進する経済的利得に関する研究も多くある。例えば，日本の調査によると，エコカーを購入することによって，燃料費の節約や税制優遇などによる経済的メリットが得られることが示されている（環境省 2005）。また，オランダでは，2014年から自転車用のソーラーロードの試験的な活用が実施され，将来的には道路から直接電気自動車への電力供給を可能にすることで，低コストでの走行の実現を目指している。

経済的利得が環境配慮行動に与える影響は，個人の行動に影響を与えるメカニズムに関連している。例えば，経済的利得が得られることによって，個人は環境配慮行動を取ることが自己利益になると認識することができる。また，経済的利得が得られることおよび，個人が環境配慮行動を取ることによって，経済的負担を軽減できると認識することもできる。さらに，経済的利得は，個人

265

第Ⅲ部　経　済

の意思決定に影響を与える際に，他の要因（例えば，社会規範）と相互作用することがある。例えば，経済的利得が得られることが社会的にも評価される場合，個人は環境配慮行動を取ることによって，社会的な評価を得ることができる。アメリカの調査によると，家庭の省エネ行動によって，1世帯あたり年間平均200ドルの節約が好ましいライフスタイルと承認されることがさらに省エネ行動を促進させることが示されている（Gillingham et al. 2013）。また，スウェーデンの調査によると，リサイクルによって廃棄物処理費用を削減することによって，自治体の財政に貢献できることが明らかにされリサイクル活動がさらに拡大することになっている（Söderholm et al. 2011）。

　環境配慮行動を選択する人々が増加し多くの人々に認知され，環境配慮型の生活スタイルが流行する段階になると従来の環境配慮行動を選択することへの抵抗感が低下し，環境配慮型のライフスタイルがステイタスを獲得し，積極的に環境配慮行動を実践する動機づけに転換される可能性が考えられよう。このような状況においては，環境配慮規範意識が浸透しこれらの行動から逸脱するものへの罰則が生まれ，これらの行動に積極的に従事することへの賞賛が得られる機会も生じる。

　一方で，環境配慮行動には，経済的コストが伴う場合もある。例えば，エコ製品の購入には，一般的に通常の製品よりも高い価格が設定されている。また，太陽光発電システムの導入には，高い初期投資が必要となる場合もある。このような場合には，個人が環境配慮行動を取るかどうかは，経済的利得だけでなく，その人の資源や意識，環境に対する認識など，様々な要因が影響する。

　社会規範に従って行動することが，個人の自己認識や社会的な評価に影響を与えることが，環境配慮行動を促進するメカニズムとして挙げられる。一方で，経済的利得には，環境配慮行動に対する動機づけにも影響を与えることが示されている。

　その事例は，環境配慮行動を促進するためには，社会規範や経済的利得を両方とも考慮することが必要であることを示唆している。社会規範が明確に示されることで，個人は環境配慮行動が当然であるという認識をもつことができる。また，経済的利得が得られることが明示されることで，個人は環境配慮行動を

第14章　環境配慮行動を促進する諸要因の検討

とる動機づけとなり，自分自身や家族の経済的負担を軽減することにつながると認識することができる。

4　消費者の環境配慮行動を促進する要因とその関係性

環境配慮行動を促進する要因とそのプロセス

　これまで紹介してきた研究事例では，消費者の環境配慮行動が「環境配慮行動を促進する社会規範への受容意識や態度」「環境配慮行動の実践による有効性認知（自己効力感）」の向上を図ることで促進されるというプロセスが検証されている。しかし，一方で経済的負担や私的行動欲求の抑制を求められる環境配慮行動については自主的に実践されるケースは極めて少ないことも明らかにされている。つまり，消費者は環境破壊リスクや環境保全・改善の必要性は認識しているが，多くの消費者が環境配慮行動の選択動機となる社会規範への受容意識や態度を変化させ行動変容を起こすことは極めて稀であるか，乏しいものと考えられる。

　他方で，経済的利得（助成制度）や経済的負担（税制・規制制度）を強いる制度の変更には，順応して行動変容を受け入れる消費者が多いことが明にされている。例えば，家電リサイクル法（特定家庭用機器再商品化法：平成13年4月施行）が施行され，家電4品目（テレビ・エアコン・冷蔵庫・洗濯機）について小売業者による引取り及び製造業者等（製造業者，輸入業者）による再商品化等（リサイクル）を義務づけ，消費者（排出者）には，家電4品目を廃棄する際，収集運搬料金とリサイクル料金を支払うことをそれぞれの役割分担として定めて以降，2021年にはすべての廃商品の再商品化率は80％以上となり目標値基準値を上回っている状況である。また，経済的利得を生じさせる2009年に導入されたエコカー減税はハイブリット車の販売普及（2008年度新車販売シェアの11％→2019年度新車販売シェアの45.2％へと急増：国土交通省・経済産業省「EV/PHV普及の現状について（2019）」発表資料より）に一定の効果を挙げている。

　諸外国においても同様の傾向が認められる。アメリカではエネルギー効率改善に対する税制優遇措置が導入されている。米国エネルギー情報局（EIA）に

第Ⅲ部　経　済

　よると，2008年から2018年までの10年間で，アメリカの１人当たりのエネルギー使用量は減少し，GDPあたりのエネルギー使用量も減少傾向にある。この効果の一部は，経済的助成制度によるエネルギー効率向上への取り組みによるものと考えられる。

　助成制度や規制強化により，一時的に消費者の限定された領域における環境配慮行動を促進させる効果は認められるが，その効果が他の消費行動を環境配慮行動へと変容させることにどの程度影響を及ぼすかについての研究事例は極めて少ないといえる。

　おそらく消費者の環境配慮行動への変容は，経済的利得や規制強化による一時的で限定的なものに留まっていると考えられる。その結果として，家庭部門における二酸化炭素排出量の削減効果に大きな変化が認められない状況が続いており，日常生活における環境配慮行動への積極的取り組みが推進されていない現状も認められる。

　本節では，助成制度や規制強化の前段階の2008年と様々な制度（エコカー減税，太陽光発電導入補助金，グーリーンライフポイント制度導入補助金，レジ袋有料化など）が導入された後の2023年における消費者の環境配慮行動を比較し，その実践内容や実践率にどのような変化が認められる。その変化を説明するプロセスや要因間の関係性構造の変化に着目し，環境配慮行動の実践率を高める要因とは何かを実証的に検討し，今後の環境配慮行動を促進のする方途を探索するものである。

調査データに基づく環境配慮行動の変化とその構造比較

環境配慮行動に関する意識と　環境配慮行動の先行指標としての環境配慮行動受
行動に関するアンケート調査　容意識や環境保全・改善への知識・環境配慮行動
による環境保全・改善効果への有効性認知（自己効力感）などの向上が環境配慮行動を促進する構造を明らかにすることを目的に，2008年に学生を対象として「環境配慮行動に関するアンケート調査」が実施された。

　調査票は，「環境配慮行動に関する調査項目（環境配慮行動受容意識（20項目），環境配慮行動の実践（15項目），行政への期待（10項目），環境配慮型製品（５製

第14章 環境配慮行動を促進する諸要因の検討

品への支出許容金額を含む），環境保全への関与意識（自動車使用に関するもの11項目），環境知識（10項目），自然環境への価値意識（7項目）」で構成され，ほぼすべての回答には5ポイントのリカート尺度が使用された。調査は講義を受講する大学生94名を対象に調査票を配布し自己回答記入方式で実施され，有効回答数は82票であった。

　当時の環境配慮行動の実践状況と環境配慮行動を促進する構造の相違を比較検討する目的で，2008年と同一の調査票を用いて2023年5月の講義を受講する大学生62名を対象に調査票を配布し自己回答記入方式で実施され，有効回答数は62票であった。

　これら2回の調査データ分析から，15年間で環境配慮行動の実践レベルがどのように変化し，また，環境配慮行動を促進する構造に変化が認められるのかについての検証を実施した。これらの分析結果は，今後の環境配慮行動を促進する要因の検討に活かされるものと思われる。

アンケート調査データ　表14-1は，環境配慮規範の受容意識への回答（「全面的**による2時点比較分析**　に支持できる(5)」「支持できる(4)」「どちらともいえない(3)」「支持できない(2)」「全く支持できない(1)」の5つの選択肢をカッコ内のポイントに置換）データを用いた，2008年と2023年の平均値検定（t検定）の結果である。2008年と2023年の回答結果に統計的有意差が認められた変数は「移動には車よりも公共交通機関を利用すべきだ」「駐停車時のアイドリングは極力避けるべきだ」「冷暖房機の使用は，可能な限り控えるべきだ」「今後の建造物にはソーラーシステムの導入を義務付けるべきだ」「新たに家電製品を購入する場合，最も消費電力量の少ないものを選ぶべきだ」の5つあり，すべての変数で2008年の回答が2023年の回答と比較し，環境配慮規範への受容意識が高いこと示している。また，受容意識の総合得点での比較（t検定）においても2008年の回答が2023年の回答を上回っている。

　これらの結果から，2008年当時の学生がより環境配慮規範への受容意識が高い状態であったことが推測される。

　表14-2は環境配慮行動の実践レベルについての回答（「常に(5)」「時々(4)」「どちらともいえない(3)」「ほとんどしていない(2)」「全くしていない(1)」の5つの選択肢を

第Ⅲ部　経　　済

表14-1　環境配慮規範の受容意識

環境配慮規範の受容意識	2008年	2023年	t 値	p
ゴミ回収の有料化	2.33	2.33	0.01	
ゴミの回収規則（決められた曜日に決められた種類のゴミを出す）を守らない人には罰則を適用すべきである	3.56	3.50	0.36	
ゴミの削減努力をすることは当然だ	4.23	4.21	0.19	
商品の過剰包装による販売は極力避けるべきだ	3.88	3.68	1.42	
レジャー施設や観光地で発生するゴミは各自が持ち帰るべきだ	3.84	3.74	0.54	
車の買い替え時には，低公害車を優先的に購入すべきだ	3.44	3.26	1.11	
車のガソリン消費量に応じて環境税を課すべきだ	2.83	2.74	0.48	
移動には車よりも公共交通機関を利用すべきだ	3.17	2.84	1.89	*
低公害車の税率をもっと優遇すべきだ	3.70	3.52	1.16	
駐停車時のアイドリングは極力避けるべきだ	3.95	3.52	3.06	***
未使用時の家電製品は元電源を切るべきだ	3.80	3.61	1.21	
冷暖房機の使用は，可能な限り控えるべきだ	3.48	3.10	2.21	**
今後の建造物にはソーラーシステムの導入を義務付けるべきだ	3.70	3.34	2.37	**
廃棄される家電製品の再利用をもっと積極的に進めるべきだ	4.12	3.98	1.03	
新たに家電製品を購入する場合，最も消費電力量の少ないものを選ぶべきだ	3.66	3.39	1.82	*
企業は安易なモデルチェンジによる新製品の開発を慎むべきだ	3.29	3.31	-0.10	
買い物にはエコバッグを持参すべきだ	3.84	4.08	-1.51	
企業は環境に配慮した活動実態を広く知らしめるべきだ	3.91	4.05	-1.12	
消費者は企業の環境配慮活動をもっと評価すべきだ	3.80	3.84	-0.26	
環境配慮活動に積極的な企業への税率を引き下げるべきだ	3.46	3.68	-1.56	
環境配慮規範受容態度合計得点	72.00	69.60	1.77	*

注：*10％，**5％，***1％で有意であることを表す。
出所：筆者作成。

カッコ内のポイントに置換）データを用いた，2008年と2023年の平均値検定（t
検定）の結果である。2008年と2023年の回答結果に統計的有意差が認められた
変数は，「ゴミの削減努力をしている」「車のガソリン消費量を減らす努力をし
ている」「環境配慮活動に積極的な企業の製品を購入している」「買い物には，
エコバッグを持参する」の4つあり，「車のガソリン消費量を減らす努力をし
ている」を除く3変数で，2023年の回答結果が2008年の回答結果を上回ってい
る。また，環境配慮行動の実践回答の総合得点での比較（t検定）においても
2023年の回答が2008年の回答を上回っている。これらの結果から，2023年の学
生が2008年当時の学生よりも，環境配慮行動の実践レベルが高いと評価される。
　2008年，2023年毎の回答データを用いた相関分析では，環境配慮規範の受容

270

第14章　環境配慮行動を促進する諸要因の検討

表14-2　環境配慮行動の実践レベル

環境配慮行動	2008年	2023年	t値	p
ゴミの回収規則（決められた曜日に決められた種類のゴミを出す）に従っている	4.39	4.52	-0.79	
ゴミの削減努力をしている	3.25	3.63	-2.24	**
商品の過剰包装を断っている	3.46	3.34	0.62	
レジャー施設や観光地を利用して出るゴミは持ち帰る	3.51	3.82	-1.45	
車の買い替え時には，低公害車を優先的に購入している	2.77	2.87	-0.54	
車のガソリン消費量を減らす努力をしている	3.37	2.95	2.04	**
移動には車よりも公共交通機関を利用している	3.92	4.02	-0.46	
駐停車時にはエンジンを切っている	3.57	3.61	-0.08	
未使用時の家電製品は元電源を切っている	3.03	2.97	0.25	
冷暖房機の使用は，可能な限り控えている	3.33	3.48	-0.70	
家電製品を購入する場合，最も消費電力量の少ないものを選んでいる	2.84	2.97	-0.69	
企業の安易なモデルチェンジによる新製品の購入を控えている	3.16	3.11	0.27	
製品の選択する際には，その企業の環境配慮活動も評価している	2.65	2.94	-1.59	
環境配慮活動に積極的な企業の製品を購入している	2.53	3.08	-2.94	***
買い物には，エコバッグを持参する	2.56	3.94	-6.27	***
環境配慮行動実践得点合計	46.56	51.11	-2.27	**

注：*10％，**5％，***1％で統計的に有意であることを表す。
出所：筆者作成。

意識の総合得点と環境配慮行動の実践回答の総合得点に相関は認められ，2008年の回答により強い相関が認めらた。2023年の相関分析の結果から，環境配慮規範への受容意識が環境配慮行動の実践レベルに与える影響は2008年当時よりも低くなっていると考えられる。

　環境配慮行動に関連する回答データより，回答傾向の収束性より環境配慮行動に影響する要因の構造化を試みるため，2008年と2023年毎のデータによる探索的因子分析を実施し，双方の年度で収束性の高い14変数を用いて年度毎に確認的因子分析が実施され，その結果が表14-3と表14-4にまとめられた。

　2008年のデータによる確認的因子分析の結果，最も変数の収束性が高い（固有値が最も高い）第1因子は環境配慮規範への受容意識で構成されており，特に「個人や組織を問わず環境保全・改善への取組をより高く評価すべきである」との意識が反映される潜在変数の存在が認めらる。また，第2因子は環境配慮行動で構成され「製品選択に関して企業の環境配慮活動を評価する」変数に収束性が認められ学生の企業環境配慮活動を考慮した製品選択行動を実践し

第Ⅲ部　経　済

表14-3　記述統計量（2008年）

変　数	観測数	平均値	標準偏差	最小値	最大値
ゴミの削減努力をすることは当然だ	82	4.23	0.61	3	5
新たに家電製品を購入する場合，最も消費電力量の少ないものを選ぶべきだ	82	3.66	0.83	2	5
企業は環境に配慮した活動実態を広く知らしめるべきだ	82	3.91	0.74	2	5
消費者は企業の環境配慮活動をもっと評価すべきだ	82	3.80	0.87	2	5
環境保全・環境改善を啓蒙する情報を積極的に提供すべきだ	82	3.84	0.78	1	5
環境保全・環境改善に積極的な個人や組織への褒賞すべきだ	79	3.54	0.87	1	5
ゴミの削減努力をしている	79	3.25	0.91	1	5
車のガソリン消費量を減らす努力をしている	79	3.37	1.29	1	5
冷暖房機の使用は，可能な限り控えている	79	3.33	1.33	1	5
家電製品を購入する場合，最も消費電力量の少ないものを選んでいる	79	2.84	1.18	1	5
製品の選択する際には，その企業の環境配慮活動も評価している	79	2.65	1.06	1	5
環境配慮活動に積極的な企業の製品を購入している	79	2.53	1.05	1	5
都心部の駐車場の値上げを支援すること	82	2.44	1.17	1	5
環境税を支払うこと	82	2.46	1.06	1	5

出所：筆者作成。

表14-4　環境配慮行動に関する確認的因子分析（2008年）

変　数	因子1	因子2	因子3
環境保全・環境改善に積極的な個人や組織への褒賞すべきだ	0.925		
環境保全・環境改善を啓蒙する情報を積極的に提供すべきだ	0.524		
企業は環境に配慮した活動実態を広く知らしめるべきだ	0.504		
消費者は企業の環境配慮活動をもっと評価すべきだ	0.485		
新たに家電製品を購入する場合，最も消費電力量の少ないものを選ぶべきだ	0.475		
製品を選択する際には，その企業の環境配慮活動も評価している		0.839	
環境配慮活動に積極的な企業の製品を購入している		0.496	
環境税を支払うこと			0.934
都心部の駐車場の値上げを支援すること			0.559
固有値	2.826	1.830	1.331
比　率	0.282	0.182	0.133
累　積	0.282	0.464	0.596

出所：筆者作成。

ていることに。第3因子は環境配慮政策への受容意識で構成され，より消費者の私的利便性を制約する政策や経済的負担を強いる政策への収束性が高いことが評価される（表14-4参照）。しかし，この収束性はこれらの政策への受容意識の高さを表すものでなく，むしろ政策への受容意識が低い（「環境税を支払うこと」への2008年回答平均値2.44，2023年回答平均値2.54）ことを示す収束性を反映しているといえる（表14-3，表14-5参照）。

　表14-6は2023年のデータによる確認的因子分析の結果である。最も変数の収束性が高い（固有値が最も高い）第1因子は環境配慮行動の変数で構成されて

272

第14章　環境配慮行動を促進する諸要因の検討

表14-5　記述統計量（2023年）

変　数	観測数	平均値	標準偏差	最小値	最大値
ゴミの削減努力をすることは当然だ	62	4.21	0.77	2	5
新たに家電製品を購入する場合，最も消費電力量の少ないものを選ぶべきだ	62	3.39	0.95	1	5
企業は環境に配慮した活動実態を広く知らしめるべきだ	62	4.05	0.66	3	5
消費者は企業の環境配慮活動をもっと評価すべきだ	62	3.84	0.63	2	5
環境保全・環境改善を啓蒙する情報を積極的に提供すべきだ	62	4.03	0.72	1	5
環境保全・環境改善に積極的な個人や組織への褒賞すべきだ	61	3.82	0.72	2	5
ゴミの削減努力をしている	62	3.63	1.07	1	5
車のガソリン消費量を減らす努力をしている	62	2.95	1.08	1	5
冷暖房機の使用は，可能な限り控えている	62	3.48	1.28	1	5
家電製品を購入する場合，最も消費電力量の少ないものを選んでいる	62	2.97	1.07	1	5
製品の選択する際に，その企業の環境配慮活動も評価している	62	2.94	1.08	1	5
環境配慮活動に積極的な企業の製品を購入している	62	3.08	1.16	1	5
都心部の駐車場の値上げを支援すること	61	2.54	1.18	1	5
環境税を支払うこと	61	2.61	1.02	1	5

出所：筆者作成。

表14-6　環境配慮行動に関する確認的因子分析（2023年）

変　数	因子1	因子2	因子3
環境配慮活動に積極的な企業の製品を購入している	0.973		
製品を選択する際には，その企業の環境配慮活動も評価している	0.716		
ゴミの削減努力をしている	0.555		
家電製品を購入する場合，最も消費電力量の少ないものを選んでいる	0.543		
環境保全・環境改善を啓蒙する情報を積極的に提供すべきだ		0.765	
ゴミの削減努力をすることは当然だ		0.541	
環境税を支払うこと			0.865
都心部の駐車場の値上げを支援すること			0.576
固有値	2.936	1.934	1.492
比　率	0.266	0.175	0.135
累　積	0.266	0.441	0.576

出所：筆者作成。

おり，企業の環境配慮活動への評価（「製品選択における企業の環境配慮活動の評価」）と個人の消費行動（「ゴミの削減や消費電力量の低い家電の選択」）双方の観点から環境配慮行動を実践する背景が認められる。また，第2因子は環境配慮規範の受容意識の変数（「環境保全・改善を啓蒙する情報の積極的提供」や「ゴミの削減行為の推奨」）で構成され，環境配慮行動を推進する規範への同調傾向があることが認められる。第3因子は，2008年と同様に環境配慮政策への受容意識で構成され，より消費者の私的利便性を制約する政策や経済的負担を強いる政策への収束性が高いことが評価される。しかし，この収束性はこれらの政策への

273

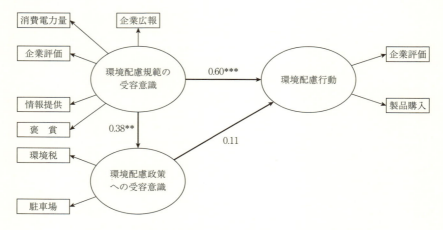

図14-1 環境配慮行への意識レベルと環境配慮行動との関係（2008年）と
構造方程式モデル（SEM）推計結果（n = 82）

注：**，***はそれぞれ5％，1％水準で統計的に有意であることを示す。図中の数値は標準化係数。
出所：筆者作成。

受容意識の高さを表すものでなく，むしろ政策への受容意識が低い（「都心部の駐車場の値上げを支援すること」への2008年回答平均値2.46，2023年回答平均値2.60）ことを示す収束性を反映しているといえる。

　因子分析の結果から2008年と2023年で構成される因子構造に相違があることが確認され，それぞれの因子間の関係性を検証することより環境配慮行動の実践に影響する要因を明らかにすることを目的とし構造方程式モデル（SEM）を用いて因果推定の分析を実施した。

　図14-1は2008年のデータによるSEMの推定結果である。AGFI，RMSEAの値から，精度の高いモデルとは言えないが「環境規範の受容意識」から「環境配慮行動」と「環境配慮政策への受容意識」に有意なパスが確認され，2008年当時の学生は，環境配慮規範への受容意識を高めることで環境配慮行動の実践レベルが上がる可能性を示す従来の研究結果に符合している。環境配慮規範への受容・同調意識への向上を図る環境教育や行政の環境政策の有効性認知度を高めることで環境配慮行動の実践レベルを上げる可能性が示唆される。

　図14-2は2023年のデータによるSEMの推定結果である。AGFI，RMSEA

第14章 環境配慮行動を促進する諸要因の検討

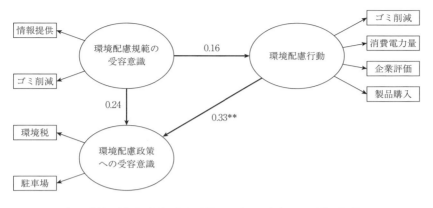

GFI = 0.89　AGFI = 0.76　CFI = 0.88　RMSEA = 0.13　AIC = 71.97

図14-2　環境配慮行への意識レベルと環境配慮行動との関係（2023年）と構造方程式モデル（SEM）推計結果（n = 62）

注：** は5％水準で統計的に有意であることを示す。図中の数値は標準化係数。
出所：筆者作成。

の値から，精度の高いモデルとは言えない。また，2008年の結果とは異なり「環境規範の受容意識」から「環境配慮行動」へのパスは有意ではなく，2008年とは逆に「環境配慮行動」から「環境配慮政策への受容意識」に有意なパスが確認された。この推計結果は従来の研究結果で示されてきた結果と異なり，環境配慮規範への受容意識の高さが有意に環境配慮行動の実践レベルの向上につながらない状態を示すと同時に，環境配慮行動の実践レベルの向上は外部要因変化（企業の環境配慮活動の活発化，行政による環境配慮行動への助成制度や規制強化）による影響によるものと推察される。環境配慮行動を実践するレベルの向上が私的快適性や経済的負担を強いる政策を受け入れることへの抵抗感を緩和させている可能性が示唆される。

　2008年と2023年の調査データの分析結果から，環境配慮行動を促進する要因に変化が生じていることが確認された。今から15年前の2008年当時においても消費者の消費行動による環境破壊によるリスクは認知され，環境配慮行動の促進が重要であることは理解されていた。しかし，消費者及び企業の環境配慮行動を促進する助成制度や環境保全を損なう行動への規制強化は2008年頃から本

第Ⅲ部　経　済

格的に導入され，消費者の環境配慮行動を促進し，企業の環境配慮活動への取り組みを本格化させてきたと思われる。このような外部環境の変化は，学生の環境配慮規範の受容意識を介在することなく環境配慮行動の実践レベルを向上させ，環境配慮行動の実践レベルの向上がよりハードルの高い環境配慮政策の受容意識を高めるフットインザドア型（低いハードルの要請受入れが，高いハードルの要請受入れを容易にする効果）の効果をもたらしているものと考えられる。しかし，現状のように私的快適性抑制や経済的負担を生じさせない形での環境配慮行動（DX の進展が生み出したメルカリによるリユース，パーク24株式会社によるカーシェアリングなど）の実践が困難になる状況が生じてくると考えられる。現状のように，環境配慮規範への受容意識や環境配慮政策への受容意識が低い中で環境配慮行動を促進することは困難であり，今後は，さらに環境教育に力を入れ，消費者が私的空間における快適性の抑制や，経済的負担を強いられる環境配慮行動を実践するライフスタイルが社会的に望ましいとする社会規範が形成されていくことが必要であろう。

5　環境配慮行動を促進する諸要因の効果的活用

　社会規範には，他者の行動に影響を受ける「社会的影響」や，自分自身の価値観に合わせた行動を取る「自己一致性」があり，それらは環境配慮行動に対する動機づけに影響を与える。一方で，経済的利益は省エネによるコスト削減や再生可能エネルギーの利用による電気料金の削減効果などがあり，これらは環境配慮行動に対する動機付けにも影響を与える。社会規範と助成による経済的利益や規制は，環境配慮行動に対する動機付けに影響を与える要因であり，それぞれが個人の行動に与える影響は異なる。しかし，社会規範と経済的利益や規制など，複合的な要因を考慮することが，環境配慮行動を促進するために重要であることが示された。

　これらの要因を活用しながら，個人や組織が環境配慮行動を促進するための戦略を検討することが望まれる。社会規範を活用する場合は，具体的な目標を設定して周囲の人々の行動にアピールすることが有効である。例えば，自宅や

第14章　環境配慮行動を促進する諸要因の検討

オフィスの省エネ化に取り組む場合，近隣住民や同じビル内の他のテナントに協力を依頼し，一緒に目標を達成することで効果的な社会規範を形成することができる。また，SNSやグループチャットなどのオンラインツールを活用して，環境問題に関する情報やアイデアを共有することも有効である。

　経済的利益を活用する場合は，コスト削減や節約を促すメッセージを発信することが効果的である。例えば，省エネ機器の購入やエネルギー使用量の削減による電気料金の削減など，経済的利益を示す具体的なデータを提示することで，環境配慮行動に対する動機づけを高めることができる。また，環境配慮行動が持続可能な経済的利益につながることをアピールすることも有効である。

　その他，行政が主導する規制や助成制度による環境配慮行動の促進も有効であることも明らかである。業界への規制によるレジ袋の有料化は，消費者にエコバックの使用行動を促すことでレジ袋の消費量を2分の1程度に削減し，プラスチック資源の排出を抑制することにつながっている。さらに，次世代自動車の購入への助成制度や税金の軽減などの経済的利得の提供は，環境配慮型自動車の販売を促進し，二酸化炭素排出抑制効果を実現させている。

　このように環境配慮行動を促進するためには，社会規範と経済的利益や規制などを組み合わせた戦略が重要であることが示された。ただし，個人の行動を変えることは容易ではなく，継続的に環境配慮行動に取り組む価値意識を形成するためには社会的・経済的な仕組みや制度の改革が必要な場合もある。環境配慮行動に対する取り組みは，個人だけでなく政府や企業，地域社会など様々なステークホルダーが協力することが必要であり，そのためにはDXの進展に伴うさらなる情報共有や環境配慮行動を促進することに共感できる協調性を育てる教育の充実が求められる。

参考文献

オルテガ／マタイス，A.・佐々木孝訳（1994）『個人と社会――人と人びと』白水社。

大橋照枝（2000）『環境マーケティング戦略――エコロジーとエコノミーの調和』（第5版）東洋経済新報社。

鑪幹八郎・岡本祐子・宮下一博共編（2002）『アイデンティティ研究の展望Ⅵ』ナカニシヤ出版。

277

第Ⅲ部　経　済

環境省（2005）『環境白書』。

Duffy, K. G., Wong, F. Y. ／植村勝彦監訳（1999）『コミュニティ心理学──社会の問題への理解と援助』ナカニシヤ出版。

杉浦淳吉・大沼進・野波寛・広瀬幸雄（1998）「環境ボランティアの活動が地域住民のリサイクルに関する認知・行動に及ぼす効果」『社会心理学研究』13(2), 143-151頁。

デュルケーム, E.／田原音和訳（1984）『社会契約論』青木書店。

広瀬幸雄（1994）「環境配慮的行動の規定因について」『社会心理学研究』10(1), 44-55頁。

ミード, G. H.／船津衛他訳（1991）『社会的自我』恒星社厚生閣。

Aggarwal, P. (2004) "The Effects of Brand Relationship Norms on Consumer Attitudes and Behavior," *Journal of Consumer Research*, 31 June, 87-101.

Balderjan, I. (1988) "Personality Variables and Environmental Attitudes as Predictors of Ecologically Responsibility Consumption Patterns," *Journal Of Business Research*, 17, 51-56.

Bolderdijk, J. W., Steg, L., Geller, E. S., Lehman, P. K., & Postmes, T. (2013) Comparing the effectiveness of monetary versus moral motives in environmental campaigning. *Nature Climate Change*, 3 (4), 413-416.

Brough, A. R., & Wilkie, J. E. B. (2011) Is eco-friendly unmanly? The green-feminine stereotype and its effect on sustainable consumption. *Journal of Consumer Research*, 38 (5), 713-732.

De Groot, J. I., Steg, L., & Poortinga, W. (2013) Values, perceived risks and benefits, and acceptability of nuclear energy. *Risk Analysis*, 33 (2), 307-317.

Gillingham, K., Newell, R. G., & Palmer, K. (2013) Energy efficiency policies: A retrospective examination. *Annual Review of Environment and Resources*, 38 (1), 583-612.

Goldstein, N. J., Cialdini, R. B., & Griskevicius, V. (2008) A room with a viewpoint: Using social norms to motivate environmental conservation in hotels. *Journal of Consumer Research*, 35 (3), 472-482.

Hamann, R., Iyer, G., & Wang, X. (2016) The effects of energy efficiency and price sensitivity on residential electricity and natural gas demand: Evidence from Germany. *Energy Economics*, 56, 98-107.

Laroche, M., Bergeron, J., & BarBaro-Forleo, G. (2001) "Targeting Consumers who are willing to pay more for environmentally friendly products," *Journal of Consumer Marketing*, 18 (6), 503-520.

McGunnes, J., Jones, A. P., & Cole, S. G., (1977) "Attitudinal Correlates of Recycling Behavior," *Journal Of Applied Psychology*, 62, 367-384.

Moschis, G. P. (1987) "Consumer Socialization-*A Life-Cycle Perspective*," Lexington Books.

Mukherjee, A., & Hyer, W. D. (2001) "The Effect of Novel Attributes on Product Evaluation," *Journal of Consumer Research*, 28 December, 462-472.

Neuman, K. (1986) "Personal Values and Commitment to Energy Conservation," *Environment and Behavior*, 18, 53-74.

Olsen, M. E. (1981) "Consumers' Attitudes toward Energy Conservation," *Journal of Social Issues*, 37, 108-131.

Schultz, P. W., Oskamp, S., & Mainieri, T. (1995) "Who recycles and when? A review of personal and situational factors," *Journal of Environmental Psychology*, 15 (2), 105-121.

Söderholm, P., Sundqvist, T., & Strömberg, L. (2011) Recycling and waste management policies in Sweden: From source separation to extended producer responsibility. In *Handbook of recycling*, 77-91. Elsevier.

Steg, L., & Vlek, C. (2009) Encouraging pro-environmental behaviour: An integrative review and research agenda. *Journal of Environmental Psychology*, 29 (3), 309-317.

Stern, P. C. (2000) New environmental theories: toward a coherent theory of environmentally significant behavior. *Journal of social issues*, 56 (3), 407-424.

Thøgersen, J. (2004) A cognitive dissonance interpretation of consistencies and inconsistencies in environmentally responsible behavior. *Journal of Environmental Psychology*, 24 (1), 93-103.

Thøgersen, J. (2012) *Psychology of climate change: Contribution of social psychology.* Psychology Press.

Vohs, K. D., & Heatherton, T. F. (2000) Self-regulatory failure: A resource-depletion approach. *Psychological science*, 11 (3), 249-254.

第15章
中小企業と学生の協働による CSV アプローチ
──青果卸売事業者のチャネル開拓の事例より──

上田恵美子

1　中小企業が SDGs に取り組むに当たって

　本章では，中小企業と本学神戸国際大学の学生の協働による SDGs への取組みを取り上げる。事例では，企業と学生が SDGs によってもたらされる共感を各方面に広げながら，後述する CSV のアプローチによってプロジェクトを進めてきた。約1年半の取組みの末に，SDGs につながる新たなチャネルの可能性が見えてきた。この事例を基に，中小企業が SDGs に取り組む際の方向性について考察する。

SDGs と CSV

　近年，SDGs についての国内での認知が広がるとともに，企業が何らかの形で SDGs に取り組むのは使命となってきた。2019年に経済産業省が公表した『SDGs 経営ガイド』には，企業が SDGs に取り組まなかった場合，「企業の評判が下がる」「規制が強化された際に規制に抵触する」「消費者が商品を購入してくれなくなる」などの企業の声が紹介されている。特に大企業では，SDGs に取り組まないこと自体がリスクとして捉えられるようになっている（経済産業省 2019：3）。

　ところで，大企業はこれまで CSR，あるいは，サステナビリティとして，様々な社会問題に取り組んでおり，これらの取組みも SDGs の方向性に合致するものである。では，これまでの流れと昨今の SDGs は何が違うのか。従来，CSR（近年は「サステナビリティ」）には，社員によるボランティア活動や，地域

第Ⅲ部 経 済

活動や NPO などへの資金提供など，企業本来の事業以外における事業も多く含まれてきた。こうした社会貢献は今後も推進されるべきであってまったくもって否定されるものではない。しかし，SDGs の取組みは，まずは企業本来の活動に求められるものである。極端な例で説明すれば，ある企業が地域活動に対して多くの寄付を行っていたとしても，他方で環境問題への取組みを怠って多くの CO_2 を排出していたのでは，総じて SDGs への取組みは不十分と評価せざるを得ない。時代の流れは，企業が得た利益を社会に還元することによる慈善的な行為を求めるだけでなく，企業活動そのものの SDGs に対する姿勢を問うように変わっている。

　経営戦略論で知られるマイケル・ポーターは，共通価値の創造（Creating Shared Value: 以下，CSV）の概念により，「経済価値」と「社会価値」を同時に追求することを提唱した。ポーターらによれば，CSR が本来の事業活動と切り離して慈善的に行うものであるのに対して，CSV は自社の行う本来の事業として社会的な課題に取り組むとする。ポーターらがいう CSV とは「経済的に成功するための新しい手法」（ポーター・クラマー 2011：10）であり，社会と同時に企業本業にも有益な結果をもたらし，企業の存続，さらには，競争優位へと導くものである。つまり，CSV の事業は単なる改善にとどまらず，新たな需要の取り込みやブランド化，組織の活性化など，イノベーションをも志向する。先に挙げた経済産業省『SDGs 経営ガイド』では，「SDGs は挑むべき事業成長の機会」「民間セクターが将来のマーケットを見据える魅力的なツールとして SDGs を捉えていることが重要」であり，「新技術や新たなビジネスモデルが生み出す，大きな変革の波に一番初めに乗った企業が，市場の成長を牽引することになる」と，戦略面でのメリットを強調している（経済産業省 2019：3）。近年は SDGs の解説書の多くにポーターらの CSV が紹介されており，企業には CSR のみならず CSV の実践が求められるようになった。

多様な主体の協働

　本章にはもう一つの視点がある。それは，問題解決を企業の独力ではなく，協働によって進めることである。本論での事例は中小企業と学生のパートナー

シップによるものである。

　中小企業は大企業と比べて経営資源が少なく，組織内に研究部門や企画部門を設置している企業の割合は低く，社長が自ら指揮して新規事業を開拓している例が多い。一方，近年，多くの大学がPBL教育の一環として地元企業との連携を取り入れている。そこで，上田ゼミでは，学生が中小企業の企画部門となって，社長とともに企画を策定し推進する試みに挑戦してきた。

　SDGsは協働を進める上で，各主体間のコンセンサスを得やすい枠組みとして機能している。協働を実践するには，双方が共感できる明確な目的が必要であり，体系化されたSDGsはすでに社会的な暗黙知を形成していることから相互理解を促進し，また，自分たちの活動が社会に貢献しているというモチベーションにもつながる。

2　SDGsの広がりと課題

中小企業の取組みの実態

　図15-1は，大阪市と公益財団法人大阪産業局が継続して実施してきた企業へのネットモニター調査におけるSDGsについての質問である。2019年には，「全く知らない（この調査で初めて知った）」が22.0％を占めたが，2022年には0.4％に激減した。他方で，「取組みを行っている」もしくは「取組みを検討中」とする回答は，2019年の25.6％から2022年には47.6％，2023年には51.3％と半数を上回った。この結果から，SDGsに対する企業の姿勢が大きく変化していることがわかる。

　一方で，規模別でみると，事業所間で顕著な差が見られる。0～5人規模や6～20人規模では，「取組みを行っている」と「取組みを検討中」は合計で約4割に対して，101人以上では8割を上回った。[1]この調査から，20人以下の企業においてもSDGsについての認知は広がってはいるが，取組みの検討すら行っていない企業が半数以上を占めることがわかった。

第Ⅲ部 経　済

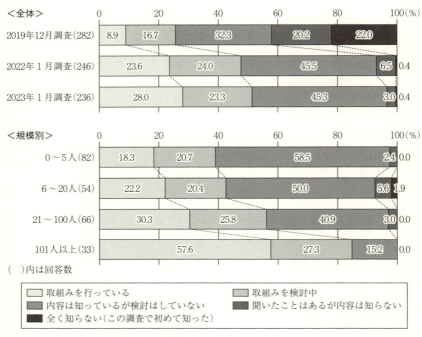

図15-1　企業の SDGs の認知度と取組み状況

注：規模別のグラフは2023年調査結果のデータ。
出所：大阪市経済戦略局・（公財）大阪産業局（2023）3頁。

SDGs に向けた課題

　では，企業がSDGsに取り組むに当たっての課題は何だろうか。図15-2は，図15-1の選択肢のうち，"取組みを行っている"，"取組みを検討中"および"内容は知っているが検討はしていない"についてクロス集計を行った結果である。ここで注目したいのが「SDGsを担当できる人材がいない」とする回答の割合が高くなっていることである。"内容は知っているが検討はしていない"という回答者では45.3％，"取組みを検討中"で46.2％となっている。これらの事業所では，人材面を補うことによって取組みを一歩進めることができるかもしれない。

284

第15章 中小企業と学生の協働による CSV アプローチ

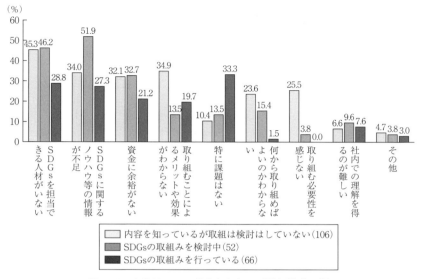

図15-2 企業が SDGs に取り組む上での課題（複数回答）
出所：大阪市経済戦略局・(公財) 大阪産業局 (2023) 9頁。

3 事例の分析視点

取組みの手法

次に，SDGs に向けて，何から着手すればよいのか。これに関わって，ポーターらは CSV について以下の3点を挙げている（ポーター・クラマー 2011：14-24. 以下，本文を要約・加筆）。

①製品と市場を見直す
　健康や環境負荷，高齢化対策などの社会的ニーズに照らし合わせて，自社の製品が顧客のニーズを満たしているのかに立ち返る。
②バリューチェーンの生産性を再定義する
　自社のバリューチェーンをエネルギー，資源の有効利用など一連の流れを見直す。調達，流通，従業員の生産性，ロケーションなどから見直

第Ⅲ部　経　済

す。

③企業が拠点を置く地域を支援する産業クラスターをつくる

　　自社が立地する地域的な産業のつながりを見直す。例えば，ネスレが
　現地の生産効率と品質を後押しするために，コーヒーの栽培地に，農業，
　技術，金融，ロジスティックス関連企業やプロジェクトを立ち上げた。

以上，ポーターらは自社製品（商品），バリューチェーン，産業クラスター
といった3つの視点からの見直しを提唱している。なお，CSVには大企業を
想定した提言内容が多いが，中小企業の取組みにも十分示唆を与えるものであ
る。[2]

期待される成果

SDGsへの取組みは，「社会価値」と「経済価値」をめざすことであり，新
たにCSVに取り組む場合は「社会価値」が加わることから，既存事業とは異
なる方向性をめざすこととなる。

マーチ（March 1991）は，組織において既存事業における「活用
（exploitation）」に加えて，「探索（exploration）」の必要性を主張した。「探索」
は既存の知（knowledge）の範囲外にある知の探索を指し，「活用」は既存の知
の活用を意味する。組織には，「探索」と「活用」の両方が不可欠でありなが
ら，経営資源をめぐってこの2つはトレードオフの関係にあることから，「活
用」が優先される可能性が高い。「活用」はある程度のパフォーマンスを期待
できるのに対して，「探索」は総じてリスクが高いからである。しかし，この
ことは，経営環境の変化が加速する状況において，長期的には自己破壊的であ
る。

「探索」の必要性については，中小企業ももちろん例外ではなく，組織的に
「探索」の活動を怠ることは長期的には危険であるが，中小企業では，組織学
習は滞りがちであり，あったとしても成果を上げられそうな「活用」に傾倒し
がちとなる。その実態は，例えば図15-1で見たSDGsに対する規模別での意
識の差に現れている。しかし，「活用」への取組みを進めるにあたって，大企

業よりも中小企業の方が有利な面もあると考えられ，それは次のとおりである。

「探索」と「活用」についての研究はさらに広がりが見られ，オライリー・タッシュマン（O'Reilly and Tushman 2016）は，「探索」と「活用[(3)]」のバランスを図りながらの経営を「両利き（ambidextrous）」の経営とし，両利き組織に求められる教訓を示した。両利きになるための4つの要素は，①「探索」と「活用」が必要であることを正当化する明確な戦略的意図，②経営陣の探索ユニットによるベンチャーの育成と批判に対する保護，③ベンチャーと活用型事業との距離を置くこと，しかし，完全に切り離すのではなく，企業内の資産や組織能力を活用できるように組織的インターフェースを設計すること，④探索ユニットと活用ユニットにまたがって共通のアイデンティティをもたらすビジョン，価値観，文化を形成することとする[(4)]。

両利きの経営の要素について中小企業にあてはめて考えると，中小企業は少人数体制や社長のカリスマ性などから，社長のリーダーシップによって「探索」についての社内での理解を得やすい状況にあり，「探索」への抵抗勢力をコントロールしやすい。したがって，「探索」を既存事業から完全に切り離す必要もなく，コストをかけて別事業を「探索」するよりは，社内の資源や強みを利用することとなる。

次の事例では，社長のリーダーシップのもと，学生がSDGsをテーマとした「探索」を行っている。「探索」を実行する際，協働が両利きの経営の4つの要素をクリアしやすい環境をもたらしていることがわかる。例えば協働によって，図15-2で見た「人材の不足」を補うことができ，自社単独で実施するよりもコストを抑えやすく，したがって，社内での批判は抑えやすい。また，協働事業は参加するそれぞれの主体の強みを活かすからこそ成立するので，自社の既存事業から完全に切り離すことが逆に難しい。

4　学生と企業による協働の事例

本節で取り上げる事例は，神戸で青果卸売業を営む川崎青果㈱が筆者のゼミナールの学生と協働で取り組んだSDGsプロジェクトについてである。

第Ⅲ部　経　済

取組みの背景

　川崎青果㈱の創業は1926年，1932年からは神戸に開場した中央卸売市場で青果卸売業を営んできた。現社長の川崎弘真氏は４代目である。[5]

　全国の中央卸売市場，特に都市部においては，人口が増大して都市の拡大が著しかった戦後，都市の食品流通の要として重要な役割を果たしてきた。その内部の事業者は，約半世紀もの間，卸売市場法（1971年施行）による許認可制のもと，参入障壁で守られてきた。一方，内部の事業者は法によって取引を制限されてきた。中央卸売市場内では，「卸売業者（大卸）」と「仲卸業者」という２者が卸売事業を営んでおり，JA等の産地からの仕入は卸売業者が担当し，卸売業者の産品を仲卸業者が卸して小売業や飲食店などに販売する体制が長年にわたって続いてきた。当時，仲卸業者にあたる川崎青果㈱は，法規制により，卸売業者を飛び越してJAや農家と直接取引することができなかった。やがて，昭和から続くこの法体制は徐々に見直しが図られ，2020年には原則禁止されていた仲卸業者と産地との直接のやり取りの制限が完全に撤廃され，同時に，市場での新規事業者の開設も可能となった。中央卸売市場のこれらの規制緩和により，市場内の経営環境は大きく変化することとなった。

　川崎社長はこの環境変化をチャンスと捉え，川上の生産者との関係を構築しながら川下事業者との取引を開拓してきた。同時に，SDGsには強い関心を持っていて，新規事業の機会をうかがってきた。

はじまりは学生のアイデアから

　川崎社長は会社を承継し事業環境についての理解を深めるなかで，あらためて自社のバリューチェーンに大きく関わる農業の危機的な状況を知ることとなった。高齢化と後継者不足に歯止めがかからず，このままでは産業としての衰退は避けられない状況で，将来的な農産物の供給が危ぶまれる。この現状において，農業者が生産した野菜は，JAの規格によってふるい分けられ，規格に合わないものは収穫せずにそのまま畑で腐らせるか，廃棄されている。もちろんJAの規格があるからこそ現在の流通が成り立っており，安心・安全な食の供給体制を維持してきた実績からもJAによる規格の存在は否めないが，社長

第15章　中小企業と学生の協働によるCSVアプローチ

は農家で廃棄される規格外品の活用策について意識を傾けるようになっていた。

　そんな折に，2021年，社長はあるイベントを通じて本学のゼミと知り合い，学生たちと協働プロジェクトを立ち上げることとなった。学生たちは社長から農業の実態についての説明を受け，次第に問題意識を強めていった。規格外野菜の利用についての議論を繰り返し，多様なアイデアが出たが，やがてブレーンストーミングが煮詰まってくると，学生たちは社長が思いもしていなかったアイデアを出した。「農家で規格外として出荷できない野菜を動物のエサにしたらよいのではないか。動物なら，品質に問題がなければ，形や色などの見た目は関係ないだろう」。正に，業界の常識に捉われない自由な発想だった。まず，学生たちが家畜のエサの実態を調べたところ，畜産農家はエサの品質や栄養素には細心の注意を払っており，さらに，運搬の問題もあって，規格外の野菜を利用してくれる畜産農家を新たに探し出すのはかなり難しいことがわかった。そこで，学生たちが思いついたのが動物園だった。

　学生たちは，川崎青果㈱から地理的に納品可能な範囲に立地するいくつかの動物園に電話し，規格外野菜を利用できないかを質問したところ，大阪市内にある天王寺動物園から話を聞いてもよいという回答をいただくことができた。早速訪問すると，やはり動物園でもエサの品質や栄養素は徹底して管理されているということだったが，農家では品質には問題ない規格外野菜が破棄されており，これを何とか流通させてSDGsにつなげたいと学生たちが説明したところ，動物園の担当者にこの取組みについて関心を持っていただくことができた。

　次に，学生たちは野菜の流通経路に着手した。近隣のJAすべてに規格外野菜を扱っているかを電話取材したところ，すべて基本的に扱っていないということだった。そもそもJAのビジネスモデルは規格化することで成り立ってきたのであり，規格外品を扱う余地はないということだった。そこで，学生たちは直接，野菜の生産者にヒアリングすることとした。しかし，これは当初の予想を上回って難しく，知り合いの紹介などで自家消費用に生産する農家は見つかるが，農業を生業とする専業農家にはなかなかつながらなかった。そこで，学生は道の駅に並ぶ野菜のラベルから経営農家の連絡先を調べて電話で取材を

289

第Ⅲ部　経　済

申し込み，ようやくそのうちの何件かに応じていただくことができた。その結果，規格外野菜の量は栽培方法によることや，旬の時期に大量に生じることがわかった。収穫はその年の天候に大きく左右され，減農薬の露地栽培の農家の話では，天候不順でじゃがいもが割れてしまい，8割が規格外だった年もあるということだった。他方で，栽培方法や野菜の種類によっては規格外がほとんど生じないというケースもあった。

　総じて，一部の農家，特に有機栽培農家や露地栽培農家では，やはり規格外野菜が生じていることが見えてきた。しかし，通年で一定量の規格外野菜を確保するのは難しいとなると，不安定な供給に向けた運送コストは割高とならざるを得ないという課題が浮上し，道のりは簡単ではないことがわかってきた。

　学生たちはチャネル構築の手がかりを求めて神戸市近郊の農産物直売所にもヒアリングをしたが，ここでもやはり運送費がネックとなった。直売所のご厚意で規格外野菜を生産者から集荷することは可能だが，神戸市内の川崎青果㈱までの輸送手段が見つからなかった。

新たなチャネルの発見へ

　一方，ゼミでは天王寺動物園と共同研究に取り組むことになり，規格外野菜の活用の可能性を探ることとなった。そこで，天王寺動物園からは，関西圏の動物園，および，動物関連のテーマパークに規格外野菜の利用状況をヒアリングしてはどうかという提案があった。学生たちが関西圏のほぼすべての動物園やテーマパークに電話取材して実態を探ったところ，農村部のテーマパークでは農家が直接野菜を提供するなどの事例があったが，それ以外では規格外野菜を利用していなかった。ただし，京都市動物園は，京都市の財政難により市民からのエサの寄付を募っており，農家や食品事業者からの野菜の提供を受けていた。

　学生たちの取材によると，京都市動物園では，寄付していただいた多様な野菜のうち使えそうなものを調理場でカットして動物に与えていた。もちろん，動物は野菜の色や形の見た目など気にはしないし，体調にも影響はないということだった。この寄付のおかげで，京都市動物園は年間のエサ代を節約するこ

第15章　中小企業と学生の協働による CSV アプローチ

とができた。他方で，デメリットは，寄付者とのやり取りは不定期であり，それに合わせて不足分を業者に発注するので，担当者の手間が増えたことなどがあった。

京都市動物園の事例は大変参考になった。天王寺動物園も同様に，農業生産者や食品加工業者から寄付を募れば，エサ代は安くなるかもしれない。しかし，それは農業生産者や食品加工業者が運搬コストを負担することで成り立っている。学生たちは，京都市動物園のような寄付ではなく，ビジネスとして農業生産者に多少なりとも収入が入ることをめざすこととした。京都市動物園の担当者が行っていた規格外品と規格品との調整は川崎青果㈱が担当すれば，動物園は安定して供給を受けることができる。農業生産者，川崎青果㈱，動物園がともに win-win となるビジネスモデルこそが CSV であり，将来的な持続可能な流通の展開へとつながるのではないかと，学生たちは考えた。

そんな折に，新たな手段が見つかった。川崎青果㈱と付き合いがある兵庫のバス事業者「神姫バス」が運営する「バスの八百屋」と協力する方法である。神姫バス株式会社は，バス事業のネットワークを活かして直接生産者から野菜を仕入れる店舗事業「バスの八百屋」を営んでおり，この事業と連携して規格外野菜を仕入れる方法である。

また，天王寺動物園からは，京都市動物園のように，新たなエサを検討したいという要望が出るようになった。現時点ではまだ模索中で受注実績にまでは至っていないが，学生たちの活動によって動物たちの食にも変化があるかもしれないという新たな展開の可能性が出てきた。

成果につながった要因

この事例では，協働が，図15-3のような2者のギブアンドテイクの関係をもたらした。企業側は新規事業の実践の場（機会）や企業の現場での知識を学生に提供し，学生はこれを学問としての知識にプラスできる。逆に学生はアイデア出しや情報取集などの行動を行い，これを企業側は既存事業にプラスして新たな事業展開を図ることができる。また，プロジェクトの社会的意義をともに確認し合い，共有してきたことがベースにある。

第Ⅲ部　経　済

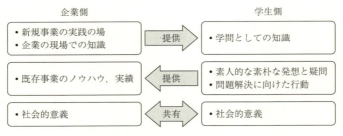

図15-3　企業と学生のギブアンドテイクの関係
出所：筆者作成。

このプロジェクトに成果をもたらした主な要因として，次の2点が考えられる。

SDGs が呼ぶ共感　川崎社長は前述のとおり，農業振興や SDGs に取り組みたいと考えていた。以前から，川崎青果㈱では食料を扱うという立場からフードロスには強い関心を持ち，顧客先で使いきれない食材が廃棄にならないよう，手間がかかる多品種小ロットでの取引にも対応してきた。さらに，保育園で食育活動を行うなど，CSR にも取り組んできた。そうしたこれまでの取組みがあったことから学生たちが社長の考えに共感し，このプロジェクトで CSV に取り組むこととなった。生産者への飛び込み取材で断られ続けても学生たちがモチベーションを維持できたのにはいろいろと理由があるが，自分たちの力で CSV によるイノベーションをもたらしてみたいという気持ちがあったことが大きい。学生たちの SDGs や農業振興に貢献したいという思いが周囲への共感を呼び，天王寺動物園をはじめとする関係者の協力を得やすい状況が自ずと作り出されていった。

成果にコミットする協働　もし，このプロジェクトが，よくあるインターンシップのように，企業側が課題を与えて学生がアイデアをまとめて自由に企画書を作成するといったものであるなら，何の成果も得られなかっただろう。こうしたインターンシップでは，企業側のスタンスはほとんどの場合 CSR であり，学生との事業は社会貢献である。企業側は本当の意味で学生を教育しようとは考えていないし，企画に期待もしていない。

なぜ，今回のプロジェクトを「インターンシップ」とせず，あえて「協働」

と呼ぶのか，それは川崎社長の今回のプロジェクトへのコミットする姿勢にある。社長は，社会人の立場から学生を指導しつつも，一方では学生をパートナーとして認め，ほぼ毎週，学生たちと打合せをし，頻繁に連絡を取り合ってアドバイスをしてきた。重要なことは，社長が熱意を持って学生を教育したということだけではない。学生たちとのコミュニケーションを繰り返すなかで，社長は自社の強みだけではなく弱みや，さらには各事業の収支情報までも学生と共有しながら，プロジェクトが一定の成果を上げるよう取り組んだのである。

　イノベーションへとつながる協働では，情報共有が重要となる。どこまでの情報をお互いに開示するか，その線引きの仕方が事業に影響を与えることが少なくない。また，本当にその事業にコミットする意思を参加者が持ち合わせているのかも協働を進める上での大きな問題となる。今回，社長がプロジェクトの成果にコミットし，学生をギブアンドテイクのパートナーとして認めてプロジェクトを進めたことが，学生の刺激となった。

5　中小企業の今後の取組みに向けて

　総括として，今後の中小企業の方策について，事例に関わっていえることをまとめておく。VUCA と言われるような時代において，中小企業とはいえ，今後は常に「探索」への意識を持つことは欠かせなくなっている。目まぐるしく経営環境が変転し予測が難しいなかで，SDGs は将来の方向性を指し示しており，人々の共感を得やすい枠組みとなっている。これは，事例で見たとおりであり，ひとつの好機ともなっている。

　しかし，一方では，一部の中小企業経営者から「SDGs と言われても何から手をつけてよいかがわからない」という声が未だに聞こえてくる。そのような声に対しては，SDGs についての多くの解説書が示すとおり，まずは，バリューチェーンを見直してみることである。CSV の取組みは社内のバリューチェーンと，バリューチェーンの先にある川上に位置する事業者から川下の事業者や消費者，さらに，その先の廃品処理業者まで範囲を広げながら，問題を探るしかない。この時，CSV よりもボランティア活動などの CSR による解決策

第Ⅲ部　経　　済

の方が容易に見つかるかもしれないが，一度どちらかの形に落とし込むとその後の変更が難しくなるかもしれず，持続可能な将来像に照らし合わせて，判断しなければならない。

　協働は，問題解決に向けて，有効な手法の一つである。ただし，過程においては，プロジェクトに対する意識や方向性の違いが生じたり，経費負担や利益配分の問題が起こったりと，協働相手との調整が難しく，多くの手間や時間がかかる可能性がある。しかし，SDGs に向けた思いを共有することでモチベーションを維持し，難局を乗り越えやすくなる面があることもわかった。

　以上，事例を基に，中小企業の SDGs への取組みについて考察してきた。今後，企業規模を問わず，CSV アプローチによる SDGs への取組みが増えることに期待したい。

【謝辞】

　ご多用のところ執筆にご協力いただいた川崎青果㈱　代表取締役　川崎弘真氏，天王寺動物園　飼育展示課　中原祥貴氏，神戸国際大学学生の熊地竜太郎さん，櫻井悠登さん，グエンティニュ・マイさん，チョウキンシンさん，淺間元気さんに記してお礼申し上げたい。

注

⑴　ただし，101人以上ではサンプル数が33件しかないことに注意を要する。

⑵　例えば，ポーターらがいう「③クラスターの育成」は中小企業には難しいかもしれないが，クラスターでの取引関係の改革や新規事業などは可能である。

⑶　オライリー・タッシュマン（2016＝2019）では，「活用（exlpointation）」を「深化」と訳しているが，ここでは「活用」とする。

⑷　オライリー・タッシュマン（2016＝2019：282-283）を基に要約。

⑸　本社：兵庫県神戸市兵庫区中之島 1 - 1 - 1 。従業員：約35名（パート従業員を含む［2023年 5 月時点］）。

参考文献

石田満江（2020）「CSV とアライアンス対応戦略──企業と「非協力的」ステークホルダー間におけるアライアンス事例」横浜国際社会科学研究，24（3），29-52頁。

大阪市経済戦略局・（公財）大阪産業局（2023）「ネットモニター調査結果──'23年 1

月期」（https://www.obda.or.jp/wpcontent/uploads/2023/03/2023_1_2.pdf）
（2023年 5 月31日閲覧）。

経済産業省（2019）『SDGs 経営ガイド』（https://www1.logistics.or.jp/Portals/ 0 /
SDGs ガイド .pdf）（2023年 5 月31日閲覧）。

モニター デトロイト編（2018）『SDGs が問いかける経営の未来』日本経済新聞出版。

名和高司（2015）『CSV 経営戦略』東洋経済新報社。

ポーター，マイケル・E.・クラマー，マーク・R.（2011）「Creating Shared Value 日
本語版（共通価値の戦略）」『ハーバード・ビジネス・レビュー』 6 月号， 8 -31
頁。

The Global Reporting Initiative（GRI），the United Nations Global Compact, and the
World Business Council for Sustainable Development（WBCSD）， 公益財団法
人地球環境戦略研究機関（2015）「SDG compass SDGs の企業行動指針──
SDGs を企業はどう活用するか」（https://sdgcompass.org/wpcontent/uploads/
2016/04/SDG_Compass_Japanese.pdf）（2023年11月25日閲覧）。

March, J. G.（1991）Exploration and Exploitation in Organizational Learning,
Organization Science, 2 （1），71-87.

O'Reilly, C. A. and Tushman, M. L.（2004）The Ambidextrous Organization,
Harvard BusinessReview, 82, 74-81.

O'Reilly, C. A. and Tushman, M. L.（2016）*Lead and Disrupt: How to Solve the
Innovator's Dilemma*, Stanford Business Press.（＝入山章栄監訳・解説，冨山和
彦解説，渡部典子訳（2019）『両利きの経営──「二兎を追う」戦略が未来を切
り開く』東洋経済新報社。）

第16章
SDGs に取り組むエシカルファッションのあり方

山本ひとみ

1 ファッションビジネスと環境破壊の変遷

　ファッションビジネスと環境破壊との関係性は深く長い歴史がある。美しく華やかな業界の裏側には，過酷な労働や環境汚染の問題を抱えている。国際連合（United Nations）の発表では，「ファッション業界は全世界の廃水の20％を作りだしており，衣料品と履物の製造は温室効果ガス排出量の8％を占めている。また，毎秒ごみ収集車1台分に相当する繊維が埋め立てに使われたり，焼却されている[1]」とのことである。

　表16-1は，このようなファッション業界におけるビジネス展開で，環境破壊につながる要因はどこにあるのかを，時代特性をベースにまとめたものである。横軸は，ファッションビジネストレンド特性に合わせて10年ごとに区切り，縦軸は，ファッション業態，ファッションビジネス動向，代表ブランド，環境破壊，環境破壊対策の5項目で整理した。

1970〜1980年代の特徴

　まず1970〜1980年代は，バブル全盛期時代で，DC（Designer & Character）ブランドブームが巻き起こった。豊かな時代に突入した中で，ファッションスタイルもバリエーション豊富になり『anan』『non-no』『JJ』などのファッション雑誌が数多く誕生した。特に流行したのがニュートラファッションで，「エルメス」や「アルマーニ」といった海外のラグジュアリーブランドや「ビギ」，「ニコル」といった日本のDCブランドが注目された。お金をかけてファッシ

297

第Ⅲ部　経　済

表16-1　ファッションビジネスと環境破壊の変遷

	1970〜1980年代	1980〜1990年代	1990〜2000年代	2000〜2010年代	2010〜2020年代	2020〜2023年
ファッション業態	バブルファッション	エコロジーファッション	SPAファッション	ラグジュアリーファッション	ファストファッション	エシカルファッション
ファッションビジネス動向	DCブランド拡大 インポートブランド急増 百貨店好調 ファッションビル、専門店多店舗化	エコロジーブランド登場 量販店PB商品開発	SPA拡大 高感度値頃ブランド SCM構築 海外生産増大 ショッピングセンター出店ラッシュ	ラグジュアリーブランド 銀座旗艦店出店ラッシュ 百貨店不振	ファストファッション 外資系ブランド上陸 SCM崩壊 ECビジネス拡大	エシカルファッションブランド登場 D to C (製造直販ブランド)
代表ブランド	ビギ ニコル アルマーニ ソプラーニ エルメス	無印良品	GAP ユニクロ オゾック エゴイスト セシルマクビー	ルイヴィトン シャネル グッチ	H&M ZARA	SHEIN COHINA
環境破壊	ブランドイメージ維持のため残品廃棄	過度の装飾、包装の廃棄 動物の毛皮の廃棄	大量生産、販売による残品廃棄	ブランドイメージ維持のため残品廃棄	過剰生産、過剰消費、過剰廃棄 短サイクル生産による過酷な労働	環境汚染
環境破壊対策	ブランド価値維持という正当性で対策なし	地球環境保護活動（自然環境保護，生物保護）	二次流通活発化	毛皮の使用を廃止するブランド続出	リサイクル活動 サプライチェーン取り組みの見直し 二酸化炭素排出ゼロを目標	直線型経済から循環型経済への転換 テクノロジーを活用したサステナブル

出所：筆者作成。

ョンを楽しむ時代だったため，このテイストのブランド開発は急増され，日本の百貨店やファッションビルでは，各ブランドショップの出店が相次で行われた。当時はハコショップといわれる10〜20坪くらいの箱形のショップが主流で，そのショップに立つ販売員は，ハウスマヌカンと呼ばれ，ブランドのイメージモデル的役割を果たしブームを起こした。

　このDCブランドビジネスの要は，ブランドの感性価値となるスタイルイメージを構築し維持していくことであった。つまり継続的にファッション雑誌掲載を行い，ハウスマヌカンをモデル的存在に位置づけて，少し背伸びをすれば手が届くといった距離感を作り上げることである。

　ただこのブランドの感性価値を重要視するために，当時の企業は，年2回の大型バーゲンでも処分しきれなかった残品を廃棄するという方法がとられていた。この残品廃棄は多くの環境汚染の原因となったと思われるが，ブランド価

298

第16章　SDGs に取り組むエシカルファッションのあり方

値の維持という正当性を持っていたため，現在の SDGs のようなことはまったく考えられていなかった。

1980〜1990年代の特徴

次に1980〜1990年代だが，1991年のバブル崩壊により，DC ブランドファッションとは相反するリーズナブル価格で落ち着いたスタイルが定着していった。しかしお金をかけないでファッションを楽しみたいと思う若者も多く存在し，当時の女子高校生たちによる新しいスタイルが誕生したのもこの頃である。彼らは「コギャル」と呼ばれ，茶髪，厚底ブーツ，ガングロメイク，ルーズソックスなどの日本独自の流行を生み出した。

このようなコギャルが社会現象となった一方で，大人たちはバブルがはじけた後は生活が一変した。生きるということに重きを置き，人々や動物を尊ぶ価値観が生まれた。そんな中ファッション業界では，過度の装飾，包装の廃棄，動物の毛皮の廃棄などに目が向けられ，地球環境保護活動（自然環境保護，生物保護）が行われるようになった。

そこで誕生したのが，エコロジーファッションである。地球環境保護を意識した物づくりを行い，消費者にその理由を丁寧に訴求していくことがブランド戦略の核になっていた。代表ブランドとなるのが，無印良品である。

本ブランドは，1980年西友ストアー（現：株式会社西友）のプライベートブランドとしてスタートし，40年以上にわたって商品の原点に立った実質本位のものづくりを続けている。「わけあって，安い」というキャッチコピーでデビューし，今も変わらず，「素材の選択」「工程の点検」「包装の簡略化」の３つの原則を基本としている。地球環境や生産者にも配慮した商品群は，現在では約7,500品目，店舗は日本を含む31の国・地域へと拡がっている[2]。

1990〜2000年代の特徴

1990〜2000年代のファッション業界では，SPA（Specialty store retailer of private label apparel：製造小売業）という革命的なビジネスモデルが誕生した。これはアパレルメーカー機能と小売業を一体化させ，自社のプライベートブラ

第Ⅲ部　経　済

ンドとして直接店舗展開する構造である。その代表ブランドがベーシックデザインを訴求する「GAP」「ユニクロ」であるが，適度な流行性を保ちながらリーズナブル価格で販売する国内ブランドも続々デビューしていった。特に「オゾック」「エゴイスト」「セシルマクビー」等のブランドは，若者の間で注目され一世風靡した。これらのブランドは，ショッピングセンターやファッションビルの出店ラッシュにともない，新業態として一気に店舗拡大を図った。

　このSPA業態は低価格販売を目指していたため，多店舗展開を前提とし，大量生産，大量販売のSCM（Supply Chain Management：サプライチェーンマネジメント）が行われた。この考え方はハイリスク，ハイリターンで，低原価で高利益を出せる仕組みだが，あくまでも消化率100％の場合に限る。商品企画そのものを失敗した場合は，自社で残品を背負わなければならない。

　したがって安定した売上げを確保するためには，短いリードタイムで生産するQR（Quick Response：すばやい反応）の取り組みが必須となる。つまり，店頭投入後の商品売れ行き動向を，日々POS（Point of Sale：ポイント・オブ・セールス）データで分析し，売れ筋商品の追加生産を素早く行うことである。しかし実際は，2週間以内に生産することは至難の業だったため，店頭販売での機会損失が生じ，販売タイミングを外した商品群は，不振商品となってしまうケースが出てきた。また売れ筋商品を追いかけるあまりに，他ブランドとの同質化が生じ，ブランドの個性が失われるケースも多々起きた。その結果，売れ行き不振商品の残品が増え，結局廃棄処分となってしまうという悪循環が生まれた。

2000〜2010年代の特徴

　2000〜2010年代は，SPAブランドの影響で市場は値頃ブランドとラグジュアリーブランドの2極化現象が起きた。そのため百貨店のボリュームゾーンに位置するブランド，つまり日本のアパレルメーカーが得意とする高品質中価格帯のブランド群が不振に陥ることになった。したがって，ステイタスと集客力の強さを誇っていた百貨店業態そのものも危機に直面したため，多くのアパレルメーカーは，「消化仕入れ」[3]という厳しい条件をクリアしていくメリットが

第16章　SDGsに取り組むエシカルファッションのあり方

なくなっていった。

　そこで，日本のアパレルメーカーやラグジュアリー企業は，自力で出店開発，人材育成のノウハウを習得するようになり，日本での戦略においては，百貨店だけに頼るのではなく，自らブランドイメージを強化訴求する戦略に注力していった。特にラグジュアリーブランドは路面店舗の出店拡大を行い，東京銀座では，シャネルビル，グッチビル等大型の高層ビルも立ち並んだ。

　ただ相変わらずブランドイメージ維持のための，残品廃棄は収まらなかったが，毛皮の使用を禁止するブランドが続出し動物保護に目を向けられた。これはファッションとテキスタイル関連企業32社が，2019年「ファッション協定」に署名し，コミットメントを表明したのが大きな要因である。ここでは，「地球温暖化の阻止」「生物多様性の復元」「海洋の保護」という３つの分野において，実践的な目標を協力して達成することを表明している。[4]

2010〜2020年代の特徴

　2010〜2020年代はファッション業界において変革の時期であった。そのため環境破壊に対しても，世界中に大きな打撃を与えることになった。

　特に最新トレンドで低価格を訴求した，外資系ファストファッションブランドが日本に上陸したことは，消費者のファッションを楽しむ価値観を大きく変えることになった。「ユニクロ」のデザインはベーシックなため，最新モードスタイルの「H&M」や「ZARA」は一躍注目されたが，その反面消費者は，低価格で流行を楽しむために，使い捨て感覚が生まれた。

　このファストファッションビジネスモデルは，世界規模で何千店舗といった数を持ち，大量生産，大量販売に加えて，最新モードスタイルを売りにしているため，短サイクル生産での「売り切りごめん」方式である。つまり２週間に１度新商品が店舗に投入されるため，顧客にとっては，高感度，低価格，高回転，高頻度となる。そのため過剰生産，過剰消費，過剰廃棄が起こるという悪循環が生まれた。さらにこの生産スピードに対応するため，工場では低賃金での過酷な労働が続き，ついには2013 年，バングラデシュで「ラナ・プラザ崩壊事故」が起きた。この事故後，実質的な SCM の崩壊となり，世界でサプラ[5]

301

第Ⅲ部　経　済

イチェーン取り組みの見直しが行われた。2017 年には，経済協力開発機構において，「衣類・履物セクターにおける責任あるサプライチェーンのためのデュー・デリジェンス・ガイダンス」が策定された。[6]

またファストファッションでは，コストを削減するために，天然素材ではなく化学繊維が多く使用される。「この化学繊維はポリエステルやナイロンといった繊維状のプラスチックから作られているため，水質汚染と健康被害が世界各地で報告されている。特に品質の低い化学繊維製の衣料品は，洗濯のたびに細かい繊維となって下水へと流れ込み，流失する繊維の量は毎年50万トンほどになる[7]」。このように，ファストファッションの登場はセンセーショナルであったが，企業も消費者も「つくる責任」「つかう責任」を果たせなくなっていったのである。

したがって，これらの問題解決に対して世界中が注目し，サプライチェーン取り組みの見直し，二酸化炭素排出ゼロを目標，リサイクル活動強化等といった改善策を次々と打ち出していった。

2020〜2023年の特徴

2020年から現在に至るまで，テクノロジーを活用したサステナブルビジネスモデルが数多く注目された。近年ではサステナブルに取り組む企業が増え，SDGs ありきの運営が定着している。

ファッション業界でテクノロジーが進化した背景には，コロナ禍による巣ごもり消費を機に，ファッション商品における消費者の買い物行動が，デジタル利用に大きく変容していったためである。したがって企業にとっては，EC（Electronic Commerce：電子商取引）とリアル店舗の融合バランスを考えるだけでなく，マーケティングやブランディングにおいても根底から戦略を見直さなければならない時代となった。つまり企画，生産，物流，販売に至るまでの全体の流通構造を改革することが求められているということである。DX（Digital Transformation：デジタル変革）によって，企業内外での流通プロセスを可視化していき，顧客ニーズに反映した感性価値を訴求していくイノベーションを起こしていかなければ生き残れないというのが現状である。

第16章 SDGsに取り組むエシカルファッションのあり方

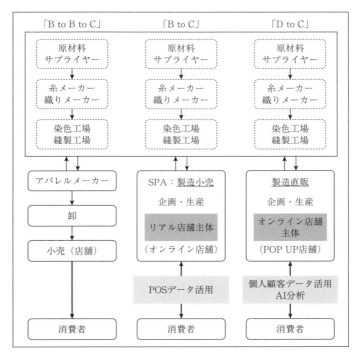

図16-1　「B to B to C」と「B to C」と「D to C」の流通過程の違い
出所：筆者作成。

　消費者の嗜好性を重視するファッション業界では、感性体験価値をつかみ取るパーソナルブランディングが重要である。そのため「マス」ではなく「個」の顧客データが入手できるEC販売を充実させ、顧客ニーズにマッチした商品企画ができるという仕組みが求められる。そこで注目されたのが、D to C（Direct to Customer：製造直販）である。図16-1は「B to B to C」と「B to C」と「D to C」の流通過程の違いを示したものである。
　「D to C」とはデジタル主体のEC販売で、AI（Artificial Intelligence：人工知能）を導入して市場分析、顧客分析、商品売れ行き分析等を行い、購買率を高めた、無駄のない生産を行うことができる仕組みである。
　このテクノロジーを活用したサステナブルビジネスモデルの代表例となるのが、中国のブランド「SHEIN」（2012年設立）である。本ブランドは、「SHEIN

第Ⅲ部　経　　済

のミッションは，業界のリーダーとしてファッションを新しい時代へ導くこと
です。私たちは，最先端の技術とプロセスを駆使したデザインと商品調達を行
い，消費者の需要を常に把握し生産のタイミングと量を最適化することで，商
品を世界中のお客様のもとへ迅速にお届けしています。独自の物流システム
とeコマース技術を開発することで，ファッション業界に革新をもたらし，
メーカー，サプライヤー，そしてお客様にご満足頂けるように活動していま
す」。[8]

　現在の世界の従業員は，1万人で150カ国以上に展開している（SHEIN公式
サイトより）。未上場企業であるため売上高は公開していないが，2021年の売上
高は，200億ドル（約2兆4,000億円）と推定されている。日本のブランド「ユニ
クロ」を展開するファーストリテイリングは，2兆2,500億円（22年8月期見通
し），アメリカの「GAP」は，1兆9,278億円（22年1月期）である。その他ス
ペインのブランド「ZARA」を展開するインディテックスでは，3兆5,659億
円（22年1月期），スウェーデンのブランド「H&M」は2兆4,341億円（21年11
月期）である。[9]これらの錚々たるブランドと比較しても「SHEIN」は驚異的な
スピードで成長を遂げている。

　ここで，他ブランドと大きく異なる要因は，無店舗で最先端のテクノロジー
を駆使し，無駄のない生産を行っているということである。高感度，低価格，
大量生産，大量販売を行っているファストファッションだが，「SHEIN」では
最初に小ロットでテスト販売を行い，AIでの市場リサーチ，顧客のヒヤリン
グ，インフルエンサーとの連携を図っていることが特徴的である。低価格で消
化率の高い商品企画と短サイクルを維持するこの仕組みは，新たなサステナブ
ルビジネスモデルといえる。また「Our products Our planet（私たちの製品，
私たちの地球）」をスローガンに，持続可能な方法や素材を採用することで，地
球を美しく保つための役割も果たしている。

　以上のように1970年代から現代に至るまでの変遷をまとめると，1970年代の
バブル全盛期を機に環境破壊は始まり，2000年代のファストファッションの登
場でピークを迎えたといえる。このファストファッションビジネスモデルは，
世界的に大きなイノベーションとなったが，その反面環境への大きな打撃にも

第16章　SDGs に取り組むエシカルファッションのあり方

なったため，これを機にファッション業界では，SDGs への取り組みが本格化
されてきたといえる。

2　エシカルファッションの推進

ファッション業界における環境汚染の根本の原因は，先述した「つくる責
任」「つかう責任」にあるといえる。低価格で流行を楽しむ感性体験価値が生
まれた現代では，「服は使い捨てるもの」という概念が根付いている。
「D to C」という新たなサステナブルビジネスモデルが誕生したといっても，
事例に上げた「SHEIN」ブランドは，低価格で流行を楽しむ傾向には変わり
がない。したがって消費者の使い捨て感覚は継続され，企業側も衣服の頻繁な
買い替えと廃棄を促すものになってしまい，根本的な解決がなされていないの
が現状である。

環境汚染の原因と取り組み

国際連合では，ファッション業界は世界で2番目に汚染度の高い業界である
と述べている。また環境汚染の原因を以下のようにまとめている。

- ・ジーンズを一本作るのに，約7,500リットルの水が必要（これは平均的な
  人が7年間に飲む水の量に相当）で，約930億立方メートルの水（500万人の
  ニーズを満たすのに十分な量）がファッション業界で毎年使用
- ・毎年約50万トンのマイクロファイバー（石油300万バレルに相当）が使用さ
  れており，海に投棄
- ・世界の温室効果ガス排出量の増加（特に製造業が集中しているアジア）で，
  このままでは2030年までにほぼ50％増加すると予測
- ・マイクロプラスチック危機の一因となる合成繊維
- ・ファストファッションのビジネスモデル（過剰生産，過剰消費）

これらの原因に対して，国連環境会議に参加していたインフルエンサーは，

305

第Ⅲ部　経　済

「ファッションを本当に持続可能なものにする唯一の方法は使い捨て文化を終わらせること[10]」と主張している。

　このような環境汚染の諸悪の根源となったファストファッションブランド各社は，様々な具体策を講じている。例えば「ユニクロ」では，「ジーンズを，地球品質へ」というコンセプトで，水の使用量を最大99％削減（仕上げ加工時）した「BLUE CYCLE JEANS」を開発した（2018年）。これは「クオリティはそのままに，ティーカップ約1杯のわずかな水でジーンズを仕上げるというもので，レーザーマシーンでデニムの風合いを出す。今までの手作業を劇的に軽減し，工場で働く人の負担を減らした[11]」というものである。当社はこのジーンズだけでなく，ペットボトルの利用等のサステナブルな服づくり開発を手がけており，SDGsへの取り組みは26もの項目を掲げて精力的に活動を実施している。すべてが解決できたわけではないが，ファストファッションブランド各社が前向きに努力していることは確かである。

改善策は価値共創と循環

　以上の原因と取り組みを踏まえて，ファッション業界では，エシカルファッションに注力している。エシカル（ethical）とは，英語（ethic）の形容詞であり，基本的には「論理的な・道徳的な・道徳的に正しい」という意味の単語である。また「環境や社会との前向きな関わり方の意識に関する概念であり，その点において，サステナブル／サステナビリティと相通ずる[12]」という考え方である。

　そこでエシカルファッションを推進する最も重要な考え方は，「価値共創と循環」である。価値共創とは，製品が作られてから廃棄されるまでに関わる，すべての企業と消費者が一体となってSDGsに取り組むことである。つまりすべてのステークホルダーが，サステナブルファッションの意味とその重要性の価値を共感し共に創り上げていくことである。

　環境省がまとめた「ファッションと環境へのアクション"明日から私たちが取り組めるアクション"」では，消費者と企業が同じ目的で価値を共創し，どのように取り組んだらよいかを具体的に示している。表16-2はその内容を一

306

第16章　SDGsに取り組むエシカルファッションのあり方

表16-2　ファッションと環境へのアクション

CONCUMER（消費者）	COMPANY（企業）
①１着との長いお付き合いを	①長く着られる丁寧な服作り
②手を加えて愛着倍増へ	②リペアで新たな価値作り
③服をシェアして楽しもう	③新たな服と出会える選択肢の拡大
④セカンドハンド（古着）で何度でも楽しもう	④リユース市場の活性化
⑤本当に必要か見極めよう	⑤適正な在庫管理
⑥長く着られる品質を選ぼう	⑥短サイクル化の見直し
⑦その服の物語に目を向けよう	⑦トレーサビリティの確保
⑧"再生原料"との素敵な出会いを	⑧アップサイクルへの挑戦
⑨古着を店舗に持ち込もう	⑨店頭回収の推進
⑩古着を資源として回収に出そう	⑩服から服をつくる循環構築

出所：SUSTAINABLE FASHION（環境省）を参考に筆者作成。[13]

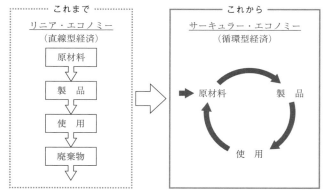

図16-2　リニア・エコノミーからサーキュラー・エコノミーへの転換
出所：経済産業省　製造産業局生活製品課（2021年7月）「繊維産業のサステナビリティに関する検討会　報告書」9頁。

覧表にまとめたものである。ここでは消費者と企業に，それぞれ10項目のアクションを取り上げ，消費者ができることに対して，企業が応えなければならないことを対比して示している。この考え方は「つくる責任」「つかう責任」に値し，「価値共創と循環」に対する具体的な提案だといえる。

次に「価値共創と循環」の循環とは，「ひとめぐりして，もとへ戻ることを繰り返すこと[14]」である。経済産業省では，「これまで製品は消費者による使用後に廃棄されることが多く，大量生産・大量消費を前提としたリニア・エコノ

第Ⅲ部　経　済

ミー（直線型経済）であった。一方，これからは資源を循環させることにより，製品と資源の価値を可能な限り長く保全・維持し，廃棄される量を最小化するサーキュラー・エコノミー（循環型経済）にしていくことが求められている」[15]と述べている。図16-2はリニア・エコノミーからサーキュラー・エコノミーへの転換を示した図である。

　この循環型を実施する大きな要因は，衣料品の回収である。リユース・リサイクルの取り組みをするには，店頭回収が一番処理しやすい方法であるため，顧客に割引クーポンを発行するなどの来店動機を促しながら，店舗で回収していく企業が増えてきた。その他，古着店に買い取ってもらう方法，メルカリなど消費者同士で売買する方法等が挙げられる。

　これらの回収物は，まだ着用できるものとできないものに分別され，着用できるものはリユースに出される。一方着用できないものは，リサイクルに出され，素材やパーツごとに分けられ原材料に再生される。

　近年では，循環型をコンセプトにしたブランドもデビューしている。株式会社良品計画では，無印良品のリサイクル・リユースを自社で取り組んでおり，「Re MUJI（リムジ）」というブランドを立ち上げている。当社の取り組みは，繊維製品のリユース・リサイクル，プラスチックボトルのリサイクル，保冷材のリサイクルが主な内容である。その中の繊維製品のリユース・リサイクルで，「回収した繊維製品は選別し，衣服は洗浄や染め直し，リメイクなどで新たな価値ある商品に再生し，「Re MUJI」として一部店舗で販売」[16]している。

　また服から服をつくるといった，サーキュラー・エコノミーへの取り組みを実施している「BRING（ブリング）」というブランドがある。このブランドは“地球を，着回せ”というコンセプトで「様々なブランドと一緒に使わなくなった服の回収を行い，自社工場の独自の技術で服の原料に再生し，再び服にまで何度も循環させるサーキュラー・エコノミーを社会に実装している」[17]という考え方である。「BRING」は，世界の衣服ロス問題を解決する世界的ビジネスとして高く評価され，2020年度グッドデザイン金賞に選ばれたこともあり，現在注目されている。

　以上のように「価値共創と循環」の考え方は，流通過程での個々の企業が行

308

第16章　SDGsに取り組むエシカルファッションのあり方

う部分的な対応だけでなく，一つの企業が統合的に，循環型ビジネスの仕組み
づくりを行うという方向に発展していることが伺える。「Re MUJI」や
「BRING」のように，ブランドコンセプトそのものにSDGsの意味を概念化さ
せ，その価値を商品一つひとつに意味移転させていくことが，ステークホル
ダーと一緒に構築していく重要なプロセスといえる。

3　ネクストエシカルファッション

　外務省が打ち出した「誰一人取り残さない（leave no one behind）」という持
続可能な開発目標（Sustainable Development Goals：SDGs）は，いまや世界的に
浸透している。この進化の要因には，人々が潜在的に求めているマインドにフ
ィットするものがあるからだと思われる。SDGsの本源には，人間の温もり，
やさしさを大切にする思想があり，多くの人々がそれに共感しているからこそ
実現しているのだと考える。

　ファッションビジネスにおいてもその思想は重視すべきことであり，ネクス
トエシカルファッションを考える場合は，以下のようなポイントが次へのステ
ップとなる。

① 　ファッションは社会と文化に貢献する事業として捉える

　　ファッションは楽しむことであり芸術でもある。ただ単に洋服を売った
り買ったりという「もの」発想の考え方から脱却し，人々の喜びや感動を
味わう文化として捉えることが重要である。したがって環境や社会との関
わりを大切にするエシカルファッションの考え方は，人々に豊かな心を与
えることができるビジネスであるといえる。

② 　サステナブルなファッション消費生活者

　　エシカルファッションの意味に共感できる消費者の意識改革が重要であ
る。ここでいうサステナブルなファッション消費生活者とは，単にものを
消費する人を指すのではなく，サステナブル商品を購入する際に，その商
品の意味に共感し，購入後も大切に使用し生活していく人をいう。ファッ

309

第Ⅲ部　経　済

ション生活とは自己の生き様そのものを投影しているため，このような消費生活者が育っていくことは知的消費者が増えていくという考え方になる。

③　エコとエシカルな生産背景を構築

　ファッション企業は，環境汚染問題と人道侵害問題に対応した仕組みづくりを構築していくことである。製造プロセスで排出される CO_2 の削減，廃棄する生地の削減，使用する水量の削減等々，それぞれの流通行程の各段階で環境に影響を与えている問題を一つひとつ解決していくノウハウを確立している企業が，今後求められるファッション企業である。

④　AI を駆使したエシカル産業革命を構築

　少ない資源と人材で製品づくりを行うために，AI を駆使したサプライチェーンの仕組みを考える。そのためには，「個」の顧客にパーソナルに対応していき，的確にニーズを把握して，購買率の高い商品企画を実施していくことが求められる。デジタル時代に沿ったテクノロジーの開発を実行できる企業が次世代のマーケット開拓につながっていく。

　以上，ファッションビジネスにおけるネクストエシカルファッションとは，「価値共創と循環」であり，すべてのステークホルダーが同じ目標で作り上げることである。これは外務省の「誰一人取り残さない」という考え方と相通ずるものである。

注

(1)　United Natipns UN News「ファッション産業が環境に与える影響」（https://news.un.org/en/story/2019/03/1035161）（2023年2月10日閲覧）。

(2)　株式会社良品計画「ものづくりの基本となる考え方（3つのわけ）」（https://www.ryohin-keikaku.jp/about-muji/principles/）（2023年2月10日閲覧）。

(3)　「消化仕入れ」は，「売上仕入れ」とも呼ばれる仕入れの取引形態であり，百貨店の店頭において商品が顧客に売れた時点ではじめて，百貨店側がその商品を仕入れたことと見なし，その売上高の一定割合を仕入れ代金として取引先側に支払うというもの（https://j-net21.smrj.go.jp/qa/development/Q0926.html）（2023年2月10日閲覧）を参考。

(4)　WWD「ファッション協定（FASHION PACT）」（https://www.wwdjapan.com/

第16章　SDGsに取り組むエシカルファッションのあり方

sustainability_tag/fashion-pact）（2023年2月12日閲覧）を参考。

(5)　ラナ・プラザ崩落事故とは，2013年4月24日にバングラデシュの首都ダッカから
北西約20kmにあるシャバールで，8階建ての商業ビル「ラナ・プラザ」が崩落し
た事故を指す。ラナ・プラザには，27のファッションブランドの縫製工場が入って
おり，この事故で多くの工員が犠牲になった。事故の原因は，ずさんな安全管理で
ある。以前から耐震性を無視した違法な増築を繰り返しており，事故の前日にも建
物に入ったひび割れが発見されたが，建物の所有者は安全のための警告を無視。労
働者たちは「翌日まで帰宅するな」と命じられ，避難することもできず，朝のラッ
シュアワーの間にビルが倒壊した。
　　IDEAS FOR GOOD「ラナ・プラザ崩壊事故とは・意味」（https://ideasforgood.
jp/glossary/rana-plaza-collapse/）（2023年2月11日閲覧）を参考。

(6)　経済産業省製造産業局生活製品課（2021）「繊維産業のサステナビリティに関す
る検討会　報告書」13頁（https://www.meti.go.jp/shingikai/mono_info_service/
textile_industry/pdf/20210712_1.pdf）（2023年2月10日閲覧）より引用。

(7)　SMART PEOPLE「ファストファッションが招く環境問題——水質汚染と健康
被害の解決策とは」（https://smartpeople.jp/column/apparel-environment/）（2023
年2月10日閲覧）を参考。

(8)　SHEIN公式サイト「技術イノベーションの促進」（https://jp.shein.com/About-
Us-a-117.html）（2023年12月13日閲覧）より引用。

(9)　WWD「売上高はユニクロ超え⁉ SHEINに迫る」売上げ数字は本サイト
（https://www.wwdjapan.com/articles/1423674）（2023年2月10日閲覧）より引用。

(10)　United Nations UN News「少ないほうがいいですね」（https://news.un.org/en/
story/2019/03/1035161）（2023年2月11日閲覧）を参考。

(11)　ユニクロ公式サイト「BLUE CYCLE JEANS　ジーンズを地球品質へ」（https://
www.uniqlo.com/jp/ja/contents/sustainability/planet/products/bluecyclejeans/）
（2023年2月11日閲覧）を参考。

(12)　Weblio辞書「エシカル」（https://www.weblio.jp/content/）（2023年2月11日閲
覧）より引用。

(13)　環境省「SUSTAINABLE FASHION」（https://www.env.go.jp/policy/sustainable
_fashion/）（2023年2月12日閲覧）を参考。

(14)　Weblio辞書「循環」（https://www.weblio.jp/content/）（2023年2月11日閲覧）
より引用。

(15)　経済産業省製造産業局生活製品課（2021）「繊維産業のサステナビリティに関す
る検討会　報告書」9頁（https://www.meti.go.jp/shingikai/mono_info_service/
textile_industry/pdf/20210712_1.pdf）（2023年2月12日閲覧）より引用。

(16)　株式会社良品計画公式サイト「サステナビリティ」（https://www.ryohin-

第Ⅲ部　経　済

keikaku.jp/sustainability/activities/recycle/）（2023年2月12日閲覧）より参考。

⑰　BRING 公式サイト「服から服をつくる ®」（https://bring.org）（2023年2月12日
　閲覧）より引用。

⑱　外務省　JAPAN SDGs Action Platform「SDGs とは？」（https://www.mofa.go.jp/
　mofaj/gaiko/oda/sdgs/index.html）（2023年2月12日閲覧）より引用。

参考文献

角間実（2021）『顧客をつかんで離さない D2C の教科書』フォレスト出版。

亀田重幸・進藤圭（2020）『いちばんやさしい DX の教本』インプレス。

国際連合広報センター公式サイト「ニュースプレス」（2019年4月30日）。「国連，ファッションの流行を追うことの環境コストを『見える化』する活動を開始」（https://www.unic.or.jp/news_press/features_backgrounders/32952/）（2023年1月30日閲覧）。

『繊研新聞』デジタル版（2021年11月18日）「天然繊維循環国際協会が発足　自治体と組み分別・回収し街の緑化へ」（https://senken.co.jp/posts/nico-211118）（2023年1月30日閲覧）。

平井秀樹（2016）「『SPA』論に関する一考察──『流行論』を基軸として」『経済科学論究』13，25-36頁。

山本ひとみ（2018）「ファッション美学のエモーショナル体験価値評価に関する一考察──快適的体験価値と快楽的体験価値の評価を中心にして」『日本感性工学会論文誌』17(1)，159-167頁。

山本ひとみ（2019）「パーソナルスタイリストのエモーショナル体験アプローチ──マダムのファッション生活分析から考察する AI と人間との役割」『神戸国際大学紀要』，98，27-42頁。

横山隆治・橋本直久・長島幸司（2022）『顧客起点のマーケティング DX』宣伝会議。

FASHION BIZ NAVI「ファッションビジネス史」（http://www.fashionbiznavi.org/history/fbHistory/）（2023年1月30日閲覧）。

ifa 未来研究所「激動の平成ファッションビジネス史と次代の展望（前編）卸ビジネスから小売ビジネスへのシフトが鮮明になった平成前期」（https://www.ifs.co.jp/blog/fashion20181001）（2023年1月30日閲覧）。

WWD「専門家も二分──毛皮と人工ファーはどちらがサステイナブルか？　どちらも課題は山積み」（https://www.wwdjapan.com/articles/736915）（2023年1月30日閲覧）。

あ と が き

　地球誕生から現在までの歴史を振り返ってみれば，様々な偶然や突然変異によって自然の「持続可能な」秩序が生じたように，SDGs における「持続可能性」への配慮においても，「保存すべきもの」と「変化すべきもの」という両要素への眼差しを忘れてはならないであろう。

　SDGs においては持続可能な社会が主要テーマとなっているが，そうした社会の実現においては，「変化」すべき価値と「保存」すべき価値とを見極めながら，何が未来世代のために「保存」するに値し，何が「変化」すべき価値なのかを，地域や企業を含め様々な分野での取り組みを踏まえつつ領域横断的に考察し，共有可能な規範の根拠となる価値観を解明することが肝要となる。

　現代では，ビジネスのグローバル化や異業種参入など多角化経営戦略が必須となるなか，企業が競争優位性を持続的に確保することが難しくなってきている。また，ライフスタイルの多様化や，モノやサービスが溢れる状況において，自然や社会の規範形成にとって不可欠な共通の価値を見いだしていくことが難しくなっているが，それだけ一層そうした価値を発見することの重要性が高まっている。現代におけるグローバル化の一つの特徴は，モノやヒト，お金やイメージなどが，ナショナルな領域を越えて，それぞれが相互依存しながらも，ばらばらの方向にばらばらのスピードで移動するという様相にある。そのなかで多くの産業においては，国境を越えた連携や共創がますます加速化しており，「多様性」や「包摂性」という価値が持続可能な社会の道標となっているといえよう。

　一般に，私たちは生きていくうえで様々な価値観や関心をもっており，こうしたものが個人の生き方や社会の発展の方向を定め，基礎づけるものとなっている。価値観や目標といったものは，個人や社会が何を優先し，どんな生き方や発展を選ぶのかを決める上で重要なものであり，そしてそれらはまた，個人

313

や社会の交流を通して刷新されていくものでもあろう。

　この本の内容は，2021年度に開始した神戸国際大学経済文化研究所プロジェクト XXV「SDGs 研究」のメンバーによる研究や議論に基づいている。合計8回行われた研究会では，SDGs の諸目標を議論のテーマにし，産官学からのメンバーが多様な視点から自らの専門とするテーマについて発表し，インスピレーションの交わりを通して思いがけない発見や共創を連続的に創出することが目指された。SDGs の諸目標や課題は複雑多岐にわたっているため，それらの成果を本書ですべて包括しつつ十分に体系化することは不可能であったが，この本が SDGs の課題にどれだけこたえているかについては，読者の方々の評価にゆだねることにしたい。

　最後に，神戸国際大学経済文化研究所プロジェクト XXV の研究成果をこのような形で世に出すことができたのは，ミネルヴァ書房編集部の杉田信啓氏や，神戸国際大学経済文化研究所のスタッフによる多岐にわたる支援のおかげである。執筆者を代表して，心より御礼申し上げたい。

　　2024年1月10日

　　　　　　　　　　　　　　　　　　　神戸国際大学　浅野貴彦

人名索引

あ 行

青木浩行　206
足利義詮　11
アナン，K. A.　126
安倍晋三　166, 202
天之御中主神　9
アリストテレス　92
石牟礼道子　163
一休宗純　12
伊藤悠子　163
今井宗久　13
イリイチ，I.　123
ウィルソン，E. O.　70
梅原猛　6, 8
栄西　10
永忠　10
正親町天皇　13
大友宗麟　13
織田信長　10, 16
オライリー，C. A.　287

か 行

カーソン，R.　26, 87, 123, 155
勝俣恒久　207
加藤尚武　45, 59
神産巣日神　9
カリス，G.　8
北向道陳　13
熊倉功夫　11
クルム，M.　5
ケネディ，J. F.　87
ゴーン，C.　204
古嶽宗旦　12
小木貞孝　93
古渓宗陳　19

さ 行

最澄　93

嵯峨天皇　10
佐々木道誉　11
シューマッハー，E. F.　7, 8
シュルツ，P. W.　265
世阿弥　9
セン，A.　110, 126
千阿弥　13
千宗易　12-14, 19
千利休　3, 4, 9, 10, 12-22

た 行

高橋哲哉　165
高御産巣日神　9
武野紹鷗　12, 16, 17
橘俊綱　9
タッシュマン，M. L.　287
田中正造　159
田中与四郎　12
田村滋美　197
千村正　198
辻玄哉　12
津田宗及　13
テイラー，J.　156
ティルマン，D.　62
デカルト，R.　6
トゥーンベリ，G.　155
豊田知八　168
豊臣秀長　13
豊臣秀吉　10, 13-16

な 行

永野三智　163
西田幾太郎　165

は 行

ハイデッガー，M.　6
ハク，M.　111
久松真一　19
ピンショー，G.　47

315

藤原家隆　17
藤原定家　12, 17
ブトロス＝ガリ，B.　125
プリチャード，T.　25
ベーコン，F.　6
ベック，U.　101
ポーター，M.　282
ポールソン，S.　8
穂積克宏　202

　　　　　　ま　行

マーチ，J. G.　286
松井冨士夫　196
松尾芭蕉　9
松沢成文　202
ミース・ファン・デル・ローエ，L.　8
南方熊楠　149
ミューア，J.　47

明恵上人　11
村田珠光　12, 17
元良親王　11
森下誠　164

　　　　　　や　行

柳田國男　150, 170
山中俊治　197
山上宗二　19
横井恵子　208
吉田兼好　11

　　　　　ら・わ　行

陸羽　10
ロア，S.　206
ロックストローム，J.　ii, 5
和辻哲郎　157

事 項 索 引

あ 行

愛知目標／愛知ターゲット（生態系保全目標）
　51, 71
アイトワ　80
空店舗活用　181
アジェンダ　101
アジェンダ21→21世紀に向けて人類が取り組む
　べき課題
足尾鉱毒事件　159
新しい資本主義　74
安土桃山文化　15
アブラヤシ　76
アフリカ　227, 228, 230, 231
アベコベガエル　7
アベノミクス　235
アポロ8号　83
アメリカ　228-230
安全保障の今日的課題　127
アンブレラ種（傘種）　65
暗黙知　283
『生きている地球レポート』　67
生きる理念　82
一畳台目　16
一夫一婦制　234
遺伝資源の利用から生じた利益の公正で衡平な
　配分（ABS）　71
遺伝的多様性　61
伊藤忠ファッションシステム　88
イノベーション　176, 304
　　──拠点　181
移民　227, 228
インド　228, 231
ウーロン茶　10
ウェディングケーキモデル　ii, 37, 74
売り切りごめん方式　301
詠哥大概　12
エージェンシー　109
エコヴィレッジ　80

エコウォーカー　183
エコツーリズム推進法　139
エコライフガーデン　79
エコロジーファッション　299
エコロジカル・フットプリント　5-7
エシカル産業革命　310
エシカル消費　141
エシカルファッション　306
江戸時代　225
黄金の茶室　14
欧州環境庁　220
応用倫理学　45
オーガニックビレッジ宣言　177
オルタナティブを希求　89
温室効果ガス　305
御茶湯御政道　13, 15
オンライン診療　251

か 行

カーボン・オフセット　141
開発援助　107
開発と環境　125
海洋汚染等防止法　56, 58
科学的根拠に基づく目標→SBT
各取組みの連携　184
確認的因子分析　271
かけがえのない地球（ONLY ONE EARTH）
　28, 123
価値　258, 313
　　──共創と循環　307
　　──のものさし　133
活用　286
桂川（保津川）　173
亀岡　168
　　──市の環境対策　185
かめおか霧の芸術祭　175
環境アセスメント　56
環境意識の醸成　183
環境基本計画　44

環境基本法 43, 52
環境教育 28
　　──政府間会議（トビリシ会議）29
環境省 43
　　──設置法 43
環境政策 43
環境大臣 56
環境と開発に関する国連会議（地球サミット）
　　33, 51, 121
環境と開発に関する世界委員会（WCED：ブ
　　ルントラント委員会）50, 112
環境と開発に関するリオ宣言 33
環境と社会──持続可能性に向けた教育とパブ
　　リック・アウェアネス国際会議（テサロニ
　　キ会議）33
環境配慮行動 262
環境保全 44
観光価値 133
観光公害→Over tourism
観光地 175
観光マネジメント 143
韓国 228, 231
完新世 5
還流 174
キーストーン種（要種）65
機械論的自然観 6
規格外品 289
企業社会 88
企業の社会的責任（CSR）54, 281
気候関連財務情報開示タスクフォース→TCFD
気候変動 5, 44
犠牲のシステム 165
北山文化 11
『喫茶養生記』10
基盤サービス 70
ギブアンドテイク 291, 293
規模の利益 233
急速充電 193
教育 106
共感 292
供給サービス 69
共創価値 136
　　──の創造→CSV
協働 184, 282, 294

京都観光行動基準（京都観光モラル）145
恐怖からの自由（戦争，暴力的抑圧からの自
　　由）128
公家文化 11
グリーンウォッシュ 74
グリーン経済 54
グレート・アクセラレーション i
グローバリゼーション 8
グローバル・ガバナンス 100
グローバル・コモン（人類の共通財）124
『グローバル森林資源アセスメント2020年版』
　　68
黒茶碗 15
黒楽茶碗 18
経験価値 135
経済価値 282
経済圏→Economy
経済成長 219
経済的利得 265
ゲートウェイ 176
欠乏からの自由（貧困や飢餓，福祉の欠如から
　　の自由）128, 129
健康 106, 239
原発事故 167
恋人の聖地 158
公害教育 26
公害対策基本法 51
高山寺 11
合祀令 149
構造方程式モデル（SEM）274
幸福論 169
高齢化（率）222-224
高齢者（数）223, 230
コギャル 299
国際環境教育ワークショップ（ベオグラード会
　　議）29
国際自然保護連合（IUCN）25
国際連合人口部 227
国連 112
　　──安全保障理事会 119
　　──環境開発会議 61
　　──環境計画（UNEP）123
　　──国際法委員会 127
　　──世界観光機関（UNWTO）140

事項索引

——知識発展（知的蓄積）史　120
——人間環境会議（ストックホルム会議）
　50, 123
——の知的発展の貢献　119
——ミレニアム・サミット　35
——ミレニアム宣言　35
『古事記』　9
子育て　179, 234, 235
国家電網　212
子どもの数　223
子どもファースト宣言　178
コミット　293
コミュニティ　180
コロナウイルス　4
コンサベーション・インターナショナル　67
昆明・モントリオール生物多様性枠組（2030年
　ターゲットと2050年ゴール）　51, 72

さ　行

サーキュラー・エコノミー（循環型経済）　308
サービス産業化　174
『作庭記』　9
サステナビリティ　281
サステナブル　309
——ツーリズム　140
——ビジネスモデル　304
里山資本主義　220
サプライズ価値　133
サプライチェーンマネジメント→SCM
産業クラスター　286
サンゴ礁　69
三畳台目　16
シアーズローバック社　82
四規七則（利休七則）　19
事業者参画型　184
自己肯定感　265
自己実現　82
自社製品　285, 286
自然　9, 17-19, 21, 173, 179
——環境　173, 179
——環境型生活　83
——環境の適正な保全を総合的に推進する自
　然環境保全法　27, 51

——関連財務情報開示タスクフォース
　→TNFD
——資源　44, 49, 175
——支配の理念　6
——中心主義（的）　46, 48
——の価値　45
——の恵み　69
——のもたらすもの（NCP）　71
——を活用した解決策（NbS）　72
持続可能（性）　177, 219, 222, 225, 226, 232, 313
——な開発　32, 50, 100
——な開発に関する世界首脳会議（ヨハネス
　ブルグサミット）　34
——な開発のための2030アジェンダ　i
——な開発のための教育→ESD
——な開発目標→SDGs
——な世界　21
市中の山居　17
四方良し　85
市民参加型　183
社会価値　282
社会規範　264
社会圏→Society
ジャパンチャージネットワーク（JCN）　205
自由　112
17のゴール　i
終末時計　3
主観的規範意識　262
種多様性　61
手段的な価値　46
出生率　222
循環型経済→サーキュラー・エコノミー
巡礼　157
書院　11
——台子　11
——造り　11
消化仕入れ　300
少子化（対策）　220, 222, 224, 225, 232, 234, 235
少子高齢化　224
冗長性　62
商品開発　181
情報技術→IT
情報通信技術→ICT
情報発信　185

319

縄文時代　226
小ロット　304
ジレンマ　48
人権　110, 234, 235
人工知能→AI
人新世　5
人生オーナス　7
人道侵害問題　310
真の生物多様性　64
人類共有の未来　124
人類の知的発展の磁場　119
人類の中核的価値　125
スタジアム周辺　176
ステークホルダー　306
ストックホルム会議→国連人間環境会議
ストックホルム宣言　124
素早い対応→QR
スマート農業　183
住友商事　204
制裁可能性　263
生産性　233
脆弱性　105
生成の原理　9
製造小売業→SPA
製造直販→D to C
生態系　104
　　──機能　62
　　──サービス　69
　　──多様性　61
「成長の限界」　50, 124
生の保障　110
生物圏→Biosphere
生物多様性　44, 61
　　──及び生態系サービスに関する政府間科学
　　－政策プラットフォーム（IPBES）　71
　　──国家戦略　72
　　──条約第15回締約国会議（COP15）　51
　　──条約第10回締約国会議（COP10）　50, 71
　　──地域戦略　72
　　──の喪失　5
　　──ホットスポット　68
　　──条約（生物の多様性に関する条約）　61
清豊　81
『世界環境保全戦略』　33

世界観光倫理憲章　140
世界に誇れる環境先進都市　177
世界リスク社会　102
責任ある旅行者　140
接触式　191
ゼロコロナ政策　228
禅　12
繊維部門の大転換　86
潜在能力　99
『千利休由緒書』　15
相互扶助　94
創造性　178
尊厳　110

た　行

タイアップの新興　182
『太平記』　11
太陽の恵み　83
第4時代　86
多数幻想の実体化現象　86
脱成長　8
多様性　239, 313
　　──の差異　87
誰一人取り残さない（Leave no behind）　i, 3,
　　6, 105
探索　286
　　──的因子分析　271
団茶　10
地域　243
　　──経済の活性化　182
　　──資産─価値評価モデル　136
　　──独自のブランド認定基準　182
　　──の宝　131
　　──マネジメント　144
地域ブランド　134
　　──資産　135
　　──戦略　135
小さく成長する　22
小さな巨人　93
地球温暖化対策　189
地球サミット→環境と開発に関する国連会議
地球システム　5
地球に優しい　91
　　──旅人宣言　145

事項索引

地球の限界　5
地球の生物生産力（バイオキャパシティ）　6
「地球の隣人」報告　125
地産地消　174
窒素とリンの循環不全　220, 222
知的消費者　310
地方創生　99
チャ　10
チャイルド・ペナルティ　230, 231
『茶経』　10
着地型観光　132
茶寄合　11
『茶話指月集』　15
中国　228, 231
中小企業　282
中年　230
長寿化　222, 223
調整サービス　70
直線型経済→リニア・エコノミー
『沈黙の春』　26
強い産業構造　180
『徒然草』　11
ディーゼル車排気ガス不正　211
テサロニキ会議→環境と社会──持続可能性に
　　向けた教育とパブリック・アウェアネス国
　　際会議
テサロニキ宣言　33
デジタル・トランスフォーメーション→DX
デジタル変革→DX
テスラ社　206
デフレ　233
デュー・デリジェンス・ガイダンス　302
田園　173
電子商取引→EC
電磁誘導式　191
転入超過　174
電力線搬送通信（PLC）　209
東京都心23区　229, 231
闘茶　11
洞爺湖キャラバン　203
洞爺湖サミット　199
トビリシ会議→環境教育政府間会議
トビリシ勧告　29
トレードオフ　55, 58, 70

な　行

内在的な価値　46
鉈鞘籠花入　18
『南方録』　12, 13, 16, 17, 19
南北朝時代　11
21世紀に向けて人類が取り組むべき課題（アジ
　　ェンダ21）　33, 122
二畳台目　16
ニッケル水素電池　190
日産自動車　204
日産ハイパーミニ　192
日産リーフ　204
日本環境教育学会　81
『日本後紀』　10
日本版持続可能な観光ガイドライン（JSTS-D）
　　148
日本文化　11
ニューツーリズム　139
乳幼児数　223, 227, 229
人間開発（計画）　120, 125
人間環境会議（ストックホルム会議）　28
人間環境宣言　28, 123
人間中心主義（的）　46, 48
人間の安全保障　110, 120, 126
ネイチャーポジティブ（自然再興）　51
熱帯雨林　69
農業コミュニティ　182
農の魅力　179
濃霧　173

は　行

排除　109
ハウスマヌカン　298
ハコショップ　298
バサラ　11
柱仮説→掘建て小屋の比喩
ハセテック　198
バブル全盛期時代　297
バブル崩壊　299
パラオ・プレッジ（誓約）　147
パラダイム　22
　──転換　6
バリューチェーン　285, 286, 293

321

パワーシェアリング　216
反公害運動　123
反コスト意識　263
ピークロードプライシング　137
東山御物　13
東山文化　11
飛行機の比喩（リベット仮説）　67
非茶　11
百人一首　11
169のターゲット　i
貧困　101, 239
ピンチをチャンスに　178
ファッションからムーブメント　87
ファッション協定　301
ファッション消費生活者　309
『風姿花伝』　9
不易と流行　84
フォーアールエナジー　204
武家故実　11
武家文化　11
富士重工業　196
不平等　101
フライトシェイム　142
プラグイン　ステラ　203
プラスチックごみ　177
フラッグ種（旗種）　65
プラネタリー・バウンダリー　5, 6
プリスティン・パラダイス環境税（PPEF）
　　147
府立京都スタジアム　175
ブルントラント委員会→環境と開発に関する世
　　界委員会
文化　114
文化サービス　70
文化多様性　100
ベオグラード会議→国際環境教育ワークショッ
　　プ
ベオグラード憲章　29
ヘッチヘッチ峡谷　47
ベッドタウン　174
変革　183
ポイント・オブ・ノーリターン　22
『放下』　6
報告書「Our Common Future」　50

包摂（性）　99, 239, 313
膨張の呪縛　89
掘建て小屋の比喩（柱仮説）　67
ホメオスタシス　21
本茶　11

ま　行

マイクロツーリズム　133
マイクロファイバー　305
マイクロプラスチック　305
マイボトル普及　184
マスツーリズム　138
まちづくり　176
マルチセクトラル・パートナーシップ　127
『万葉集』　11
みかけの生物多様性　63
三菱自動車　196
南方熊楠の地政学的環境戦略モデル　151
「南方二書」　150
水俣病　162
未来世代　112
魅力ある市街地　180
ミレニアム開発目標→MDGs
『「みんなで築くよりよい環境」を求めて──環
　　境教育懇談会報告』　31
ムス　9
モノパイル式　56

や　行

八百万　46
谷中村　161
『山上宗二記』　12, 17
遺偈　22
有効性認知　263
ゆるし茶湯　13
洋上風力発電　56
欲望を解放　81
吉野山　136
ヨセミテ国立公園　47
ヨハネスブルグサミット→持続可能な開発に関
　　する世界首脳会議

ら　行

ラグジュアリーブランド　297

事 項 索 引

ラナ・プラザ崩壊事故 301
リオ・地球サミット（環境と開発に関する国連
　会議）121
利害関係者 47
利休好み 14
リサイクル 308
リスク 101, 102, 242
リチウムイオン電池 192
リニア・エコノミー（直線型経済）307
リベット仮説→飛行機の比喩
リユース 308
　――食器 183
龍鳳団（茶）10
両利き 287
臨済宗 10
レーザーマシーン 306
レジリエンス 63
レトリック 155
連歌（会）11, 12
連帯 100
『連理秘抄』12
ローマクラブ 50, 124
露地 16, 17
『露地清茶規約』17
ロンドン条約 56

わ 行

ワールド 90
若者 230, 232
わび 11
侘び茶 9-11
吾唯足知 20
『我ら共有の未来（Our Common Future）』33
『我々の世界を変革する：可能な開発のための
　2030アジェンダ』36

欧 文

AI（人工知能）254, 303
BAT（利用可能な最良の技術）58
Biosphere（生物圏）ii
B to B to C 303
B to C 303
BYD 212
CAN 通信 196

CARB（California Air Resource Board）191
CCS（Combined Charging System）209
CHAdeMO 方式 194, 195
Chaoji 213
CO_2ゼロ旅行 142
COP10→生物多様性条約第10回締約国会議
COP15→生物多様性条約第15回締約国会議
CSR→企業の社会的責任
CSV（共通価値の創造）281, 282
DC ブランド 297
DC ブランドビジネス 298
DMO（Destination Management/Marketing
　Organization）144
DNA 234
D to C（製造直販）303
DX（デジタル・トランス・フォーメーション）
　241
DX（デジタル変革）302
EC（電子商取引）302
Economy（経済圏）iii
Electrify America 211
e-Mobility Power 216
ENEL 210
ESD（持続可能な開発のための教育）34
ESG（環境・社会・ガバナンス）投資 55
EV-1 190
FB の本質 86
Fortum 210
Human Security 128
ICT（情報通信技術）241
IEC（International Electrotechnical
　Commission）206
i-MiEV 202
IT（情報技術）240
IUCN→国際自然保護連合
Less is more 8
LGBTQ 234
MDGs（ミレニアム開発目標）i, 35, 121, 122
NEC トーキン 204
Over tourism（観光公害）138
POS（ポイント・オブ・セールス）データ
　300
QR（Quick Response：素早い対応）300
Range Anxiety 200

323

RE100　55

SAE（Society of Automotive Engineers）　208

SAF　142

SBT（科学的根拠に基づく目標）　55

SBTs for Nature　55

SCM（サプライチェーンマネジメント）　300

SDGs（持続可能な開発目標）　i, 3, 4, 10, 36, 74, 219, 221, 222

SDGs ウォシュ　i

SEM→構造方程式モデル

Small is beautiful　8

Society（社会圏）　iii

SPA（製造小売業）　299

STARs（Sustainable Tourism Assessment & Review System）　148

sustainable tourism debate　151

TCFD（気候関連財務情報開示タスクフォース）　55, 74

TNFD（自然関連財務情報開示タスクフォース）　55, 75

UNEP→国連環境計画

V2X　213

VUCA　i

VW　211

WCED→環境と開発に関する世界委員会

Well-being　53

win-win となるビジネスモデル　291

ZEV 規制　190

執筆者紹介（氏名・所属・執筆分担・執筆順・＊編著者）

＊白砂伸夫（編著者紹介参照，はしがき，第1章）

山本克典（神戸国際大学経済学部教授・副学長，第2章）

峯岸律子（環境省地球環境局地球温暖化対策課脱炭素ビジネス推進室課長補佐，第3章）

湯本貴和（京都大学名誉教授，第4章）

森　孝之（大垣女子短期大学名誉教授，アイトワ主宰，第5章）

＊浅野貴彦（編著者紹介参照，第6章，あとがき）

遠藤雅己（神戸国際大学名誉教授，第7章）

桑田政美（嵯峨美術大学名誉教授，第8章）

張　政遠（東京大学大学院総合文化研究科教授，第9章）

桂川孝裕（京都府亀岡市長，第10章）

姉川尚史（CHAdeMO協議会会長，第11章）

藻谷浩介（株式会社日本総合研究所主席研究員，第12章）

＊辻　正次（編著者紹介参照，第13章）

滋野英憲（神戸国際大学経済学部教授，第14章）

上田恵美子（神戸国際大学経済学部教授，第15章）

山本ひとみ（神戸国際大学経済学部教授，第16章）

《編著者紹介》

白 砂 伸 夫 (しらすな・のぶお)

1953年　生まれ。
1976年　信州大学農学部卒業。
2013年　東京農業大学博士後期課程修了。博士（環境共生学）。
現　在　神戸国際大学経済学部教授。
専　攻　環境共生学。
主　著　『まちづくり DIY』（共著）学芸出版社，2014年。
　　　　『現代の結婚と婚礼を考える』（共著）ミネルヴァ書房，2017年。
　　　　『ESD がグローバル社会の未来を拓く——SDGs の実現をめざして』（共著）ミネルヴァ
　　　　書房，2020年。

浅 野 貴 彦 (あさの・たかひこ)

1974年　生まれ。
2002年　関西学院大学大学院文学研究科博士課程後期課程哲学専攻単位取得。
2006年　博士（哲学，関西学院大学）。
現　在　神戸国際大学経済学部准教授。
専　攻　哲学，倫理学，現象学。
主　著　『現代の死と葬りを考える——学際的アプローチ』（共著）ミネルヴァ書房，2014年。
　　　　『新しい視点から見たカント『判断力批判』』（共訳）晃洋書房，2018年。
　　　　「自然における人間の地位と被造物の尊厳」『経済文化研究所年報』第32号，2023年，21
　　　　〜34頁。

辻 　 正 次 (つじ・まさつぐ)

1946年　生まれ。
1976年　スタンフォード大学大学院経済学博士課程単位取得退学。
1978年　Ph.D.（経済学，スタンフォード大学）。
現　在　神戸国際大学名誉教授。
専　攻　医療経済学。
主　著　『現代国際マクロ経済学（改訂版）』（編著）多賀出版，2010年。
　　　　『WHAT'S 経済学（第3版補訂版）』（共著）有斐閣，2015年。
　　　　『新版　経済学辞典』（共著）中央経済社，2018年。

神戸国際大学経済文化研究所叢書23

SDGs 時代における学問の挑戦
――環境・社会・経済から持続可能性を考察する――

2024年9月30日　初版第1刷発行　　　　〈検印省略〉

定価はカバーに
表示しています

編著者	白	砂	伸	夫
	浅	野	貴	彦
	辻		正	次
発行者	杉	田	啓	三
印刷者	中	村	勝	弘

発 行 所　株式会社　ミネルヴァ書房

607-8494　京都市山科区日ノ岡堤谷町1
電話代表 (075)581-5191
振替口座　01020-0-8076

© 白砂・浅野・辻ほか，2024　　　中村印刷・新生製本

ISBN978-4-623-09713-5

Printed in Japan

―――― 神戸国際大学経済文化研究所叢書 ――――

中島克己・林　忠吉 編著
地球環境問題を考える
A5判・368頁
本　体3,800円

中島克己・太田修治 編著
日本の都市問題を考える
A5判・384頁
本　体3,800円

下村雄紀・相澤　哲・桑田　優 編著
コミュニケーション問題を考える
A5判・240頁
本　体3,800円

太田修治・中島克己 編著
神戸都市学を考える
A5判・360頁
本　体3,800円

中島克己・三好和代 編著
安全・安心でゆたかなくらしを考える
A5判・384頁
本　体3,800円

桑田　優・平尾武之・山本祐策 編著
八代斌助の思想と行動を考える
A5判・236頁
本　体3,800円

三好和代・中島克己 編著
21世紀の地域コミュニティを考える
A5判・276頁
本　体3,800円

三好和代・中島克己 編著
日本経済の課題と将来を考える
A5判・352頁
本　体3,800円

三宅義和・居神　浩・遠藤竜馬・松本恵美・近藤　剛・畑　秀和 著
大学教育の変貌を考える
A5判・250頁
本　体3,800円

近藤　剛 編著
現代の死と葬りを考える
A5判・296頁
本　体3,800円

中矢英俊・近藤　剛 編著
現代の結婚と婚礼を考える
A5判・256頁
本　体3,800円

松本かおり 編著
大学教育を再考する
A5判・296頁
本　体4,000円

―――― ミネルヴァ書房 ――――

https://www.minervashobo.co.jp/